Carsten Rathgeber
Wissen, Glaube, Mathematik

Carsten Rathgeber

Wissen, Glaube, Mathematik

6. korrigierte und ergänzte Auflage

Bibliografische Information der Deutschen Nationalbibliothek: Die Deutsche Nationalbibliothek verzeichnet diese Publikation in der Deutschen Nationalbibliografie; detaillierte bibliografische Daten sind im Internet über http://dnb.dnb.de abrufbar.

Die automatisierte Analyse des Werkes, um daraus Informationen insbesondere über Muster, Trends und Korrelationen gemäß §44b UrhG („Text und Data Mining") zu gewinnen, ist untersagt.

© 2026 Carsten Rathgeber (© Bild auf dem Umschlag von Carsten Rathgeber) – 6. korrigierte und ergänzte Auflage

Verlag: BoD · Books on Demand GmbH, Überseering 33, 22297 Hamburg, bod@bod.de

Druck: Libri Plureos GmbH, Friedensallee 273, 22763 Hamburg

ISBN: 978-3-7693-3857-7

Inhaltsverzeichnis

Blick in die Welt

Räder mit Speichen

Vorbemerkung

„Was können wir wissen? Was sollen wir tun? Was dürfen wir hoffen?" Diese drei Grundfragen stellte sich Kant. Sicherlich berühren sie auch die Fragen von vielen Menschen in unserer Zeit.

Verstehen wir die Erde als Scheibe oder Kugel (→ Geoid) und das Weltall als Blase? Haben wir ein Gefühl der Ehrfurcht vor der Unendlichkeit? Oder fürchten wir sie? Ist sie ein Abgrund? Was ist aber das Unendliche? Gibt es Gott oder nicht? Ist das Absolute in der Welt erkennbar? Gibt es eine Realität hinter den uns bekannten Daten, Fakten, Theorien und Modellen? Hat sich Gott in dieser Welt offenbart? Oder ist das gar nicht möglich? Was sagen die Naturgesetze tatsächlich über die Natur und die Welt?

Diese (kindlichen) Fragen stellen sich angesichts des Wissens unserer Zeit. Und die Kantische Frage „Was ist der Mensch?" wird durch die modernen informationstechnischen Virtualisierungen verkompliziert. Nachfolgend werden Überlegungen vorgestellt, die sich im Rahmen der Klärung der Gegebenheiten ergaben. Im Kern geht es darum, die Verflechtungen von philosophischen und wissenschaftlichen Einsichten zu beleuchten. Von besonderer Bedeutung sind hierbei mathematische Gegebenheiten. Hat die Mathematik auf Sand gebaut? Was weiß die Psychoanalyse zum Grund der Logik? Dazu kommen Betrachtungen zu theologischen Aspekten.
Mit dem Text „Naturwissenschaft und Philosophie (im kirchlichen Kontext" gebe ich einen Einblick in die Verständigungen in der Zeit von 2010 bis 2017 (und dann noch bis 2025) der AG „Philosophie und Naturwissenschaften", die ich im Rahmen der ev. Gemeinde in Petersberg/Fulda (Hessen) gegründet habe und leite.

Die Beziehungen speziell zu Philosophie und Mathematik werden genannt. Jedoch ist auch zu sehen, dass Bezüge zu psychologischen und soziologischen Einsichten existieren. In gewisser Hinsicht liegt eine Suche nach Nahtlinien zwischen getrennten Sphären (Denken / Leben; Gedanke / Sprache; Formel / Experiment etc.) vor, um Bedingungen und Kontexte verstehen zu können.

Die Darlegungen sind hauptsächlich in der Zeit von 2016 bis 2023 entstanden. Alle Texte sind essayartige Zusammenfassungen umfangreicherer Betrachtungen. Jeder Text ist für sich lesbar. Sie kreisen um einen Mittelpunkt – die Suche nach einer Gewissheit.

Mit den Betrachtungen zu Gedichten und „Wüsten" wird eine Annäherung zwischen Wissenschaft und Philosophie mit der Ästhetik und den anthropologischen Gegebenheiten gesucht.

Bezüglich der Quellen, Nachweise und Referenzen siehe: „ Zum Autor (Literatur / Kontakt)".
Die eingefügten Fotos und Gedichte (© Rathgeber) dienen zur Anregung.

> „Sobald wir in die Welt eintreten, um eine Zeitlang in ihr zu verweilen, gibt es keine
> Alternative zu dem Ringen um die Entscheidung darüber, was wir glauben und wie
> wir leben sollen (…). Sofern wir überhaupt denken, müssen wir uns selbst – individuell
> und kollektiv – als Wesen begreifen, die die Ordnung der Vernunftgründe
> nicht erschaffen, sondern ihr unterworfen sind."
> Nagel 1999, S. 210.

Eingang

„Wollte man Leben definieren, so würde man sicher die Leistungen des
Gewinnens und Speicherns von Information in die Definition einbeziehen,
ebenso wie die strukturellen Mechanismen, die beides vollbringen.
In dieser Definition aber wären die spezifischen Eigenschaften und
Leistungen des Menschen nicht enthalten. Es fehlt in dieser Definition
des Lebens ein essentieller Teil, nämlich alles das, was
menschliches Leben, geistiges Leben, ausmacht.
Es ist daher keine Übertreibung zu sagen,
dass das geistige Leben des Menschen
eine neue Art von Leben sei."
Lorenz 1984, S. 217.

Handlung, Logik, Zeit

Unsere Handlungen, die vom Denken geplant werden können, beziehen sich auf die Welt und verändern diese. Dabei kann eine Kontinuität in der Realität aufgebrochen werden. Unter Beachtung psychologischer und philosophischer Einsichten wird diese Möglichkeit nachfolgend betrachtet.

1 Zur Leere der Welt

„Ein lichter Augenblick – das war's. (…) Der Rest war bloß Lärm". Sallis 2009, S. 97.

1.1 Prinzipiell kann jeder mit einem Taschenrechner zeigen, dass $\sqrt{2} + \sqrt{3} \neq \pi$ ist. Platon konnte dies (wahrscheinlich) nicht beweisen. (Siehe Popper 2006, S. 335ff.) Die Irrationalität der Zahl $\sqrt{2}$ war Platon bekannt. Sie existiert nicht in der Menge der rationalen Zahlen ($|Q$). Es liegt eine ‚Lücke' vor. Inwieweit wird $|Q$ der Realität gerecht? Mit den reellen Zahlen ($|R$) stellte sich vertieft die Frage zum Status der Unendlichkeit (∞). Platon verband die irrationalen Zahlen mit dem Geheimnis. Gott kann sich im verborgenen Raum aufhalten: Quasi unendlich klein und versteckt mitten in der Welt. Verbindet sich mit der ‚Lücke' eine ‚Leere'? Nach Popper können sämtliche „Theologien (…) auch als Lehren betrachtet werden, die eine verborgene Wirklichkeit hinter der Erscheinung postulieren" (Ib., S. 412). Jedoch versprach zumindest die Euklidische Geometrie eine klare und vollständige Realitätsbeschreibung. Doch mit der Entdeckung der nichteuklidischen Geometrien wurde auch diese Einschätzung fragwürdig.
1.2 Wie gestalten sich die Übergänge von ‚etwas' zu ‚etwas'? Wie kommt man von einer Zahl zu einer anderen, von einem Ton zu einem anderen? Wie ist die Abfolge zwischen den Silben, wie zwischen den Wörtern? Wie verbindet sich das Wort mit der Welt? Wie die Handlungen untereinander? Muss ein gesonderter Akt den Übergang stiften? Auch bei Verträgen bleibt zum Beispiel eine ‚Leere' im juristisch geregelten Handlungsablauf: Warum überreicht ein „Ladenbesitzer einem die Waren (…), nachdem sie bezahlt worden sind? Warum stecken sie sich das Geld nicht einfach ein?" (Binmore 2013, S. 118.) Dies führt zum ‚Vertrauensspiel', zum rationalen Geflecht von Kooperationen und Konflikten.
1.3 Einschub – Sätze, Urteile, Welt: Wörter, Sätze und Theorien beschreiben die Welt. Anderseits geben sie auch Vorgaben für die Welt. Die theoretische Philosophie spricht (1) von deskriptiven (‚Wort-auf-Welt-Ausrichtung': Aussagen und Feststellungen) und (2) von präskriptiven Gedanken (‚Welt-auf-Wort-Ausrichtung': Befehle und Aufforderungen) (vgl. Detel 2011a, S. 72). Wobei Wittgenstein darauf verweist, dass jede Vorschrift „als Beschreibung, jede Beschreibung als Vorschrift aufgefasst werden" kann (Wittgenstein 1981, S. 59 (Nr. 14)). Der Realismus geht davon aus, dass sich die Allgemeinbegriffe auf eine Realität beziehen: ‚universalia sunt realia ante rem'. Der Nominalismus versteht die Begriffe dagegen nur als ‚Denkeinheiten', deren Bezug zur Realität definitiv nicht an sich gegeben ist: ‚universalia sunt nomina post rem'. Kant verstand, ganz im Sinne der nominalistischen Orientierung, Begriffe als Abstraktionen, die der Verstand aus der zusammenfassenden und abstrahierenden Betrachtung der Materialität erlangt hat. Er „sagt, der Begriff sei ein Denkgebilde, eine Abstraktion, die sie gewonnen haben von soundso vielen wirklich seienden zerstreuten Gegenständen, von denen Sie irgendwelche Merkmale festgehalten und zu diesem Begriff abstrahierend verarbeitet haben" (Adorno 1979, S. 106). Die Erscheinun-

gen befinden sich bei Kant an der Stelle, an der der Verstandsapparat mit den Daten ('data') der Realität zusammenkommen:

'Subjektive Seite' der Erkenntnis
Innerer Bezugspunkt ('Ich an sich')

'Objektive Seite' der Erkenntnis
Äußerer Bezugspunkt ('Ding an sich')

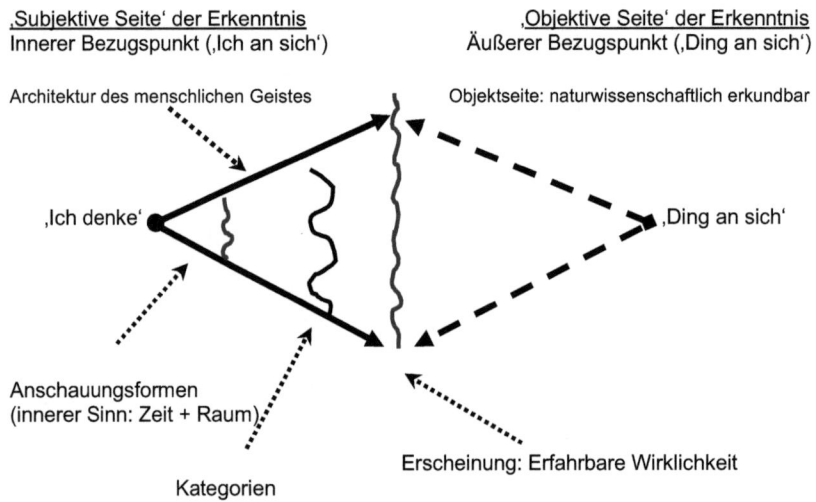

Bild 1: Beziehung zwischen Ich (Subjekt) und Welt (Objekt)

Heidegger fragt mit Blick auf Kant, welches „die Bedingung der Möglichkeit eines Zusammen von Zeit überhaupt und Ich denke überhaupt" ist. Und betont dabei die grundlegende Bedeutung der transzendentalen Apperzeption, die es ermöglicht, etwas aus der Erfahrungswelt a-priori zu verbinden. Dies verknüpft sich mit der Frage nach der Zeit (siehe Vetter 2014, S. 105).

Für Wittgenstein hat ein Wort keine Bedeutung, „die ihm gleichsam von einer von uns unabhängigen Macht gegeben wurde". Nach ihm hat ein Wort „die Bedeutung, die jemand ihm gegeben hat" (Wittgenstein 1980, S. 52). Wobei nach Tugendhat zu sehen ist, dass aus sprachanalytischer Sicht die „Relation zwischen dem Zeichen und seinem Gegenstand (…) nicht als Zuordnung" zu verstehen sei (Tugendhat 1976, S. 478). Die Beziehung zwischen dem Phänomen und dem Wort ist somit nicht nur aus nominalistischer Sicht problematisch. Die begriffliche Widerspruchsfreiheit allein beweist keine Existenz.

1.4 War im katholischen Denken die Welt noch erfüllt mit Engeln und vielfältigen Zwischenwesen, so wird im protestantischen und kritischen Denken eine entleerte Welt gesehen. Trauer und Melancholie können, worauf Benjamin mit Blick auf das Mittelalter hingewiesen hat, die entsprechenden (individuellen) Reaktionsbildungen sein. Wobei nach ihm die Idee, über die die Weltphänomene erst lokalisierbar werden, nicht aus den Weltdaten gefolgert werden kann. Die Ideen repräsentieren nicht bloß das Allgemeine der Phänomene: Sie „sind ewige Konstellationen" und „die faustischen Mütter". Die „Wahrheit ist ein aus Ideen gebildetes intentionsloses Sein" (Benjamin 1977, S. 17, 18, 20). Er nahm eine zentrale Wirklichkeit an, nach der das Universelle bereits im Individuellen, dem Besonderen enthalten sei. In theologischer Orientierung war für Benjamin das Wort bedeutsamer als der Satz und unter Beachtung des Bilderverbots auch als das Bild. Wahrheit hat dabei etwas mit der Übereinstimmung von Wort und Gegebenheit zu tun. Wobei die Wahrheit, wie Adorno hervorhebt, „objektiv und nicht (nur) plausibel" zu sein hat (Adorno 1982, S. 52).

1.5 Der Nominalismus sieht die ‚Leerstellen' der Welt und die konstruktiven, assoziativen Ergänzungen des menschlichen Denkens. Die Gegenwart wird „nicht als Dauer begriffen, sondern als punktuelle, jeweils gerade jetzt stattfindende Aktualität". Es ergibt sich der Zwang, die „Gegenwart von Moment zu Moment zu reproduzieren" (Luhmann 1979, S. 65). Die Kontinuität (der Welt und des Lebens) wird durch Betrachtungen zur Stetigkeit und Differenzierbarkeit abgelöst. Dies ist der Ansatz der Mathematik. Sie ringt mit der Unendlichkeit und den zum Teil seltsamen Funktionsgegebenheiten. Und sie hat mit den nicht-linearen Beziehungen neuartige Beschreibungen im 20. Jahrhundert entdecken können. (Siehe Wallace, 2003.) In praktischer Hinsicht muss sich das konkrete Individuum immer wieder neu anstrengen, um eine Einbindung erfahren zu können. Es ergibt sich die psychische Notwendigkeit, die ‚Leerstelle' zu überwinden. Es kommt zu Handlungen und speziell zu technischen Erfindungen und Tätigkeiten, mit denen die Leerstellen aufgehoben werden sollen. Eine Kontinuität wird kontrolliert realisiert. Die Theorie leitet eine Praxis, die eine Lebenssicherung ermöglichen soll.

Mit Blick auf die vielfältigen philosophischen Denkansätze kann gefragt werden, ob nicht genau dies die Absicht aller Bemühungen ist – unabhängig von der jeweiligen Sprache und Grundorientierung: „Darum sagen die wesentlichen Denker stets das Selbe. Das heißt aber nicht: das Gleiche. Freilich sagen sie dies nur dem, der sich darauf einlässt, ihnen nachzudenken" (Heidegger 1975a, S. 118). Mit der technischen Welt wird eine zweite Welt entwickelt, die uns sichern soll. Die Technik als „Prothese" (Freud) erweitert den Menschen Zugleich wird der Mensch über die Rückwirkungen und Forderungen verändert und formiert.

2 Handlung und Wille bei Kant

„Kants Philosophie rückt das ganze neuzeitliche Denken und Dasein erstmals in die Helle und Durchsichtigkeit einer Begründung." Heidegger 1984, S. 55.

„Das Denken ist die Handlung, gegebene Anschauung auf einen Gegenstand zu beziehen". Kant 1976, B 304.

„Die Metaphysilk ist Onto-Theo-Logik." Heidegger in Vetter 2014, S. 19.

2.1 Mit Blick auf die Unterscheidung von Glauben und Wissen arbeitet Kant in der Kritik der reinen Vernunft (KrV) die transzendentalen Bedingungen der Möglichkeit von (exakter) Erkenntnis heraus. Ausgehend von der subjektiven Erkenntnisseite bemüht er sich, die Objektivität der Erkenntnis zu bestimmen. Er möchte, so Adorno, die Objektivität der Welt retten. (Siehe Adorno 1974b, S. 49.)

2.2 Kant verdeutlicht, dass gesicherte Erkenntnisse nur in der Orientierung an der Mathematik bestimmt werden können. Für ihn ist mit Blick auf die Konstruktion der Begriffe die Vernunfterkenntnis mathematisch. Speziell ist eine „reine Naturlehre über bestimmte Naturdinge (Körperlehre und Seelenleben) [sic!] (…) nur vermittels der Mathematik" möglich, „da in jeder Naturlehre nur so viel eigentliche Wissenschaft angetroffen wird, als sich darin Erkenntnis a priori befindet" und „Naturlehre nur so viel eigentliche Wissenschaft enthalten (wird) als Mathematik in ihr angewandt werden kann" (Kant 1977, A IX). Nach Kant haben sich „alle Naturphilosophen, welche (…) mathematisch verfahren wollten (…) sich jederzeit (obschon sich selbst *unbewusst* [sic!]) metaphysischer Prinzipien bedient". Eine nach ihm „wahre Metaphysik" wird „dem Wesen des Denkungsvermögens selbst" entnommen (Ib., S. A XII-XIII). Das Nachdenken der kritischen Philosophie bewegt sich im Grenzgelände von Denkungsvermögen und Erkenntnisprinzipien. Kant hat nun den Kategorischen Imperativ der (reinen) praktischen Vernunft so beschrieben: „Handle so, dass die Maxime deines Willens *jederzeit zugleich* als Prinzip einer allgemeinen Gesetzgebung gelten könne". Mit diesem reinen Grundsatz der praktischen Vernunft geht nach Kant auch eine unmittelbar gesetzgebende Wirkung einher. Dabei ist der Wille für ihn „unabhängig von empirischen Bedingungen" zu denken. (Kant 1982, S. A 54 (§ 7).) Das Wollen und die Handlungsmaxime werden verknüpft. Sie sind aber nicht identisch: Das Wollen selbst ist gar „kein Handeln" (Schnädelbach 2012, S. 189). Von Kant wird mit dem ‚jederzeit' und dem ‚zugleich' auch ein Bezug zwischen der Zeit, dem allgemeinen Gesetz (im Sinn der Vernunft) und dem nahen Umfeld betont. Er hat auf die Bedeutung der Zeit für die „reine innere Erscheinung" hingewiesen (Kant 1977, S. A XI). Auch die Fragen zum Verhältnis von Form und Inhalt, zum Bezug der Handlungen zum Ich und der Verknüpfungen zwischen Ethik, Gesetzlichkeit, Logik, Wille und Zeit finden hier ihren Grund.

2.3 Einschub – Mathematik, Logik, Welt: Das Verhältnis von Mathematik und Logik wurde im 20. Jahrhundert unter anderem von Hilbert, Russel und Gödel näher untersucht. Russel und Hilbert identifizierten die Mathematik direkt mit der Logik. Die Zuordnung hängt dabei auch vom Verständnis der analytischen und synthetischen Urteile ab. Mit den synthetischen Urteilen a priori hat Kant eine besondere Einsicht zur Überbrückung der Beziehung von Gesetzen und Phänomenen und zur Erweiterung der Erkenntnismöglichkeiten bestimmt. Das Problem der Selbstbegründung wurde von Gödel analysiert. Die Beziehung zwischen Mathematik und Seelenlehre wurde auch in der antiken Philosophie thematisiert. Die Seele besitzt einen privilegierten Zugang zu mathematischen Beziehungen: Sie sind wesensmäßig von gleicher Art. Die moderne Kosmologie beschreibt die Entwicklung des Weltalls unter Verwendung der Mathematik. Sie entfaltet sich als Disziplin zwischen Philosophie und Physik. Sie ist eine wissenschaftlich-rationale Metaphysik. (Siehe Kanitscheider 2012.)

2.4 Kant unterscheidet in der KrV mit Blick auf das Ich: „1. Ich denke / 2. als Subjekt / 3. als einfaches Subjekt / 4. als identisches Subjekt, in jedem Zustande meines Denkens" (Kant 1976, B 419). Wobei das unter (2) aufgeführte Subjekt nur im logischen Sinne zu verstehen ist. Das ‚Ich denke' ist der Bezugspunkt für die Konstituierung von Erkenntnis. Das transzendentale Vermögen selbst soll nicht zeitabhängig und nicht variabel sein. Und die Konstruktionsregeln sind nicht individuell empirisch bedingt. Jedoch soll das Regelwerk die zeitlichen Möglichkeiten erfassen. Bezüglich der Logik unterscheidet Kant folgende Orientierungen: (1) formale Logik als subjektive Logik: Lehre vom richtigen Schließen; (2) Logik im Sinne einer objektiven Theorie der Wahrheit; (3) transzendentale Logik (=> Suche nach den Bedingungen im subjektiven Bewusstsein). Diese drei ‚Problemtitel' sind miteinander vermittelt. (Vgl. Adorno 1979, S. 72f. Die objektive Logik wird – so Adorno – bei Hegel dann zur Metaphysik (Siehe Adorno 1974b, S. 90).) Die Betrachtungen von Kant zur transzendentalen Deduktion (Kant 1976, A 84ff.) und zum Schematismus der Begriffe (Ib., A 137ff.) wurden zum Ausgangspunkt der Bemühungen, die innere Verzahnung der Denkformen mit der Realität und die (vermeintliche) Abhängigkeit des Denkens von der Sprache zu bestimmen. Der innere Zeitsinn ermöglicht die regelorientierte Verknüpfung zwischen Begriffen und die Bezüge zur Realität. In unserer Zeit führt dieses Nachdenken zur Frage nach der ‚Bedeutung der Bedeutung' und zur Erkundung des ‚logischen Raums der Gründe' gemäß Wilfrid Sellars. Erkennt die Empirie einen nicht empirisch erklärbaren Erkenntnisanteil?

Wird so die reine Vernunft gegen psychologisch-soziologische Nivellierungen verteidigt? Weiterhin wurden die bildlichen und sprachlichen Verarbeitungsbereiche entdeckt. Die Relativierung der Erkenntniseinsichten durch eine einseitige Abhängigkeit von sprachlichen Beziehungen konnte wohl überwunden werden. Die „allgemeinsten Formen des Denkens (…) hängen von keiner Einzelsprache ab" (Nagel 1999, S. 59). Kann der Mensch den Grund der Logik verstehen? Bei Heraklit lag zum Beispiel die Überzeugung vor, dass der Alltagsmensch „die Wahrheit über den lógos nicht" verstehen kann (Schnädelbach 2012, S. 136). Folgt der „gesunde Menschenverstand" einer anderen Logik als zum Beispiel „die Metaphysik"? (Jonas 1993, S. 62.) Während Kant in der KrV bezüglich der Erkenntnismöglichkeiten den inneren Regel-Mechanismus ergründete, ergibt sich mit der Kritik der praktischen Vernunft (KpV) vorrangig eine Betrachtung zur Zielausrichtung des Handelns. Auch die vom konkreten Ich gestalteten Handlungen stehen wie sein konkretes Denken in zeitlichen Bezügen. 2.5 Nachtrag – Einschätzungen uns Einsichten mit Blick auf das Kantische Denken: Nach Kant führt die KrV „zur Wissenschaft" (Kant 1976, B 22). Schiller hatte frühzeitig bei der Verständigung mit dem Kantischen Denken eine Brücke zwischen den Instinkten und Gedanken, eine Verbindung von Form und Inhalt und von Pflicht und Neigung gefordert: Eine vollständige anthropologische Schätzung des Menschen verlangt nach ihm, dass „mit der Form auch der Inhalt zählt" (Schiller 1986, S. 12 (Vierter Brief)). Schelling identifizierte als Grund der Realität das Chaotische und Regellose. Von ihm wurde, so Schulz, als Erstem erkannt, dass der Wille „von der Vernünftigkeit" abgelöst ist (Schulz 1980, S. 377). Es öffnete sich die Abgründigkeit der Welt. Der Verstand kann nach ihm den Gegensatz von Wille und Vernunft nur in Ansätzen überbrücken. Es führt zur Frage, ob es reale oder nur logische Gegen-sätze sind. (Siehe Glockner 1980, S. 598.) Hegel bedachte die Abgrenzung endlicher Größen von unendlichen. Für ihn ist es so, dass das Absolute schon irgendwie und -wo in dieser Welt sein muss: Wenn „es nicht an und für sich schon bei uns wäre und sein wollte" (Hegel 1973, S. 56).

Weiter heißt es bei Hegel: „Das Ziel, das absolute Wissen, oder der sich als Geist wissende Geist hat zu seinem Wege die Erinnerung der Geister, wie sie an ihnen selbst sind und die Organisation ihres Reiches vollbringen. Ihre Aufbewahrung nach der Seite ihres freien in der Form der Zufälligkeit erscheinenden Daseins, ist die Geschichte, nach der begriffenen Organisation aber die Wissenschaft des erscheinenden Wissens; beide zusammen, die begriffene Geschichte, bilden die Erinnerung und die Schädelstätte des absoluten Geistes, die Wirklichkeit, Wahrheit und Gewissheit seines Thrones, ohne den er das leblose Einsame währe; nur - aus dem Kelche dieses Geisterreiches schäumt ihm seine Unendlichkeit." (Ib. S. 446f.) Heidegger bemerkt dazu: „Die Wissenschaft der Phänomenologie des Geistes ist die Theologie des Absoluten hinsichtlich seiner Parusie im dialektisch-spekulativen Karfreitag. Hier stirbt das Absolute. Gott ist tot. Das sagt alles andere, nur nicht: es gibt keinen Gott" (Heidegger 1980, S. 198). „Die Phänomenologie des Geistes ist die Parusie des Absoluten" (Ib., S. 201).

Kripke sieht in unserer Zeit, dass bei Kant eine grundlegende Konfusion zwischen den metaphysischen und erkenntnistheoretischen Implikationen der Urteilssätze vorliegt. Notwendigkeit ist ein metaphysischer Begriff. In den Bereich der Erkenntnistheorie gehört das Apriori. Wissen a priori kann somit empirisch, auch durch Raten und Erkunden, gefunden werden. Es gibt nach Kripke „sowohl kontingente Wahrheiten a priori als auch notwendige Wahrheiten a posteriori" (Stegmüller 1986b, S. 315 und vgl. S. 327). Nach Schnädelbach kann die Vernunft wohl generell nicht erfassen kann, was „gut und was böse ist"

(Schnädelbach 2012, S. 128 und S. 154). Und das Gute selbst ist (so die These von Moore) gar nicht definierbar. Die Grundannahme der klassischen Metaphysik, dass das Seiende, Wahre und Gute austauschbar sind, sogar dasselbe sind („Ens et verum et bonum convertuntur"), wurde mit bzw. nach Kant fragwürdig (Ib., S. 174). Habermas sieht angelehnt an Foucault in Kant einen „Vorläufer der Junghegelianer, der als erster (...) die Philosophie vom Wahren und Immerseienden abzieht und auf das konzentriert, was (...) bis dahin als das Begriffslose und Nicht-Seiende, als das schlechthin Zufällige und Flüchtige gegolten hat". Er hat die „stochastische Denkweise" bereits mit seinem (Spät-)Werk vorbereitet (Habermas 1996, S. 127). Und für Kant selbst ist für die Vernunft nicht die „Notwendigkeit, sondern die Zufälligkeit (...) unbegreiflich" (Kant 1979, S. 620). Der absolute Zufall selbst wird dann bei Hegel angedacht. (Siehe Henrich 1971, S. 159.) In der „Wissenschaft der Logik" hat Hegel, so Adorno, den Aspekt des Zeitkerns der Logik bzw. der Wahrheit herausgestellt: „Wahrheit (...) hat als solches einen Zeitkern" (Adorno 1974a, S. 42). Der zeitlich eingebundene menschliche Verstand kann dies erkennen bzw. denken!

3 Handlungen

„Das Denken handelt, indem es denkt". Heidegger 1992, S. 4.
Vielleicht „hat der bisherige Mensch (...) bereits zu viel gehandelt und zu wenig gedacht".; Heidegger 1975a, S. 53.

3.1 Handlungen bezeichnen bewusste menschliche Aktivitäten und beachten naturwissenschaftlich-technische Kausalgegebenheiten wie auch Aspekte zukünftiger Möglichkeiten und Realitäten. Insofern kommt es im Zusammenhang mit Handlungen zur Verknüpfung von vielfältigen Facetten. Die Grenzziehung zwischen Verhalten und Handeln bleibt ein Problem. Der Begriff Handlung ist „kein einfacher Begriff". Er ist analysierbar. (Schnädelbach 2012, S. 178.)
3.2 Weber hat in der Schrift ‚Soziologische Grundbegriffe' Verhalten und Handeln unterschieden: „§ 1. Soziologie (...) soll heißen: eine Wissenschaft, welche soziales Verhalten deutend verstehen und dadurch in seinem Ablauf und seinen Wirkungen ursächlich erklären will. ‚Handeln' soll dabei ein menschliches Verhalten (einerlei ob äußeres oder inneres Tun, Unterlassen oder Dulden) heißen, wenn und insofern als der oder die Handelnden mit ihm einen subjektiven Sinn verbinden". Unter Sinn wird von Weber der tatsächliche oder „subjektiv gemeinte Sinn" verstanden. (Weber 2005, S. 3 (§ 1).) So ergibt sich ein Zugang zum Subjektbegriff. Graumann hat in den 1970er Jahren in Bezug zur Systemtheorie bemerkt, dass das Verhalten „mit vier Kriterien ausgestattet (sein muss), damit es Handeln genannt werden darf. (1) Es ist zielorientiert. (2) Es findet in Situationen statt. (3) Es ist normativ reguliert. (4) Es impliziert Energieverbrauch" (Graumann 1980, S. 17).
3.3 Orientiert an Danto (vgl. Schnädelbach 2012, S. 178) sei folgende Handlungsstruktur (Bild 2) angenommen.
Im Bereich von S1 (Positionen A-1 und A-2) verhandelt das Subjekt – zum Teil unbewusst – seine inneren Vorstellungen mit sich selbst. Das Subjekt bedenkt Probehandlungen, die revidierbar sind. Sie werden vorläufig nicht aktualisiert. In diesem Bereich denkt das Subjekt auch verkürzt und energiesparend in Form von ‚Skripten'. Bilder und Wörter sind wie Fahnen, die auf näher zu analysierende Aspekte hinweisen, ohne dass sie vollständig aufgelöst werden. Quasi sind es ‚Merker' für Problemstellen. Aktivitäten für mögliche Welten werden entworfen, deren Wirkungen und Folgen eventuell nur stochastisch orientiert abgeschätzt werden können.

S1	(A-1) X möchte, dass a geschieht
	(A-2) X glaubt, b ist angemessen, damit a geschieht

↓

S2	(A-3) X tut b
	(A-4) a geschieht

↓

S3	(A-5) A-3, weil A-1
	(A-6) A-4 ist durch A-3 verursacht

Bild 2: Handlungsstruktur

Es kommt im Bereich von S2 zu einer Aktion (Position A-3), die auch realisiert wird (Pos. A-4). Ausgehend von A-4 wird das Ergebnis erfasst. Es kann analysiert werden, sofern geeignete Instrumente und Modelle zur Verfügung stehen. Im Bereich von S3 wird deutlich, welche mentale Konzeption das Geschehen insgesamt leitet. Mit den Positionen A-3 bis A-6 kommt es zu einem Realitätszugriff. Durch die Konkretisierung der Handlungsidee wird eine Differenz in die Welt gebracht, die zur Folge hat, dass Vergangenheit (Dokument) und Zukunft zu unterscheiden sind. Es wird ein ‚Jetzt-Punkt' (bzw. ‚Jetzt-Bereich') zwischen Vergangenheit und Zukunft gesetzt. Eine Handlungsrevision ist nur noch begrenzt möglich. (So müssen zum Beispiel im Straßenverkehr die Gegebenheiten vorausschauend beurteilt werden.) Die ursprüngliche Symmetrie im Zeitablauf wird gebrochen. Dies kennzeichnet bewusste Handlungen gegenüber den rein inneren Probehandlungen. Dieser Übergang entspricht in gewisser Hinsicht in der menschlichen Psyche dem Übergang vom Traumgeschehen zum bewussten Denken. Die Dynamik unbewusster Fantasien beeinflusst jedoch die Intentionsausbildung. Bereits bei A-1 ergeben sich Probleme. Das empirische Subjekt wägt verschiedene Überlegungen (Motive) ab, die im Rahmen von Projektionen und Probehandlungen erkundet werden. Hierfür benötigt das Subjekt Zeit. Die Zeitlänge muss begrenzt bleiben. Ansonsten würde das reale Subjekt in einer Schleife hängen bleiben und den Realitätsbezug bzw. sich selbst verlieren. Durch die Aktualisierung der Intention ergibt sich ein Anschluss zur Realität. Motive, Interessen, Neigungen, Empfindungen und Stimmungen führen zur Herausbildung einer (einheitlichen) Intention. In die Ausdifferenzierung spielen Ideen, normative Vorgaben, ökonomische Kontexte und Bewertungen etc. hinein. Doch das Denken kann sein Wollen (siehe Schelling) nur begrenzt vernünftig beeinflussen. In gewisser Hinsicht kommt es hier zur späteren Rationalisierung der Handlungsgründe. Die einzelnen Handlungen können aus Teilhandlungen aufgebaut besteht, die jeweils für sich zu betrachten sind. Ist das Zusammenfügen eine eigene Handlung? Auch die Nachbetrachtung und Reflexion auf die Gründe kann als Handlung verstanden werden. Handlungen modifizieren die Abläufe der Realität. Sie folgen normativen Vorgaben und beschreiben musterartig Entwicklungen. Die Kausalbeschreibungen der Natur, die deskriptiver Art sind, sind in gewisser Hinsicht selbst als Handlungen zu verstehen. Kausal- und Handlungsvorstellungen sind verknüpft. Wer ist aber tatsächlich das Subjekt? Im Kontext der Theorien kann der Subjektbezug näher betrachtet werden. Die Spieltheorie fragt zum Beispiel nach den subjektlosen Intentionen. (Vgl. Binmore 2007, S. 10.)

3.4 Ergänzung: Hingewiesen sei auf die Beziehungen zwischen Kommunikation und Handlung und den zugehörigen Theorien (vgl. Luhmann 1987, S. 191-241). Die Kommunikationsansätze reflektieren bewusst den Handlungssinn. In expressiver Art werden die Orientierungen und Deutungen unserer postmodernen Realität und die Offenheit der Zukunft thematisiert. Eine schematische Bezogenheit der Handlungen auf ‚industriell' vorgedachte Sinnzusammenhänge wird vermieden. Wobei dies zu Betrachtungen zum Verhältnis der Selbsterkenntnis zum Selbstbewusstsein geführt hat (vgl. Schnädelbach 2012, S. 124f.). Erinnert sei, dass Husserl das ‚reine Bewusstsein' bedacht hat. Ihm ging es darum, mit der ‚inneren Wesensschau' jenseits der „Zufälligkeit des Faktischen und Individuellen" das zu erkennen, „was für alle Subjekte gleichermaßen gilt" (Jonas 1993, S. 11). Davon ausgehend wurde die Leiblichkeit des Menschen und speziell von Heidegger das Dasein bedacht. So wurde der „finale Charakter allen Subjektseins" herausgehoben (Ib., S. 17). Die Subjektivität des Menschen bleibt aus der Sicht von Jonas für die Naturwissenschaften rätselhaft, gerade weil sie „von Zielen und Zwecken spricht" (Ib., S. 34).

3.5 Handlung, Subjekt, Zeit: Bereits die kantische Feststellung, dass „das Urteil (…) die mittelbare Erkenntnis eines Gegenstandes, mithin die Vorstellung einer Vorstellung derselben" (Kant 1976, B 93) ist, erklärt die Bemühungen, die Subjekt-Objekt-Beziehung näher zu bestimmen. Dabei ist die im Rahmen der Transzendentalphilosophie unbewusst vorausgesetzte „strukturelle Allgemeinheit und Gleichheit von Subjektivität", wie Schnädelbach ausführt, unhaltbar. Sie beruht auf „uralten Irrtümern" (Schnädelbach 2012, S. 105 u. S. 107). Diese Einsicht ist bedeutsam, da das „Kantische ‚Ich denke', das individuelle Einheitsmoment, (…) immer auch das überindividuelle Allgemeine" erfordert (Adorno 1982, S. 146). Somit wird ein Befund präsentiert, der die Möglichkeit des Kantischen Denk- und Systemansatzes in Frage stellt. Kant selbst hat – so Schnädelbach – „bereits eine Theorie der Selbstreferenz mithilfe indexikalischer Ausdrücke" entwickelt (Schnädelbach 2012, S. 101).

3.6 Ausgehend von der Frage, ob „die Subjektivität der Selbstreferenz als Struktur der Objektwelt" zu begreifen ist, überlegt Luhmann, ob die „Zeitdifferenz selbst der Schlüssel zum Problem" sein kann. (Luhmann 1980, S. 52 und S. 53. Der Bezug von Ding- und Zeichenwelt ist nicht abschließend geklärt.) Bereits Fichte erkannte, dass das Ich und die in sich zurückkehrenden Handlungen völlig identische Begriffe sind. (Vgl. Luhmann 1980, S. 52.) Für Wittgenstein ist das Subjekt nur eine Grenzgröße. Aus den Handlungstheorien folgt, dass Handlungen „keine Prozesse, sondern Ereignisse" sind. „Prozesse ergeben sich erst durch die Verknüpfung einer Mehrzahl von Handlungen". Die subjektive Sinnbestimmung, die nicht nur nach Weber für die Handlungsbestimmung notwendig ist, führt zur Frage, wie sich diese Sinnvorgaben von Handlung zu Handlung vermitteln. Es zeigt sich, dass sie – „der Moment, das Ereignis, die Handlung" – ihren „Halt in der Zeit" verlieren (Luhmann 1980, S. 38, S. 39 und S. 57). Nicht nur mit den Handlungstheorien wird insofern die Zeit als Grundproblem der Möglichkeit menschlicher Existenz und des Wissens erkennbar. Luhmann thematisiert, dass die „Träumerei mehr als bloßes Verweilen im Augenblick" ist. Sie kann als „konzentriertes Handeln zur Ausschaltung des Handelns" bzw. des Handlungsdrucks verstanden werden! Erst durch den Druck, die Zeithorizonte selbst zu organisieren, entsteht ein Zwang, über das Handeln Zukunft und Vergangenheit zu bestimmen. Das Handeln wird nach diesem Verständnis zu einer „Notwendigkeit der Zeit selbst" (Luhmann 1979, S. 69 und S. 64). Über das

Handeln sollen Zukunft und Vergangenheit getrennt werden. Der Mensch kann dieser Notwendigkeit nicht entgehen. Das träumende Subjekt findet einen Ort abseits dieser Anforderungen. Die Tagträume (Träumereien) nehmen wohl eine Stellung zwischen dem unbewussten Traumgeschehen und den zielorientierten Handlungswelten ein. Von daher kann ein Blick auf das Subjekt gelenkt werden, um zu klären, wer oder was uns leitet. Dies auch deshalb, weil der „Begriff des Subjekts (…) vielleicht nur ein Aggregatbegriff für ungelöste Theorieprobleme" ist (Luhmann 1980, S. 32. Vgl. auch Ib., S. 50).

3.7 Die psychoanalytischen Erfahrungen zeigen, dass gerade die Zeitwahrnehmung eine besondere Rolle bei individuellen Verletzungen, Störungen und Beeinträchtigungen besitzt. So bemerkt Rohde-Dachser bezüglich der Depressionen bei Borderline-Patienten: „Das Gefühl, allein zu sein, lädt sich dabei ununterscheidbar mit den Schreckenserinnerungen der Vergangenheit auf, die wieder gegenwärtig werden, so als ob die Zeit – zumindest im individuellen Kontext – stehen geblieben wäre." (Rohde-Dachser 2010, S. 867.) Von daher ergeben sich Reaktionsansätze. Zugleich eröffnet der Blick auf die Möglichkeit der Auflösung einer tragenden Kontinuität von der Geburt bis zum Tod auch den Blick auf ein Aufbrechen der vermeintlichen Schicksalshaftigkeit des Lebens: „Aus seiner Haut aber kann jeder heraus, denn keiner trägt sie bereits" (Bloch 1980, S. 1090).

3.8 Nach Weizsäcker gibt „ein Satz, der eine Handlung ausspricht, eine andere ontologische Struktur" wieder „als einer, der ein Eidos von einem anderen prädiziert". Nach ihm führt dies zu einer zeitlichen Beschreibung der Gegebenheiten und somit zu einer „zeitlichen Logik" (Weizsäcker 1981b, S. 97). Die Mathematik stellt sich mögliche Handlungen vor. Mathematik wird hierbei als Operationslehre verstanden, die ihre Prozesse offenlegen kann. Insofern verschwindet der mathematische Prozess nicht einfach hinter einem Ergebnis. Die Mathematik kann in dieser zeitlichen Welt Universalien entdecken.

3.9 Handlung und Kausalität: Mit den Beschreibungen der Natur und den Handlungsbestimmungen gehen kausale Annahmen einher. Die Physik orientiert sich heutzutage an der ‚causa efficiens'. (Siehe Heidegger 1985, S. 8. Dazu tritt ergänzend die Orientierung am „Prinzip der kleinsten Wirkung" (Stöltzner 2012, S. 342). Zu nennen ist weiterhin die Beachtung von Symmetriegegebenheiten. (Vgl. auch Abschnitt 5.)) Zugleich wurde innerhalb der Physik als leitende Disziplin der Naturwissenschaft zunehmend das Nahfeldkonzept favorisiert. In Spannung dazu steht die von Kant im Rahmen der KpV herausgestellte Bedeutung der Zielorientierung des Handelns, die ihren Ausdruck in der ‚causa finalis' findet. Sie behält mit Blick auf ethische Problemstellungen ihre Bedeutung. (Vgl. Stegmüller 1986a, S. 104.) Es geht um die ‚Welt-auf-Wort'-Beziehung. Bei der Bestimmung der Handlungsziele und der möglichen Realisierungsschritte ist dieser Kausalitätsaspekt zu beachten. Auch mit Blick auf die Gesamtfolgen der modernen Technik ist das Fragen im Sinne der ‚causa finalis' relevant. Wobei hier auch vernetzte Kausalstrukturen bedacht werden. Letztlich kommt es zu Überschneidungen zwischen naturwissenschaftlichen und sozialen Bezugswelten. Kultur und Natur werden über technische Handlungen und systemische Beschreibungen verknüpft und vermittelt. (Das Kochen verbindet zum Beispiel die soziale und natürliche Dimension des Menschen.) Die ‚causa efficiens' leitet die naturwissenschaftlichen Orientierungen. Gefragt wird, ob die ‚causa finalis–Überlegungen' über Betrachtungen zur ‚causa efficiens' eingelöst werden können. In der Quantenphysik werden die Vorstellungen von lokalen

Verursachungen problematisch. Es wird nachgedacht, ob zum Beispiel quanten-mechanische Phänomene über die Annahme von final wirkenden Beziehungen erklärt werden können. Und Nagel hofft, worauf Tetens hinweist, auf „einen tief-greifenden Wandel unseres Verständnisses der fundamentalen Naturgesetze" in der Art, „dass wir in Zukunft wieder eine nicht-theistische Spielart teleologischer Naturgesetze und eine Art von Panpsychologismus werden zulassen müssen" (Tetens, 2015, S. 28). Aktuell spielt die ‚causa finalis' jedoch keine prominente Rolle in den Denkorientierungen der Naturwissenschaften. Wright bemerkt, dass sich „die Zielgerichtetheit generell mit Hilfe einer (…) Verkettung von Kausalsys-temen erklären" lässt (Wright 1984, S. 28). Auch Weizsäcker sieht, dass ein „Gegensatz zwischen kausaler und finaler Determination des Geschehens in Wahrheit nicht existiert" (Weizsäcker 2002, S. 148). Systemische Betrachtungen zeigen, dass Verhaltensweisen in Systemen auftreten können, die wir als final verursachte verstehen können, die jedoch ohne übergreifendes Plankonzept in-nerhalb lokaler Gegebenheiten geleitet werden. (Mathematisch erinnert dies an die Frage zur Beziehung zwischen Integralprinzip und lokalen Differentialglei-chungen. Feynman sprach sogar davon, dass „das Licht entscheidet". (Siehe Stöltzner 2012, S. 344. Zum Zusammenspiel von Differenzial- und Integralglei-chung siehe Schulz 2006, S. 38f.) An einem Beispiel der Genetik hat Weber die Problematik der Kausalitätsbestimmungen (Weber 2016, S. 46) näher betrach-tet.)

3.10 „Bei den Aspekten der Teleologie, die von kybernetischen Erklärungen, die einem Gesetzesschema der Erklärung entsprechen, erfasst werden, handelt es sich, glaube ich, primär um die Aspekte, bei denen keine Intentionalität im Spiel ist. Unter den Dingen, denen Intentionalität zugeschrieben wird, nehmen Hand-lungen einen besonders wichtigen Platz ein" (Wright 1984, S. 33). Unstrittig ist, dass Handlungen mit intentionalen Entscheidungen verbunden sind. Nach Na-gel ist jedoch eine „naturalistische Analyse der Intentionalität" nicht möglich „und es lassen sich auch keine im Sinne des Naturalismus hinreichenden Bedingun-gen für sie angeben. Weder durch eine physikalische noch durch eine phäno-menologische Beschreibung ist sie in den Griff zu bekommen" (Nagel 1999, S. 64). Zu fragen bleibt, ob dies auf eine ungenügende Naturalismus-Konzeption hinweist. Die Natur rechnet eventuell anders als der Mensch. („Eine Mathema-tik, die in der Physik fruchtbar wäre, (…) existiert bisher nicht" (Weizsäcker 2002, S. 166). Bloch überlegt, ob mit der Quantenmechanik deutlich wird, dass „Anfänge und Grundlagen der Welt noch objektiv zu alogisch sind, um konkret verstehbar zu sein" (Bloch 1985, S. 344). Ja, ist die Physik selbst ein Wahnsys-tem? (So Weizsäcker 1982, S. 113.) Zu anderen Mathematikkonzeptionen siehe: Randall 2006.)

4 Psychologie, Psychoanalyse und Logik(en)

> Die „Welt der Träume" kann in „die tiefsten Wahrheiten
> über sich selbst schauen lassen". Jouvet 1995, S. 151.
> „Die Logik ist keine Lehre, sondern ein Spiegelbild der Welt"
> Wittgenstein 1983, (6.13) S.101.

4.1 Die Psychologie konnte elementare mathematische Gesetzmäßigkeiten be-züglich der menschlichen Erkenntnisfähigkeit erkennen. So erkannte Weber um 1830, dass die Wahrnehmungsfähigkeit der Sinnesorgane von konkreten Inten-sitätsraten abhängt. Diese Einsichten in entsprechende Gesetze sind bedeut-sam für die moderne technische Verarbeitung und Darstellung von Sinnesdaten. Erwähnt sei zum Beispiel die Gammakorrektur im Bereich der Bildbearbeitung.

Hingewiesen sei auch auf die Einsichten zur Figur-Hintergrund-Wahrnehmung, zu Kippfiguren, zum Gestaltwechsel, den vielfältigen (optischen) Täuschungen (Relativität von Farben, Grenzen, Größen, Helligkeit, Kontrasten und Linien, die ,Ehrensteintäuschung' (,Kanizsa-Dreieck' etc.)) und Illusionen und weiterhin den Gesetzen der Ähnlichkeit, Nähe und Geschlossenheit.

4.2 Nun wurden speziell im Bereich der Psychoanalyse Einsichten zu den Verarbeitungsgesetzen und logischen Schlussweisen des psychischen Apparats entdeckt. Die Psychoanalyse macht „eine Grundvoraussetzung, deren Diskussion philosophischem Denken vorbehalten bleibt, deren Rechtfertigung in ihren Resultaten liegt. Von dem, was wir unsere Psyche (Seelenleben) nennen, ist uns zweierlei bekannt, erstens das körperliche Organ und Schauplatz desselben, das Gehirn (Nervensystem), andererseits unsere Bewusstseinsakte, die unmittelbar gegeben sind und uns durch keinerlei Beschreibung näher gebracht werden können" (Freud 1981a, S. 9). Über die Analyse von Träumen findet die Psychoanalyse einen Zugang zum Unbewussten des Menschen. Freud sieht, dass die „entscheidenden Regeln der Logik (…) im Unbewussten keine Geltung" besitzen: Man „kann sagen, es ist ein Reich der Unlogik". (Wobei Freud selbst die Traumlogik entziffert hat.) Charakteristisch ist, dass „Strebungen mit entgegen-gesetzten Zielen (…) im Unbewussten nebeneinander" bestehen, „ohne dass ein Bedürfnis nach deren Abgleichung sich" regt. „Die Assoziationen des Träumers aber bringen die Mittelglieder zum Vorschein, die wir in die Lücke zwischen beiden einfügen und mit deren Hilfe wir den latenten Inhalt des Traumes wiederherstellen, den Traum ,deuten' können". Der Traum, so Freud, ist „in allen Fällen das Ergebnis eines Konflikts". Es kommt in ihm zu Kompromissen, die irgendwie (vor-)rational ausgehandelt werden. Das Traumgeschehen unterscheidet sich deutlich von den bewussten Alltagswahrnehmungen und -beurteilungen: „Der Traum ist also eine Psychose, mit allen Ungereimtheiten, Wahnbildungen, Sinnestäuschungen einer solchen" (Ib., S. 27f und S. 31). Dabei ist der Traum „ein vollwichtiger psychischer Akt" (Freud 1996, S. 524).

4.3 Neuere Arbeiten aus dem Bereich der Psychoanalyse zeigen, dass im unbewussten Bereich eine Logik auf der Basis symmetrischer Beziehungen und im Bereich des Bewusstseins eine Logik auf der Basis asymmetrischer Strukturannahmen arbeitet. Rohde-Dachser spricht in Anlehnung an Blanco „von zwei radikal unterschiedlichen Logiken (…), die gleichzeitig" beim Menschen am Wirken sind und „in wechselnder Ausprägung das menschliche Denken bestimmen". (Rohde-Dachser 2009, S. 977. Vgl. Beland 1996, S. 642. Zur Logik der Affekte siehe Ciompi 1982.) Die klassische bivalente Logik beschreibt und prägt die bewussten Denkleistungen. Es ist die asymmetrische Logik. Die symmetrische Logik prägt dagegen die „unbewussten Denkprozesse". Es ist die Welt der Primärprozesse. In gewisser Hinsicht vollzieht sich mit der Bewusstwerdung ein Übergang von der symmetrischen zur asymmetrischen Struktur (siehe Tabelle 1).

,Psyche'	Modellbeschreibung	,Logiken'
Unterbewusstsein	Symmetrische Strukturen	Logik der Primärprozesse
Vorbewusstsein	↓↑	↓↑
Bewusstsein	Asymmetrische Strukturen	Bivalente Logik

Tabelle 1: ,Logiken' und Bewusstseinsebenen

Im Unbewussten werden spezifische Ordnungen vernachlässigt. So sind Todes- und Lebenswunsch eng verwoben: Sie symbolisieren sich gegenseitig. Die logischen Gestalten werden von Blanco unter Beachtung mathematischer Mengenstrukturen beschrieben. In der Mathematik und Logik werden Relationen (=: R; xRy steht für ‚x steht zu y in Beziehung') betrachtet, mit denen die Elemente von Mengen näher bestimmt werden können. Eine besondere Bedeutung besitzen dabei reflexive (x R x), symmetrische ((x R y) ↔ (y R x)) und transitive ((x R y) und (y R z) → (x R z)) Relationen. (Ein Beispiel für eine transitive Relation: Der Enkel ist jünger als der Sohn. Letztlich ist damit der Enkel auch jünger als der Vater.) Sind die drei genannten Relationen erfüllt, dann sprechen die Mathematiker von einer Äquivalenzrelation. Relationsbeziehungen werden unter anderem in der Mengenlehre untersucht. Davon ausgehend kann man sprachliche Beschreibungen ordnen und klassifizieren. Weiterhin werden Negationen mit Wahrheitsfunktionen dargestellt. Die Begriffe im unbewussten Raum werden, so Blanco, anders geordnet als im bewussten Denkbereich. Die Ordnungsrelationen unterscheiden sich. Bezüglich des Unbewussten arbeitet Blanco, worauf Rohde-Dachser hinweist, fünf unterschiedliche Ebenen des Unterbewusstseins heraus. Zunehmend werden hierbei die asymmetrischen Strukturierungen und Setzungen aufgehoben. Die Ordnungen werden durch elementarere Orientierungen ersetzt: Sie werden symmetrisiert. Dies hat wohl zur Folge, dass das Subjekt (aus sich) zum Beispiel keine Begrenzung, kein Halt mehr erkennen bzw. finden kann. Es droht die Gefahr, dass dem Subjekt die Welt verfällt. Und damit verfällt es wohl auch selbst. Rohde-Dachser verdeutlicht, dass sich das Erleben von entsprechenden Prozessen (sich auflösende Grenzen etc.) mit unvollständigen bzw. beschädigten Ausdifferenzierungen in der individuellen Entwicklungsgeschichte verbindet. Die Störungen und Beeinträchtigungen auf ‚tieferen' emotionalen und kognitiven Ebenen ‚behindern' die ‚höheren' Ebenen. Die ‚Logiken' und Denkformen durchgreifen sich letztlich. (Bemerkt sei, dass sich die Mathematik als hohe kognitive Apriori-Form zum Beispiel durch die Einführung unendlicher Mengen (Cantor) selbst wieder vielfältige Probleme ähnlicher Art neu eingehandelt hat. Es droht der Verlust von Grenzen und dann auch von Halt.) Genau dies drückt sich wohl auch mit den komplexen Übertragungs- und Gegenübertragungen aus. Durch die Konfrontation mit objektiven Gegebenheiten kann sich die Psyche strukturieren und auch entwickeln. Insofern spielen diese Überich-Aspekte tief in die individuelle Struktur hinein. Kooperationen und auch lernende Beziehungen werden so erst ermöglicht. Weizsäcker betont mit Blick auf das psychoanalytische Grundverständnis, dass beim „Tier (…) das Lustprinzip die subjektive Erscheinungsweise des unbewussten, objektiven Realitätsprinzips" sei (Weizsäcker 1981a, S. 67).

4.4 Wie wird sich das topologische Gefüge zwischen Es, Ich und Über-Ich in einer technischen Welt verändern, die wir im Wesentlichen als unsere eigene Welt verstehen? Eine Welt, in der wir uns anscheinend im Wesentlichen selbst begegnen? Werden die objektiven Strukturen der Gesellschaft die psychischen Strukturen zunehmend formieren und die überlieferten Bedingungen ersetzen? Erzieht die Gesellschaft somit (unbewusst) ihre eigene Es-Welt? Überwindet die kulturelle Ethik die Biologie und traditionelle Anthropologie?

4.5 In Form von unbewussten Phantasien können die symmetrischen Vorstellungen auch die rationalen Realitätsergründungen leiten. Welchen evolutionären Vorteil hat es, mit symmetrischen Strukturen zu arbeiten? Die Daten können – neurophysiologisch gesehen – einfacher gespeichert werden. Angesichts der hohen Informationsmenge, die den menschlichen Körper permanent erreicht, und der sehr geringen bewussten Verarbeitungsrate – nur etwa 20 Bit können in jeder Sekunde bewusst verarbeitet werden – leuchtet dies ein. Arbeitet das Unbewusst aus energetischen Gründen kreativ mit der ,Skriptlogik' eines Kurztextes? Werden Negationen anders als in unserer Sprachwelt ausgedrückt? Meldet der Traum dem Bewusstsein Unklarheiten und ungelöste Beziehungen? Es wirkt so, als ob ein ,Agent' eigenständig agiert und seine Fragen verkürzt über den Traum mitteilt. (Überlegt sei, ob die ,Logiken' eher als ,Grammatiken' zu verstehen sind. (Zum Verhältnis von ,Logiken' zu ,Grammatiken' siehe Stegmüller 1986a, S. 220.)) Softwaretechnische Analysen können eventuell helfen, die Herausbildung von Bewusstseinsbildern und Strukturen und möglichen Störungen verständlich zu machen. Siehe hierzu zum Beispiel Lenzen: „Der Edinburgher Philosoph Andy Clark begeistert sich für eine 2015 erschienene Arbeit über ein ,Inceptionism' genanntes Deep-Learning-Verfahren zur automatischen Bilderkennung. Lässt man den Algorithmus (…) Zwischenergebnisse auswerfen (…) entstehen seltsame Traumwelten: Fantastische Wesen bevölkern einen bewölkten Himmel, Pagoden wachsen vor einem leeren Horizont, Trecker und Schafe erscheinen wie von Geisterhand auf grünen Wiesen. Das Problem mit den Deep-Learning-Verfahren sei, dass wir nicht verstehen, was der Algorithmus beim Lernen eigentlich treibt, so Clark" (Lenzen Online-2016: vgl. auch Human Brain Project (HBP) (Online-2015).) Welchen Vorteil hat es, evolutionär, asymmetrische Strukturen zu entwickeln? Abgrenzung und Negation verbinden sich hiermit. Es kommt zu einer Individuation. Wobei die Herausbildung einer Ich-Struktur – auch ein kollektives Phänomen ist. (Bemerkt sei, dass die „Negation (…) ein erklärungsbedürftiger Zug der Logik" ist und kein „Faktum der Wirklichkeit" darstellt (Weizsäcker 1980, S. 224).)

4.6 Die Möglichkeit besteht, ausgehend von den psychoanalytischen Befunden einen Einblick in die Scharnierstellen der vernünftigen Verstandesstrukturen zu erhalten. Beim Menschen wird in Abgrenzung zum Tier „das Realitätsprinzip bewusst und schafft die Welt der Kultur, die durch das Lustprinzip nicht erzeugt und nicht aufrechterhalten werden kann" (Weizsäcker 1981a, S. 67). Logik und Lebensanforderungen bedingen sich. Wobei bereits Fichte den Vorrang der praktischen Vernunft verdeutlicht hat: Die Ethik geht der Logik voraus. (Vgl. Adorno 1979, S. 75.) Dies ist auch in seiner Relevanz für die kollektive Bewusstseinsentwicklung der Menschen zu befragen: „Das Geistige (…) ist", so Lorenz, „erst in der allerjüngsten Phase der Schöpfung auf den Plan getreten". Jaspers spricht von der ,Achsenzeit': In etwa um 500 v. Chr. „entstand der Mensch, mit dem wir bis heute leben". (Lorenz 1984, S. 59; Jaspers 1983, S. 19.) Weizsäcker bemerkt mit Blick auf den evolutionären Hintergrund des menschlichen Denkens: „Das Bewusstsein taucht in der Evolution aus dem Meer des Unbewussten auf" (Weizsäcker 1992, S. 344). Und Heidegger fragt, ob das logische Denken selbst in Tiefe das Ergebnis einer ,Störung' sei: „Hier ist etwas im tiefsten Grunde aus den Fugen geraten, oder vielleicht ist es noch nie in den Fugen gewesen" (Heidegger 1992, S. 48). Ist die Logik in der Lage ist, den ,eigentlichen' Kern des Denkens zu erfassen? (Vgl. Ib.) Piaget sah es zum Beispiel als „ziemlich sinnlos" an, „eine soziale und eine individuelle Logik gegeneinander ausspielen zu wollen" (Piaget 1972, S. 141). Mit seinen Untersuchungen zur Herausbildung der logischen Operationen beim Kind fand er eine algebraische Struktur zur Beschreibung von Denkformen, mit denen er die „spontan entwickelten logischen Strukturen von Kindern und Jugendlichen" einordnen konnte. In den Vordergrund seiner Analysen rückte er die strukturierenden Handlungen des Subjekts. Die grundlegenden Fragen zum Wesen der Subjektivität blieben für ihn ungelöst: Was ist „das Subjekt"? (Piaget 1985, S. 281.) Weizsäcker hat mit Blick auf Chomsky und Piaget den Gedanken geäußert, dass sie „ihre kompetenten Sprecher bzw. Kinder verführen, die logischen Theorien der mathematischen Grundlagenforscher unseres Jahrhunderts zu reproduzieren". Dies ist problematisch, da so die transzendentale Argumentation „verdunkelt" und „unverständlich gemacht wird" (Weizsäcker 1992, S. 719 und 728).

5 Ergänzung: Symmetrie, Asymmetrie, Invarianz
„Warum gibt es überhaupt Symmetrien?" Weizsäcker 1992, S. 275.
5.1 Bereits im heutigen Schulunterricht werden die physikalischen Sätze zur Erhaltung von Masse, Energie, Impuls und elektrischer Ladung behandelt. Im Bereich der Thermodynamik werden so zwei (bzw. vier) Erhaltungssätze unterschieden, die die Aspekte der Temperatur, Wärme und Entropie beschreiben. Eine Erhaltungsgröße ändert sich nicht: Die erste Ableitung der jeweiligen Größe nach der Zeit ist Null. Über die Betrachtungen der Entropie in der Thermodynamik gelingt es der Physik dann, die Unumkehrbarkeit der Zeitrichtung in der Realität zu erklären. Wobei auch hier unscharfe Facetten in den Erklärungen auftreten (vgl. Rathgeber 2010).
5.2 Im Zusammenhang mit der Information hat Shannon den zentralen Hauptsatz der Informationstheorie gefunden (bzw. entwickelt): Information kann nicht beliebig erzeugt bzw. vernichtet werden. Noether erkannte 1918 (erstes Theorem von N.), dass Symmetrien, Erhaltungsgrößen und Naturgesetze zentral verknüpft sind. (Überlegt sei, ob eine Ding-an-sich-Qualität mit den Erhaltungssätzen beschrieben wird, die zumindest für den Erkenntnisprozess unhintergehbar sind.)
5.3 Mit jeder (mathematischen) Symmetrie geht eine Erhaltungsgröße einher. Eine Symmetrie ist „eine Invarianz, das heißt die Unveränderbarkeit eines Systems oder seiner Zustandsänderung unter einer Transformation", die „gruppentheoretisch beschrieben" werden kann. Es werden kontinuierliche und diskrete, globale und lokale, dynamische und geometrische, empirische, halbempirische und mathematische Symmetrien unterschieden. (Vgl. Lyre 2012, S. 370.) Feynman nennt folgende Symmetrieoperationen: Translation im Raum; Translation in der Zeit; Rotation um einen festgelegten Winkel; gleichförmige Geschwindigkeit entlang einer Geraden (Lorenz-Transformation); Umkehrung der Zeit; Spiegelungen des Raumes; Vertauschung identischer Atome oder identischer Teilchen; Quantenmechanische Phase; Materie – Antimaterie (Ladungskonjugation) (Feynman 2006, S. 73).
Beispiel: Bereits bei der Addition von zwei zufällig ausgewählten Zahlen aus einer geordneten Menge von n Zahlen ($n \in |N$, $n \in \{1; 2; ..., n\}$ und $n < \infty$) ergibt sich, dass bei der Betrachtung der jeweiligen Summen keine Symmetrie zwischen geraden und ungeraden Werten auftritt. Eine ungerade Zahl wird aus zwei unterschiedlichen Zahlen (gerade und ungerade), eine gerade Zahl aus zwei gleichen Zahlen (gerade und gerade bzw. ungerade und ungerade) gebildet. (Es ergibt unter Beachtung der bedingten Wahrscheinlichkeiten folgende Beziehungen (S:= Summe): $P_{S\text{-Gerade}} < 0,5$ und $P_{S\text{-Ungerade}} > 0,5$; mit $P_{S\text{-Gerade}} + P_{S\text{-Ungerade}} = 1$ und $P_{S\text{-Gerade}} \approx P_{S\text{-Ungerade}}$. Für $n = 100$ ergibt sich: $P_{S\text{-Gerade}} = 49/99$ und $P_{S\text{-Ungerade}} = 50 / 99$.) Insofern können bei Systementwicklungen Symmetriebrüche zwangsläufig auftreten, obwohl die Bezugsbasis symmetrisch strukturiert ist.
5.4 Zweiteilung und Symmetrie in der Physik: Bedeutsam sind in der Physik Wellen und Teilchen. Bezüglich des Lichts konnte in der Tradition immer wieder der eine oder andere Aspekte näher erfasst werden. Eine eindeutige und endgültige Beschreibung wurde nicht erreicht. Die Wellen- und

Teilchenkonzeptionen stellen Facetten der Quantentheorie dar. Mit den Quanten, die Eigenwerte der Operationsfunktionen im unendlich dimensionalen Hilbertraum sind, wird der Gegensatz von Teilchen und Welle mathematisch konsistent – aber interpretationsbedürftig – ersetzt. (Einstein spricht von den Korpuskular- und Wellenbrillen. Vgl. Einstein 1966, S. 78.) Die Zweiheit durchzieht die weitere Entwicklung in der modernen Physik. So werden z. B. die Rechts-Links-Symmetrie und der Symmetriebruch bei Lee und Yang bedeutsam. (Siehe Heisenberg 1981, S. 270.) Pauli spricht von ‚Zweiteilung und Symmetrieverminderung': Im Idealfall kann man die Symmetrien der Natur als Folge von Zweiteilungen verstehen. Weizsäcker hat diese Idee zu einer Ure-Theorie ausgebaut. (Ib., S. 271. Weitere Zweiteilungen sind: Form-Chaos (vgl. Ib., S. 219), Materie-Antimaterie (inkl. Löcher) (vgl. Ib., S. 154ff.), Symmetrie-Teilchen (vgl. Ib., S. 280), Zufall-Determiniertheit (vgl. Ib. 285), Möglichkeit-Faktum, Ausdehnung-Denken (Descartes), transzendentales und empirisches Subjekt (nach Kant; siehe Weizsäcker 1992, S. 328), Bewusstsein-Natur (siehe Ib., S. 899 und Weizsäcker 1988, S. 536ff.)
Ausgehend vom Variationsprinzip kann der Kern der Symmetrie einer Funktion erfasst werden. Mit den kontinuierlichen Symmetrieeigenschaften gehen, wie Noether 1918 zeigte, Erhaltungsgrößen einher. Diese werden mathematisch als Gruppe erfasst. So folgt zum Beispiel aus der SU(3)-Gruppe, dass das Proton nicht elementar ist. Die Symmetrie wird aus der Sicht von Heisenberg – durchaus in Anlehnung an Grundideen bei Platon – als Grund der Natur und der Naturwissenschaft angenommen. (Vgl. Weizsäcker 1981b, S. 113. Und Heisenberg 1981, S. 280: ‚Am Anfang war die Symmetrie'.) Die Entdeckung der Rechts-Links-Asymmetrie bei der schwachen Wechselwirkung durch Lee und Yang hatte speziell bei Pauli und Heisenberg zu einem Nachdenken über „Zweiteilung und Symmetrieverminderung" geführt. (Ib., S. 272.) Die Ausprägung der Welt scheint jedoch der Symmetrie der Gleichungen nicht eineindeutig zu entsprechen. (Vgl. Ib., S. 278. Die COBE-Aufnahmen zur kosmischen Hintergrundstrahlung illustrieren diesen Gedanken.) Ein ‚Ereignis' – eine ‚Messung' – bricht quasi eine symmetrische Struktur auf. Im Sinne der Quantenphysik geht mit der Messung die Diskontinuität einher. Durch die Messung kommt es im Jetzt zu einem Bruch zwischen Vergangenheit und Zukunft. Der Vorgang ist irreversibel. Die Vergangenheit ist dokumentiert; sie ist ein Faktum. Die Zukunft ist noch offen. Die „Asymmetrie zwischen Vergangenheit und Gegenwart" kann sich die (statistische) Physik über das Bedenken der Entropieentwicklung verständlich machen. Die Quantenobjekte selbst sind wohl „schwach unterscheidbar". Die Theorie erlaubt somit „schwach individuierbare Entitäten" (Lyre 2012, S. 373). Die Gegebenheiten der modernen Physik führten auch zum Bedenken einer zeitlichen Logik: „Der Kern der Quantentheorie ist", so Weizsäcker, eine „nichtklassische Logik". (Weizsäcker 1988, S. 319 und vgl. Ib., S. 304. Siehe auch Stegmüller 1986b, S. 208ff.) Unabhängig davon ergibt sich in erkenntnistheoretischer Hinsicht das Problem, dass die Sprache der Physiker bei der Beschreibung und Deutung der Phänomene an eine Grenze kommt. Insofern hat die moderne Physik komplementäre Beschreibungen entwickelt. Das Zugleich von Teilchen- und Wellen-charakter ist Ausdruck einer Problematik, die nicht nur für Photonen sondern auch für komplexere Gebilde (Elektronen, C60–Molekülen usw.) gilt. (Siehe Fäßler, Jönsson 2005, S. 105.) Das einzelne Teilchen interferiert mit sich selbst. Eine fremdartige Vorstellung für die klassische Physik. (Vgl. Ib., S. 149-188; Weizsäcker 1988, S. 528. Neuere Untersuchungen zeigen, dass

die speziell von Max Born bedachten Zusammenhänge gültig sind: Siehe Scharf Online-2010.) Konsens scheint unter den führenden Physikern zu sein, dass die Quantenmechanik unverständlich ist: Die ‚physikalische Semantik' ist ungeklärt. (Weizsäcker 1988, S. 501. „Ich selbst", so Weizsäcker, „habe freilich (...) bis 1954 (...) unter dem Empfinden gelitten, dass ich die Quantentheorie nicht verstand. Logisch hatten sie (...) vielleicht vier bis fünf Leute verstanden, etwa Heisenberg, Pauli, Dirac, Fermi; ich gewiss nicht. Philosophisch verstand sie, so schien mir, nur Bohr; ihn verstand kein anderer" (lb., S. 550). In gewisser Hinsicht kann die Wissenschaftstheorie die Gültigkeit der Quantenmechanik und ihren Erfolg nicht zureichend erklären. „Aber die Wahrheit einer Theorie kann niemals bewiesen werden" (Scheibe 2007, S. 338). Heisenberg verweist in dieser Hinsicht auf den Erfolg: „Damit wird freilich die Frage, wie genau diese Begriffssysteme den gemeinten Teil der Wirklichkeit abbildet, ausschließlich durch den Erfolg entscheiden" (Heisenberg 1989, S. 41). In der Welt erkennt der Mensch Einbrüche in die symmetrischen Gegebenheiten und Rhythmen. Ein Kairos, eine Zeitenwende, ein Eingriff Gottes, ein Urknall usw. sollen erkannt werden. Das Einmalige soll die gleichförmigen Abläufe gliedern. Die Unterscheidung von Symmetrie und Asymmetrie berührt in der Rede die Unterscheidung von Lüge (Falschheit) und Wahrheit. Bereits hier liegt eine Asymmetrie vor: Wahr und falsch sind nicht symmetrisch. „Die schlicht intendierte Wahrheit ist die Basis des Sprechens überhaupt" (Weizsäcker 1992, S. 641).

6 Fazit und Ausblick

„Sichere Wahrheit erkannte kein Mensch, und wird keiner erkennen, (...) es ist alles durchwebt von Vermutung". Xenophanes (nach Popper 2006, S. 145).
6.1 Moderne Physik und Psychoanalyse haben seltsame Realitätsphänomene erkannt, die nicht einfach erklärt werden können. Wissenschaftstheoretische Untersuchungen zeigen dabei, dass die klassische Partikelmechanik „in der Frage des empirischen Gehaltes" schlechter dasteht als zum Beispiel die Neurosenlehre von S. Freud (Stegmüller 1986b, S. 431. Vgl. Stegmüller 1986a, S. 468ff.). Weizsäcker verbindet die präzise Deutung der Abgrenzung zwischen der klassischen und Quantenphysik mit dem Verständnis der Wahrscheinlichkeit (vgl. Rathgeber 2002). Er bemerkt, dass die Quantenphysik „Strukturen" beschreibt, die „keine getrennten Objekte im Raum sind" (Weizsäcker 1988, S. 636). „Individuelle Psyche kennen wir nur als Funktion der räumlichen Körperwelt. Deshalb müssen wir in der Körperwelt dort, wo sie diese Organe nicht entwickelt hat, einsam sein". (lb., S. 637. Vielleicht kann die Quantentheorie auch zur Beschreibung des Bewusstseins genutzt werden: Siehe lb., S. 536.) Der Zufall gewinnt im Rahmen der Quantenphysik eine konstitutive Relevanz. Es sein, dass dies die wesentliche Veränderung mit Blick auf die überlieferten Naturvorstellung ist. Die (formale) Nähe zwischen psychologischen und physikalischen Einsichten, Fragen und Beunruhigungen ist offensichtlich. (Hingewiesen sei jedoch auch auf Schulz: „Das Märchen vom ‚Quantensprung' ist eine weitere dieser gängigen Lügen" (Schulz 2006, S. 318). Nach Deutsch sind die Quantensprünge „ein Beispiel dafür, was man gewöhnlich ‚Fernwirkung' nannte" (Deutsch 2016, S. 107).) Die Notwendigkeit zur philosophischen Rekonstruktion und Klärung der physikalischen Begriffe und Theorien leuchtet ein.
6.2 Im Rahmen der ethischen Orientierung nutzen wir eine zweiwertige Logik, um die Gegebenheiten zu formen. Zugleich operieren wir dann im Raum der asymmetrischen Strukturen. Dies kennzeichnet unsere alltägliche Lebenswelt.

Dies gilt für die technischen und sozialen Belange gleichermaßen. Auch charakterisiert es unsere Bewusstseinsstrukturen. In der Rückfrage ergeben sich im Bereich der Physik und Psychoanalyse jeweils Bezüge zu einem Grund, der symmetrisch strukturiert ist. In diesem Geflecht ergeben sich Fragen zum Verhältnis von Zeit und Logik. (Wobei dies unser Welt- und Theorieverständnis berührt: „Ich glaube eher, dass subjektivistische Theorien immer dort entstehen, wo die Grenze der klassischen Ontologie sichtbar wird, die durch die Offenheit der Zukunft bedingt ist, und wo gleichzeitig nicht gesehen ist, dass der Begriff der Zeit der Unterscheidung des Subjektiven und des Objektiven als Bedingung ihrer Möglichkeit systematisch vorangeht" (Weizsäcker 1982, S. 203).) Auch bei einer genaueren Betrachtung der Handlungstheorien werden entsprechende Aspekte (vgl. Wright 1984) sichtbar. Psychoanalyse und Physik ringen in philosophischer Hinsicht im Kern mit durchaus vergleichbaren theoretischen Hintergründen. Bedeutsam ist, dass die Psychoanalyse – durchaus mathematisch orientiert – Denkstrukturen im Bereich der Traumrealitäten erkennen und beschreiben kann. Dies fördert die Möglichkeit für rationale Verständigungen zur Traumlogik und zum Bewusstsein.

6.3 Es wird deutlich, dass es reine Beobachtungsätze und reine Handlungsanweisungen in isolierter Art nicht geben kann. Die Idee der Trennung von Theorie und Praxis ist das Ergebnis einer historisch geprägten Verständnisform. Theorien sind Werkzeuge im Rahmen der Verständigung und Weltaneignung. Und zugleich prägen sie auch unsere Welt. Sie sind unter praktischen Gesichtspunkten kritisierbar. Insofern sind nicht nur die Beobachtungen, sondern auch die empirischen Daten von den Theorien in ihren Möglichkeiten geprägt. Der Theoriefortschritt ermöglicht komplexere Realitäten. Dieser Zusammenhang prägt alle Theorie-Praxis-Beziehungen. Über erweiterte Theorien wird auch die soziale Praxis ausdifferenziert und verständlicher. Theorien gehören als praktische Instrumente in diese Welt. In den Lernvermittlungsräumen wäre dies zu thematisieren. Die Menschen müssen die Abhängigkeit ihrer Einsichten von den theoretischen Bezügen kennen und rational diskutieren können. Die Spannung zwischen den bedingten und unbedingten Orientierungen und Perspektiven ist darzulegen. Alle Fächer und Disziplinen sind davon betroffen. Der Blick auf den Nächsten kann so geöffnet werden. In gewisser Hinsicht ergibt sich eine Verschiebung der philosophischen Betrachtung auf eine technische Ebene. Die Technik ist dabei nicht das gleiche „wie das Wesen der Technik" (Heidegger 1985, S. 5). Heidegger bemerkt bei aller Skepsis: „So birgt denn, was wir am wenigsten vermuten, das Wesende der Technik den möglichen Aufgang des Rettenden in sich". (Ib., S. 32.)

6.4 Für uns kann es bedeutsam werden, die Linie von Wissen, bewusstem Nichtwissen, Geheimnis und Schweigen gerade auch aus ethischen und sozialen Gründen neu zu bedenken. In gewisser Hinsicht sind die Menschen – zumindest in technischen Kontexten – vorhersehbarer als die Elementarteilchen der Natur. Ist dies ein ‚Erfolg' der ethischen Formierungen? (Vgl. Wolfram et al. 2013 (Spiegel Online).)

6.5 Ergänzt sei, dass gemäß der ABC-Theorie von Ellis (A: Activating event; B: Beliefs; C: Consequences) Reize, die zu Empfindungen werden, unbewusst einer moralisch geleiteten Bewertung unterworfen sind. Gefühle sind insofern rational geleitete Größen. Sie existieren nicht einfach an sich.

Zum Begriff der Vernunft

„Den die Lust ist das Unzuverlässigste unter allen Dingen, so dass (..) die Lüste wie Kinder auch nicht die mindeste Vernunft haben. Die Vernunft aber ist entweder ganz dasselbe wie die Wahrheit oder ihr doch unter allen am ähnlichsten und das Wahrste." Platon, Philebos, 65d.

Mit der Vernunft verband sich in der Tradition oftmals eine beinahe heilige Qualität und Bedeutsamkeit. Kant führte die Vernunft in den Titeln seiner Werke auf: Kritik der reinen Vernunft, Kritik der praktischen Vernunft. Vernunft, als einer der großen und zentralen Begriffe in philosophischen und sozialen Diskursen, wird somit bei ihm präzisiert. Kant hat das Vermögen der Vernunft näher untersucht.[1]

Bei Kant wird der Erkenntnisapparat zum Gegenstand der philosophischen Betrachtung. Kant hat dabei untersucht, mit welchen eigenen Voraussetzungen der Verstand arbeitet und erkennt. So hat er Anschauungsformen (Raum und Zeit) Kategorien und Begriffe identifiziert. Inwiefern ist das Erkannte das Ergebnis der von uns mitgebrachten Gegebenheiten und Möglichkeiten. Insofern unterscheidet er zwischen a priori und a posteriori Aspekten. Weiterhin untersucht er analytische und synthetische Urteile. Hierbei meint er, synthetische Urteile a priori erkannt zu haben. Ausgehend von Betrachtungen zur Möglichkeit des wissenschaftlichen Erkennens kam Kant zur Problematik der Antinomien. Er erkannte, dass der vernünftige Verstand erkennen kann, dass die Vernunft elementare Grundfragen nicht beantworten kann. Es geht ihm im Rahmen der kritischen Philosophie um die Bestimmung der Bedingungen der Möglichkeit von Erkenntnis. Auf dieser (formalen) Ebene möchte er unhintergehbare Bestimmungsgründe für das menschliche Denken und Handeln und wohl auch über die Welt finden. Nur ein Rahmen für das menschliche Erkennen wird ergründet und gezogen. Insofern versucht er den Grund der verwendeten Begriffe (Transzendentale Deduktion und Schematismus in der KrV) zu erfassen und das Geflecht von epistemischen und ontischen Facetten auszuloten. Im Rahmen der reinen praktischen Vernunft bemüht er sich, die Freiheit über den Bezug zum Sittengesetz (Kategorischer Imperativ) zu bestimmen. In vielerlei Hinsicht setzte sich Kant mit der Tradition (Descartes, Hume. Leibniz und Plato) auseinander. So ist die Betrachtung zur Amphibolie der Reflexionsbegriffe Ausdruck der Verständigung mit Leibniz.

Nach Leibniz sind Dinge nur dann unterscheidbar, wenn unterschiedliche Prädikate bezüglicher Objekte vorliegen (Satz vom Identitätsprinzip). Nach Kant wird jedoch – zumindest in der sinnlichen Welt – ein Unterschied bereits über eine Trennung in der räumlichen Position möglich. (Letztlich berührt dies Überlegungen von Newton zum absoluten Raum, denen Leibniz skeptisch gegenüber steht. In der modernen Physik wird dies explizit bei Wolfgang Pauli zu Gültigkeit der Unterscheidbarkeit von Elementarteilchen thematisiert. Die Idee des absoluten Raums wird im Rahmen der Relativitätstheorien problematisch. Und mit Blick auf das Pauli-Prinzip und den modernen quantenmechanischen Einsichten stellt sich die Situation so dar, dass die moderne Physik eine gewisse Nähe zu Leibniz ha: Zustände und nicht Ortsbezüge entscheiden über die Identität von Teilchen.)

Und die Widerlegung der Gottesbeweise berührt direkt die Ideen von Descartes.

Hume hatte mit seinen kritischen Überlegungen zur Kausalität und den Urteilsgründen dabei Kant aus seinem „dogmatischen Schlummer" (Kant) geweckt.

Die Wahrheit bleibt nach Kant ein ‚reizender Name' (Krv) für einen unbekannten Ort. Die Suche nach ihr scheint jedoch zugleich eine unaufhebbare und somit wesentliche motivierende Kraft für das menschliche Steben zu sein. In gewisser Hinsicht verbindet Kant so Descartes (‚Ich denke, also bin ich') mit Pascal (‚Das Herz hat seine eigenen Gründe'). Zugleich werden Bezüge zu den späteren Denkbemühungen (Hegel, Schelling, Nietzsche, Heidegger, Wittgenstein, Adorno) sichtbar.

Mit der Ausdeckung der Antinomien ergab sich ein kritisch-systematischer Zugriff auf die Leistungsfähigkeit der Vernunft. Kant hat im Sinne der Aufklärung gefordert, dass der Mensch sich seines Verstandes bedienen soll. In gewisser Hinsicht denkt er hierbei ein modernes selbstreferentielle Verständnis von Menschen und Maschinen. Der Verstand bedient sich des Verstandes. Zugleich verdeutlicht dies auch den Ansatz der Kritik an Kant. „Die Vorgängigkeit des Bewusstseins, die ihrerseits Wissenschaft legitimieren soll", ist ebenso problematisch wie auch die Annahme, dass es „reine Tatsachen des Bewusstseins überhaupt gibt" (Adorno 1982, S. 196). Auch „die absolute Trennung von Körper und Geist" (Ib., S 197) ist letztlich nicht zu retten.[2] In gewisser Hinsicht können die vielfältigen Weltbeschreibungsansätze aus Philosophie und Theologie unter sprachanalytischen und systemischen Blickwinkeln[3] formal-abstrakt geordnet werden. Ich, Welt, Vernunft, Glaube, Absolutes, Gott etc. könnten dann austauschbar arrangiert und in ihrer jeweiligen Leistungsfähigkeit und in ihren Bezügen, Kontexten und Differenzen verglichen werden. Insofern wird die Funktionsfähigkeit der einzelnen „Sprachspiele" (Wittgenstein) thematisiert.

In unserer Zeit wurde die Vernunft zum Beispiel von Horkheimer, Adorno und Habermas als objektive Vernunft, subjektive Vernunft und instrumentelle Vernunft betrachtet. Die Überlegungen Horkheimers, die von ihm als identisch mit denen von Adorno gekennzeichnet werden („unsere Philosophie ist eine" (Vorwort)), münden ein in die „Dialektik der Aufklärung" und behalten bis zum Hauptwerk von Habermas („Theorie des kommunikativen Handelns") ihre Bedeutsamkeit.[4] All diese Untersuchungen stehen in methodischer, problemgeschichtlicher und z. T. auch in inhaltlicher Orientierung in Nähe zu den Arbeiten von Marx und Weber, da sie „den Begriff der Rationalität" in seiner strukturellen Bedeutsamkeit für unseren Kultur- und Denkraum untersuchen wollen (Horkheimer 1985, S. 13). Horkheimer veröffentlichte seine Schrift „Kritik der instrumentellen Vernunft" 1946. Nach ihm ermöglicht „die Fähigkeit der Klassifikation, des Schließens und der Deduktion (…) das abstrakte Funktionieren" des Denkens und somit „vernünftige Handlungen" (Ib., S. 15). Die großen philosophischen Systeme basierten nach ihm „auf einer objektiven Theorie der Vernunft" (Ib., S. 16). Doch der Verlust der Fähigkeit, „eine solche Objektivität überhaupt zu konzipieren" führte zur „gegenwärtigen Krise der Vernunft" (Ib., S. 18). Die Vernunft ist aus seiner Sicht „gänzlich in den gesellschaftlichen Prozess eingespannt.[5] Ihr operativer Wert, ihre Rolle bei der Beherrschung der Menschen und der Natur, ist zum einzigen Kriterium" geworden (Ib., S. 30). Die Vernunft reduziert sich in seinem Sprachgebrauch zu einer „subjektiven Vernunft": „Die subjektive Vernunft fügt sich allem" (Ib., S. 34). Sie „enthüllt Wahrheit als Gewohnheit und entkleidet sie damit ihrer geistigen Autorität" (Ib., S. 38). Die Analyse zeigt, dass der Übergang von der objektiven zur subjektiven Vernunft (…) kein Zufall" war (Ib., S. 66). Letztlich manifestiert sich die „Krise der Vernunft (…) in der Krise des Individuums" (Ib., S. 124). „Die Krankheit der Vernunft gründet in dem Ursprung, dem Verlangen der Menschen, die Natur zu beherrschen" (Ib., S. 164).[6]

Anmerkungen / Belege

1. Welche Rolle nimmt die transzendentale Subjektivität innerhalb der kritischen Theorie ein? Ist das eine austauschbare semantische Größe? Inwiefern können dann Theorien noch miteinander verglichen werden? Und speziell gefragt: Inwiefern können theologische, religiöse und philosophische Ansätze noch voneinander abgegrenzt werden?
2. Die kritische Theorie von Horkheimer möchte, so Adorno, am Materialismus die Problematik „zum theoretischen Selbstbewusstsein" bringen (Adorno 1982, S. 197).
3. Bemerkt sei, dass zumindest der Systemtheoretiker Luhmann eine grundlegende Differenz für seinen theoretischen Ansatz in Anspruch nimmt: So beginnen seine Überlegungen „nicht mit einem erkenntnistheoretischen Zweifel" (Luhmann 1987, S. 30). Er möchte die „Überschätzung, die im Subjektbegriff lag, nämlich die These der Subjektivität des Bewusstseins" revidieren (Ib., S. 244) und die traditionelle „Differenz von Ganzem und Teil

(...) durch die Differenz von System und Umwelt ersetzen" (Ib., S. 22). Auch glaubt er, die klassische Orientierung der Philosophie an der zweiwertigen Logik durch einen Rückgriff auf die Denkbemühungen von Gotthard Günther aufheben zu können. Letztlich sprengt nach ihm diese Theorie die „Subjekt/Objekt–Schematik der Erkenntnistheorie"; und er folgert: „Von hier aus wird die Welt neu gesehen" (Ib. S. 658).
4. Ein Unterkapitel im IV. Hauptteil des Werkes von Habermas lautet: „Die Kritik der instrumentellen Vernunft" (Habermas 1988, S. 489-534).
5. Whitehead (1982) spricht vergleichbar von der „Funktion der Vernunft".
6. „Die wahre Kritik der Vernunft wird notwendigerweise die tiefsten Schichten der Zivilisation aufdecken und ihre früheste Geschichte erforschen" (Horkheimer 1095, S. 164). Nietzsche bemerkt: Wenn man nötig hat, aus der Vernunft einen Tyrannen zu machen, wie Sokrates es tat, so muss die Gefahr nicht klein sein, dass etwas anderes den Tyrannen macht. Die Vernünftigkeit wurde damals erraten als Retterin; es stand weder Sokrates noch seinen ‚Kranken' frei, vernünftig zu sein – es war de rigueur, es war ihr letztes Mittel" (Nietzsche 1979, Aphorismus 10 (S. 935)). Bei Heidegger findet sich folgende Ausführung: „Das Denken beginnt erst dann, wenn wir erfahren haben, dass die seit Jahrhunderten verherrlichte Vernunft die hartnäckigste Widersacherin des Denkens ist" (Heidegger 1980, S. 263 (247)).

Ich-Welt-Mathematik

Nachfolgend werden ausgehend von einigen Grundüberzeugungen unserer Kultur Hinweise bezüglich der Bedeutung mathematischer Beschreibungen für das wissenschaftliche Weltverständnis gegeben.

1 Ich und ‚cogito ergo sum'

„Die Philosophie begrenzt das bestreitbare Gebiet der Naturwissenschaft."
Wittgenstein 1983, Satz 4.113.

Mit Descartes erfolgte eine explizite Hinwendung zu den menschlichen Erkenntnismöglichkeiten. Ausgehend von einem universellen Zweifel fand er die unhintergehbare Einsicht, dass sich mit dem Akt der Bezweiflung ein Subjekt verbindet, das diesen Zweifel denkt. Das Subjekt wurde von ihm (naiv) mit dem realen Ich verknüpft: „cogito ergo sum". Dieses ‚ergo' ist, da im Vorfeld auch die Gültigkeit der logischen Regeln bezweifelt wurde, nicht als logischer Schluss, sondern eher als eine meditative (Selbst-)Vergewisserung zu verstehen. Von der Vorstellung eines allerrealsten und vollkommenen Wesens konnte er mit seinem (ontologischen) Gottesbeweis einen Bezugspunkt außerhalb des Ichs beweisen. Ein vollkommenes Wesen, das existiert, ist nach ihm vollkommener als ein Wesen, das nur gedacht wird. Kant hat diese Figur in der ‚Kritik der reinen Vernunft' (KrV) zurückgewiesen: „Hundert wirkliche Taler enthalten nicht das mindeste mehr als hundert mögliche." (Kant 1976, B 627.) In Nähe zu nominalistischen Einsichten folgt er einer kritisch-realistischen Weltsicht. Das Geflecht von Realismus und (sprachlicher) Relativierung und das Gelände zwischen Ich und Welt sind komplex zu orten. Kant hat die (transzendentalen) Bedingungen der Möglichkeit von Erkenntnis näher untersucht. Leitfragen zu unserem Selbstverständnis wurden von ihm formuliert: 1. ‚Was kann ich wissen?' 2. ‚Was soll ich tun?' 3. ‚Was darf ich hoffen?' 4. ‚Was ist der Mensch?'. Diese Fragen führten in der weiteren Entwicklung (Herder, Peirce, Wittgenstein) zum Bedenken der Abhängigkeit der Erkenntnis von der Sprache. Wittgenstein, der zuerst eine ‚atomistische' Beziehung zwischen Wörtern und der Realität bedachte, erkannte in seiner Spätphilosophie eine Verwobenheit von Sprache und Tätigkeiten, die er ‚Sprachspiel' nennt (siehe Wittgenstein 1971, S. 17 (8)). „Wenn wir anfangen, etwas zu glauben, so nicht einen einzelnen Satz, sondern ein ganzes System von Sätzen" (Wittgenstein 1970, S. 45 (141)). Und: „Das Spiel des Zweifels selbst setzt schon die Gewissheit voraus." (Ib., S. 39 (115).) Dies berührt die Fragen zum Grund unseres Denkens und Lebens: „Die Schwierigkeit ist, die Grundlosigkeit unseres Glaubens einzusehen" (Ib., S. 51 (166)). Für uns stellen sich auch diese Fragen: Was muss ich wissen? - Was darf ich tun? - Was soll ich hoffen?

2 Welt, Mathematik und Wissen

Die Welt ist uns nicht klar und deutlich gegeben. Auch agiert der Mensch nicht instinktsicher. Doch wir besitzen die Möglichkeiten zur Erkundung und zur Entscheidung. Diese basiert auf naturwissenschaftlichen und technischen Einsichten und ethischen Orientierungen. Das Interesse besteht, gesichertes Wissen zu erlangen. Für Kant ist „die Vernunfterkenntnis durch Konstruktion der Begriffe mathematisch" und „eine reine Naturlehre über bestimmte Naturdinge (Körperlehre und Seelenlehre)" ist „nur mittels der Mathematik möglich, und, da in jeder Naturlehre nur so viel eigentliche Wissenschaft angetroffen wird, als sich darin Erkenntnis a priori befindet, so wird Naturlehre nur so viel eigentliche Wissenschaft enthalten, als Mathematik in ihr angewandt werden kann" (Kant 1978, S. 15 (A IX)). Dies hebt die Bedeutung der mathematischen Beschreibungen für die äußeren und inneren (‚Seelenlehre' (!)) Dinge hervor. Es öffnet sich die Frage nach dem Wesen und der Dinghaftigkeit der Seele. Für Wittgenstein wäre diese „ein Unding". „Eine zusammengesetzte Seele wäre nämlich keine Seele mehr" (Wittgenstein 1983, Satz 5.5421). Es ergibt sich eine Spannung zwischen dem ‚physikalischen Objektivismus' und dem ‚transzendentalen Subjektivismus'. Siehe Husserl (1992, S. 18-104 (§§ 8-27): „Die Ursprungsklärung des neuzeitlichen Gegensatzes zwischen physikalischem Objektivismus und transzendentalem Subjektivismus"). Wie ist der ‚Gegensatz' zu denken und wo existieren Möglichkeiten zur Überwindung? Hegel überlegt, inwiefern „das Absolute", „wenn es nicht schon an und für sich bei uns wäre und sein wollte, (…) dieser List spotten" würde (Hegel 1973, S. 56). Die Bestimmbarkeit des Wissens wurde historisch unterschiedlich aufgelöst. Harari verweist auf folgende Beziehungen: (A) „Wissen = Schriften x Logik", (B) „Wissen = empirische Daten x Mathematik" und (C) „Wissen = Erfahrung x Sensibilität". Die Konzeption unter (A) prägte das Verständnis im Mittelalter und die unter (B) das der „wissenschaftlichen Revolution". Der Humanismus bezieht sich auf die Position unter (C). (Vgl. Harari 2017, S. 365-367.) In der Philosophie wird über das Verhältnis von Wissenschaft, Mathematik, Logik und Normen nachgedacht: Vgl. z. B. Quine (1979). Dies betrifft auch formale und inhaltliche Aspekte der einzelnen wissenschaftlichen Sachgebiete. Welche Modelle sind für die äußere Welt – Zeit, Raum, Energie, … – sinnvoll? Welche Mathematik ist für die Seelenlehre geeignet? In diesem Zusammenhang wird auch die Frage nach der Bedeutung der (subjektiven) Bewusstseinszustände für die ‚objektiven' Erkenntnisse gestellt. Husserl hat bzgl. der Denk- und Weltansätze die Unterscheidung zwischen der endlichen und der unendlichen Welt betont: Die „alte Mathematik überhaupt kennt nur endliche Aufgaben, ein endlich geschlossenes Apriori. (…) Die Konzeption dieser Idee eines rationalen unendlichen Seinsalls mit einer systematisch es beherrschenden rationalen Wissenschaft ist das unerhört Neue" (Husserl 1992, S. 19). Im Rahmen

„der Vervollkommnungspraxis" treten nach ihm „überall Limes – Gestalten" auf (Ib.). (Welche Lösung geht mit S = 1 – 1 + 1 – 1 + 1 … einher? S = 0 oder 1 oder ½? (S = 0, da S = (1 – 1) + (1 – 1) + … = 0 + 0 + 0 …; S = 1, da S = 1 – (1 – 1) – (1 – 1) … = 1 – 0 – 0 …; S = ½, da S = 1 – S, also: 2S = 1. Dies führt in der Physik zur Problematik von ‚singulären Ausdrücken'.) Am Beispiel von Nietzsche wird deutlich, dass diese Überlegungen bzw. Annahmen relevant für eine Philosophie sein können. Der Gedanke der ‚Ewigen Wiederkehr des Gleichen' ergibt sich, wenn sich eine endliche Materie in einer unbegrenzten Zeit immer wieder neu konstituiert und entfalten muss. Diese physikalischen Einsichten hatten – so Yalom – Nietzsche geleitet: „Nietzsches Beweis stützte sich auf zwei metaphysische Grundsätze: dass die Zeit unendlich sei und dass die Energie (der Urstoff des Universums) endlich sei" (Yalom 2009, S. 515). Nietzsche hat so ausgehend von der Physik ethische Konsequenzen bedacht.

3 Einschub: Begriff und Anschauung etc.

„Ich nenne Wissenschaft gern die Kunst gemäß der Tanzschule der Logik."
Weizsäcker 1992, S. 958.

Nach Kant sind Gedanken ohne Inhalt leer und Anschauung ohne Begriffe blind (Kant 1976, B 75). Dies führt in der KrV zur Unterscheidung von reinen und empirischen Anschauungen etc. Wobei sich letztlich nach Kant „alle Begriffe (…) auf data zur möglichen Erfahrung" beziehen (Ib., B 298). Damit öffnet sich folgerichtig die Betrachtung den sprachanalytischen, symbol- und zeichenorientierten Denkansätzen. „Wenn das Ding im Sachverhalt vorkommen kann, so muss die Möglichkeit im Ding bereits präjudiziert sein" (Wittgenstein (1983), Satz 2.012). Durch die Verknüpfung von Anschauung und Begriff wird Erkenntnis möglich. (Wobei dies aber selbst schon eine Modellannahme ist. Mit dieser Annahme gehen Ideen zur Verknüpfung von Logik, Ethik und Gesetzen einher. So zum Beispiel, dass naturwissenschaftliche Gegebenheiten (zum Beispiel Licht (→ Photon)) einer entsprechenden (gesetzlichen) Begrifflichkeit unterworfen sind und somit zureichend erfasst werden können. Dies berührt den Skeptizismus. Bereits in der Antike hatte Pyrrhon von Elis zehn skeptische Tropen (→ Behauptungen, Gesichtspunkte, Gründe, Thesen) gegen eine sichere Erkennbarkeit der Welt aufgeführt. Ausgehend von individuellen Besonderheiten und Verschiedenheiten der Dinge und der Menschen wurde eine skeptische Weltsicht begründet. Siehe Buhr (1976, S.1107ff.). Und zum skeptischen und unglücklichen Bewusstsein siehe Hegel (1973, S.121ff.). Hinter dem Skeptizismus verbirgt sich gemäß Nagel oftmals ein nicht aufgeklärter Subjektivismus, der durchaus mit einem (strengen) Platonismus einhergehen kann (vgl. Nagel 1999, S. 11). Wie viel Anschauung verbindet sich mit dem Begriff? Wie viel Begrifflichkeit verbirgt sich in der Anschauung? Dies ist zu fragen, da es eine Verknüpfung (Synthesis) zwischen beiden Größen geben muss: „Ein Begriff (…) ist für leer zu halten, (…), wenn diese Synthesis nicht zur Erfahrung gehört" (Kant 1976, B 267). Dabei muss diese Synthesis über eine rein schematische Zuordnung (bzw. starre Synthesis) hinaus gehen, wenn es eine begriffliche Wissenschaft geben soll, die sich auf die Realität (Welt) bezieht. Eine naiv naturalistische Lösung wäre für diese Thematik letztlich mit Blick auf die Gültigkeit einer mathematischen Physik nicht überzeugend. (Das Problem der Intentionalität kann nach Nagel naturalistisch und somit auch nicht evolutionär gelöst werden. Eine echte Vermittlung zwischen Begriff und Anschauung im Sinne der wissenschaftlichen Forderung kann so nicht tragfähig gedacht werden. In der Tradition wurde eine präzisere

Auflösung über dialektische Denkansätze bedacht. (Verweist eine Lösung dann wieder auf einen theologisch-religiösen Denk- bzw. Lebensraum? Führt die transzendentale wieder zu einer transzendenten Konzeption? Bleibt alternativ nur eine skeptisch-resignative Einschätzung? Bei einem schematischen operierenden dialektischen Verständnis besteht die Gefahr, dass nur eine naive Synthesis gedacht wird. So hat Marx die transzendentale Synthesis mit den realen Arbeits- und Produktionszusammenhängen verbunden (vgl. Habermas 1973, S. 38). Dies beruht auf einem Grundverständnis, nach dem die Natur gegenüber dem Geist das „absolut Erste" ist (lb., S. 36). Die menschliche Arbeit als Vermögen der Stoffverwandlung wird zur Grundkategorie der Weltbeschreibung. Jedoch kann diese „Synthesis im materialistischen Sinne (…) keinen logischen Zusammenhang" herstellen (lb., S. 43). „Marx begreift Reflexion nach dem Muster der (industriellen) Produktion" (lb., S. 61).) Gemäß Habermas sieht dann Peirce, dass der „sprachlogisch gefasste Realitätsbegriff mit den beiden Dimensionen der Wirklichkeit (…) und der Faktizität" nicht ausreicht, um verständlich zu machen, „wie Denkprozesse vorsymbolisch zufließende Informationsgehalte verarbeiten" können (lb., S. 137). Nun ist zu fragen, ob das Denken sprachlich gebunden ist. Gibt es ein Denken, das unabhängig gültig ist? Ausgehend von der ‚Sapir-Whorf-Hypothese' konnte empirisch gezeigt werden, dass alle „Menschen (…) die Welt mehr oder minder gleich" – sprachunabhängig – kategorisieren. Quasi prägt die Welt die Kategorien aus, „mit denen Gehirne arbeiten" (Grau Online-2008, S. 19; vgl. Hübl 2017, S. 240ff.). Und die Mathematik ringt mit dieser (universellen) kategorialen Tiefenstruktur. In erkenntnistheoretischer Hinsicht verdeutlich Weizsäcker am Geflecht von Kontinuität – Möglichkeit – Wirklichkeit – Begrifflichkeit – Aktualität die Bedeutung der Zeit für die Unterscheidung von Fakten und Möglichkeiten (vgl. Weizsäcker 1992, S. 858). Für uns wäre noch die Bedeutung der Virtualität zu berücksichtigen.

4 Experiment, Theorie, Logik, Technik

Nachfolgend wird die Erfassung der Körperwelt und der Seelenwelt mit mathematischen Methoden erörtert.

A. Körperwelt: Für die Physik ist die experimentelle Befragung der Natur bedeutsam. Wesentliche Einschätzungen sind mit besonderen Experimenten verknüpft, so zum Beispiel: (1) Der ‚Eimerversuch' nach Newton mit Blick auf relative und absolute Raumbezüge, (2) das Experiment von Michelson-Morley zur Abhängigkeit der Lichtgeschwindigkeit (c) von einem Äther und (3) das Doppelspaltexperiment zur Wegeauswahl bei Photonen, welches die Selbstinterferenz der Photonen verdeutlicht. Zu nennen sind auch die Untersuchungen (4) von Aspekt mit Blick auf die Bell'sche Ungleichung zur Bedeutung von Fernkräften auf gekoppelte Teilchen.

Zur Theorieabfolge: 1. Elektrische und magnetischen Gegebenheiten wurden verknüpft (Faraday) und einheitlich – die Maxwellschen Gleichungen – beschrieben. 2. Die Optik wurde zum Teilgebiet der elektromagnetischen Theorie. 3. Atomare Prozesse in den Atomhüllen wurden mit der elektromagnetischen Theorie verbunden. 4. Die klassische Mechanik wurde mit der Thermodynamik vermittelt. 5. Einstein versöhnte die Mechanik mit der elektromagnetischen Theorie über die spezielle Relativitätstheorie. 6. Dynamische Vorgänge konnte Einstein über die allgemeine Relativitätstheorie erfassen. (Dies ist für kosmische Vorgänge bedeutsam.) 7. Atomkernprozesse wurden unter Beachtung quantenmechanischer Einsichten mit diesen Ansätzen verbunden. (Die Physik möchte einen poly- durch einen monotheoretischen Ansatz ersetzen.) Grundlegend ist die Frage, ob quantenmechanische und relativistische Beschreibungen verknüpft werden können. Bzgl. der Quantenmechanik existieren folgende Deutungen: (Klassische) Kopenhagener Deutung (Bohr, Heisenberg); Bohm'sches Modell; Viele-Welten Theorie (Everett); Dekohärenztheorien (Zeh); Theorie verborgener Parameter (Einstein); Konsistente Theorien; Theorie der spontanen Lokalisation; Theorie von Schrödinger; Theorie von Born. Verallgemeinerte Theorien wurden u. a. von Einstein (Feldtheorie), Heisenberg (quantisierte Feldtheorie) und C. F. v. Weizsäcker (Theorie der Ure) entwickelt. Heutzutage ringt man um Schleifen- und String-Theorien etc.

Die theoretische Physik hat die Möglichkeiten zur Naturbeschreibung, die mit den mathematischen Strukturen einhergehen, näher analysiert. Emmy Noether verdeutlichte, dass die Erhaltungssätze der Natur streng mit den Symmetrien von kontinuierlichen Gruppen verbunden sind. Speziell die Lie-Algebra und die Lie-Gruppen ($\rightarrow$ SU(2), SO(2), SU(3), SO(3), …) wurden analysiert. Nach Weizsäcker bezeichnen dabei die „Symmetriegruppen (…) einen Typ von Gesetzmäßigkeit, der in der Tripel-Alternative von Morphologie, Kausalität und Finalität nicht eingeordnet werden kann, sondern eher auf einen möglichen gemeinsamen Ursprung dieser drei Formen deutet" (Weizsäcker 1988, S. 245). In der Kosmologie wird überlegt, ob die ‚Symmetrieminderung' auf der Ebene der Elementarteilchen die Entstehung des Weltalls ermöglicht hat. Siehe die Überlegungen von Heisenberg zur „Zweiteilung und Symmetrieminderung" (Heisenberg 1981, S. 284). Er fragt mit Blick auf die Gültigkeit der Naturgesetze auch, ob der Kosmos „nicht symmetrisch zu sein braucht gegenüber den Operationen, unter denen Naturgesetze invariant" sind (Ib., S. 271).

B. Seelenwelt: Der Unterschied zwischen unbewussten, vorbewussten und bewussten Akten wird in Philosophie und Psychologie thematisiert. Mit Nietzsche fragt sich, „ob nicht unsere Träume dichter bei dem siedln, wer wir sind, als Verstand oder Gefühl" (Yalom 2009, S. 498). Freud hat zwischen diesen Akten unterschieden und mittels der Traumdeutung einen Zugriff auf vorgelagerte Kräfte, Entwicklungen, Prozesse und somit Realitäten ermöglicht. Generell gilt nach Freud, dass das Ich sich in seiner Entwicklung in der Art von der äußeren Realität abtrennt, indem es von sich eine Außenwelt abscheidet. (Freund 1981b, S. 68.) Er konnte mit Blick auf die Negation, die innerhalb der logischen Beschreibungen besonders bedeutsam ist, zwischen verschiedenen ‚Vers'-Aktivitäten (Verdeckung, Verdrängung, Vergessen, Verleugnen, Verneinung, Verwerfung, Verweigerung …) unterscheiden und das Fehlen einer klaren Negation im Traumgeschehen erkennen. „Die Reihe der Freudschen ‚Vers' (…) verweist vielmehr auf ein radikaleres Nein, den Kern der Negativität" (Žižek 2016, S. 672). Das Unbewusste kennt nach Freud keine Negation: „Die Hegelsche Negation (..) fehlt im Freudschen Unbewussten" (Ib., S. 677). Die Logik ist für die bewussten und automatentechnischen Regulationen bedeutsam. Durch eine ‚logische' Beschreibung der unbewussten Prozesse kann ein verbessertes Verständnis für menschliche Handlungen entwickelt werden. (Vgl. Rohde-Dachser 2009.) Die Logik strukturiert die Erkenntnisse und die Abhängigkeiten. Von daher beeinflusst sie unsere Sprachspiele und die technischen Verarbeitungs- und Beurteilungsregeln.

Hinweis: Quasi thematisiert Freud verschiedene Sprachwelten, in denen sich der Mensch bewegt: Das Sprachspiel der Über-Ich-Welt behandelt allgemein gültige (normative, juristische, religiöse) Vorgaben. Das Spiel auf der Ich-Ebene thematisiert die individuellen Zuschreibungen. Und das Sprachspiel der Träume öffnet einen Zugang zu den verdeckten (biologisch-psychologischen) Gründen. Diese Sphären sind zwar intensiv verbunden; sie

sind aber – zumindest im Rahmen der analytischen Zuschreibung – sortierbar und insofern zu separieren. Vielfältige Schwierigkeiten entstehend für den Menschen dadurch,
dass die einzelnen Sphären nicht präzise erkannt und unterschieden werden. Freud hat
auf die (ursprüngliche) Bedeutung der Gerüche für die menschlichen Beziehungen hingewiesen. (Siehe hierzu Freud 1981b, S. 93 und S. 98f.) Anstelle der Geruchserregungen
trat in der Entwicklung die „Gesichtserregung". Dies ist verbunden mit einer „Abwendung
des Menschen von der Erde" (Ib., S. 93). Diese Tendenz wird mit den modernen medialen
Realitäten wohl verstärkt. (Siehe hierzu Krämer 2000.)[1] Hingewiesen sei darauf, dass es
interessant ist, dass Habermas im Zusammenhang mi Freud die „Selbstreflexion der Wissenschaft" („Freuds psychoanalytische Sinnkritik") thematisiert hat und den Zusammenhang von „Psychoanalyse und Gesellschaftstheorie" mit „Nietzsches Reduktion der Er-
kenntnisinteressen" thematisiert hat (Habermas 1973, S. 262 und 332). Nietzsche hatte
bemerkt: „Ich beschwöre euch, meine Brüder, bleibt der Erde treu und glaubt Denen nicht,
welche euch von überirdischen Hoffnungen reden! Giftmischer sind es, ob sie es wissen
oder nicht. Verächter des Lebens sind es, Absterbende und selber Vergiftete, deren die
Erde müde ist: so mögen sie dahinfahren!" (Nietzsche 1981a (Zarathustras Vorrede (3)).

5 ‚Analoge' und ‚digitale' Beschreibungen, Technik und Umwelt

„(…) wie eine Maschine imstande ist, die ihr zugrunde liegenden
Infinitesimalgleichungen auf sich selbst anzuwenden." Musil 2013, S. 41.

Kennzeichnend für die digitalisierte Welt ist, dass analoge Signale (→ S.) in digi-
tale Signalfolgen umgewandelt werden (Bild 1). Ausgehend von den begrenzten
Informationswerten kann mit Blick auf einen definierten Betrachtungsraum eine
vollständige Realitätsbeschreibung vorgenommen werden. Die reduzierten Datensätze können durch geeignete Codierungsverfahren überprüft und zum Teil
auch automatisiert korrigiert werden. Auf der Basis dieser Daten können effektive Kommunikationen gestaltet und sinnvolle Realitätseinsichten gewonnen
werden.

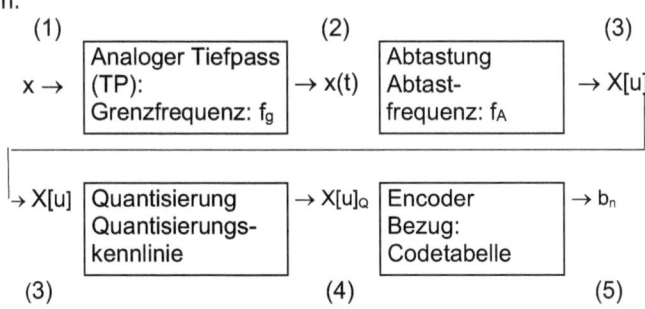

(1) Eingang: analoges S. (x); (2) bandbegrenztes S. (x(t));
(3) zeitdiskretes S. (X[u])
(4) digitales S. (X[u]$_Q$); (5) Ausgang: Bitfolge (b$_n$)

Bild 1: Vom ‚analogen' zum ‚digitalisierten' Signal

Ein analoges Signal kann aus digitalen Signalen vollständig rekonstruiert werden, wenn pro Wellenlänge λ zwei Abtastpunkte gleichmäßig verteilt auftreten.
Es gilt: $f_A = 2 \cdot f_g = 2 \cdot c/\lambda$ (→ Abtasttheorem von Nyquist). Auf der Basis dieser
Einsichten gelingt es der Nachrichten-technik, effektive und sichere Datenübertragungen zu gestalten, wobei zugleich die unterschiedlichsten Datenformate
und -formen einheitlich (integriert) vermittelt und gespeichert werden können.
(Vgl. Shannon (1948).) Die technische Welt versteht sich selbst als zweite Welt
mit Blick auf die natürliche Welt. Über technische Analogien wird uns die erste

Welt verständlich. Die KI-Gegebenheiten verdeutlichen, dass technische Abläufe und Inhalte von mathematischen Konzepten abhängig sind. Sie steuern und regeln die Geschehnisse und übernehmen Aufgaben, die früher von Menschen entschieden wurden. Die Algorithmen müssen naturwissenschaftliche, technische, ethische und rechtliche Vorgaben und Bedingungen beachten. Zumindest in versicherungsrechtlicher Hinsicht verknüpft sich das Normative mit dem Faktischen. Erinnert sei, dass auch die Umwelt mit mathematischen Modellen erfasst wird. Von herausgehobener Bedeutung sind aktuell Klimamodelle. Verrauschte Datensätze und sensitive Modelle stellen eine besondere Herausforderung dar. Bedeutsam sind von mathematischer Seite die Überlegungen von Gödel, Hilbert, Leibniz, Neumann und Zuse für das Bedenken der informationstechnischen Gegebenheiten dieser Welt und für die Gestaltungen der modernen Rechneranlagen. Letztlich ist zu sehen, dass mit der modernen Technik selbstlernende Geräte gestaltet werden. Es ist ungeklärt, welche (selbstreferentiellen) Möglichkeit zur Weltbeschreibung entstehen können.

6 Natur, Modelle, Heimatlosigkeit

„Immer sind Idealisierungen im Spiel (…)." Scheibe 2007, S. 330.
„Wo aber Gefahr ist, wächst / Das Rettende auch." Hölderlin 1981, S. 162 (PATMOS).
Die Natur verweist, so Adorno, „auf die Erfahrung einer vermittelten, vergegenständlichten Welt" (Adorno 1973, S. 98). Natur, Kunst und Welt sind (scheinbar) komplex vermittelt. Kann das Denken die Komplexität der Welt erfassen? Dynamische und nichtlineare Prozesse können bestimmt werden; zugleich kann aber eine kausale Beeinflussung problematisch werden. Heidegger fragt gar (anstößig), ob die Wissenschaft überhaupt denken kann (Heidegger 1992, S. 8). Das „Bedenklichste in unserer bedenklichen Zeit ist, dass wir noch nicht denken" (Ib., S. 17). Dies ist nach ihm nicht direkt vom Menschen verursacht. „Vielmehr stehen" wir „im Geschick einer Macht, die weither kommt" (Ib., S. 16). Heidegger bestätigt Marx: „Was Marx (…) als die Entfremdung des Menschen erkannt hat, reicht mit seinen Wurzeln in die Heimatlosigkeit des neuzeitlichen Menschen zurück"; deshalb ist die marxistische Anschauung von der Geschichte aller übrigen Historie überlegen" (Heidegger 1975a, S. 87). Er bemerkt, dass die wesentlichen Philosophen „stets das Selbe" sagen, was aber nicht das Gleiche ist (Ib., S. 118; vgl. Heidegger 1992, 14). Für ihn wird die Heimatlosigkeit zum Weltschicksal: Die Menschen werden „von einem Weltkrieg in den nächsten gejagt (…). Hier ist etwas im tiefsten Grunde aus den Fugen geraten" (Ib., S. 48). In dieser Situation ist nach ihm ein Rückgang im Denken – „weniger Philosophie, aber mehr Achtsamkeit des Denkens" (Heidegger 1975a, S. 119) – notwendig. Vielleicht können diese Überlegungen das Gespräch mit den Wissenschaften befördern.

Dunstschleier

Mathematik und Natur

Prolog

Die Überlegungen nennen Fäden, die zu einem (unvollständigen) Teppich führen. Die Deutungen sind komplex, seltsam, zum Teil gar absurd. Doch ein Kompass zeigt bei allem Zittern eine Richtung. Die Themen münden ein in moderne Technologien (Quantenrechner und Verschlüsselungen), die es uns ermöglichen, Komplexitäten zu verstehen, aber wohl auch zu mehren.

Mathematik und Naturgesetze

Die Winkelsumme in jedem planen Dreieck beträgt 180°. Thales konnte zeigen, dass jedes Dreieck im Halbkreis einen rechten Winkel besitzt. In der pythagoreischen Schule wurde die Irrationalität der Wurzel von zwei (2) dargelegt. Euklid bewies, dass es unendlich viele Primzahlen gibt. Ausgehend von der Welt konnte die Mathematik Gewissheiten erfassen. (Vgl. Ich-Welt-Mathematik, S. 28ff.) Euklid hat Axiome, die nicht beweisfähig, aber grundlegend einsichtig sind, beschrieben. So lautet das erste: „Ein Punkt ist, was keine Teile hat." Fragwürdig war das fünfte Axiom: „Parallel sind gerade Linien, die in derselben Ebene liegen und dabei, wenn man sie nach beiden Seiten ins Unendliche verlängert, auf keiner Seite einander treffen." Problematisch waren die komplizierte Darlegung und die Erwähnung der Unendlichkeit. Für Aristoteles war diese nur ein Gedanke. Die Unendlichkeit hatte keine aktuale Bedeutung. (Dies hatte auch zur Folge, dass die Griechen die Infinitesimalrechnung nicht entwickeln konnten.) Die Geometrie versprach einen geordneten Realitätszugang. Im Zusammenhang mit den irrationalen Zahlen war dies nur begrenzt möglich. Am Ausgang des Mittelalters wurde nach vielfältigen Bemühungen – auch mit Blick auf die Übertragung die Gegebenheiten der Erdkugel auf Landkarten und der Entdeckung der Perspektiven – erkannt, dass das fünfte Axiom nur auf nicht gekrümmten Ebenen gilt. Die sphärische Geometrie wurde entdeckt.

Riemann, ein Student von Gauß, beschrieb die elliptische Geometrie und öffnete den Zugang zu den nichteuklidischen Welten. Diese wurde im Rahmen der Allgemeinen Relativitätstheorie bedeutsam. Die Mathematik bot somit verschiedene Geometrien an. In empirischer Hinsicht wurde gefragt, in welcher Geometrie wir leben. Das Denken der Mathematik öffnete sich den physikalischen Realitäten. Kreis und Kugel hatten eine herausgehobene Bedeutung für astronomische Beschreibungen. Im 17. Jahrhundert erkannte Kepler, dass sich die Planeten jedoch nicht auf Kreisbahnen um die Sonne bewegen. Eine Abweichung um 8 von 21.600 Bogenminuten führte zu einer elliptischen Figur mit der Sonne in einem der beiden Mittelpunkte. Kepler fand so seine Gesetze der Planetenbewegungen. „Unregelmäßigkeiten waren nichts als Regelmäßigkeiten, die auf eine Erklärung warteten." (Panek 2007, S. 111. Nach Weizsäcker hat Kepler platonisch und nicht ursprünglich christlich gedacht. (Weizsäcker 1980, S. 241).) Der ‚Glaube' an die Mathematisierbarkeit der Natur beflügelte die Physiker. In der weiteren Entwicklung wurden die mechanischen und elektromagnetischen Erscheinungen u. a. von Galilei, Newton, Faraday und Maxwell beschrieben. Das Licht wurde als ein elektromagnetisches Phänomen identifiziert. Dabei geht mit den Gleichungen von Maxwell eine ‚Relativbeziehung' einher, die sich von der bei Galilei unterscheidet. (Galilei selbst hatte bereits die entsprechende aristotelische Konzeption in Frage gestellt.) Einstein suchte nach einer Anpassung zwischen den verschiedenen Beschreibungsansätzen. (Vgl. Fölsing

1995, S. 195.) Maxwell hat die Lichtgeschwindigkeit c als wesentliche Größe der elektromagnetischen Zusammenhänge bestimmt. In diesem Zusammenhang wurden experimentelle Untersuchungen von Michelsen-Morley um 1880 bedeutsam, mit denen die Unabhängigkeit der Lichtausbreitung von der Geschwindigkeit der Quelle der Strahlung belegt wurde. Ein für die Tradition unbegreifbares Phänomen. Es scheint (so Poincaré), dass „eine umfassende Verschwörung selbst ein Naturgesetz" ist (Feynman 2004, S. 117). Dazu kam, dass Einstein erkannte, dass die Deutungen zu den Gleichungen von Maxwell nicht mit dem mathematischen Apparat übereinstimmten. Es traten unerklärliche Asymmetrien auf. (Siehe Fölsing 1995, S. 205.) Er entwickelte mit der Speziellen Relativitätstheorie (SRT) einen Ansatz, nach der die Zeit in den Systemen zu einer ‚Eigenzeit' – in Abhängigkeit von den Relativgeschwindigkeiten – wird. Die Lichtgeschwindigkeit wird als absolute Bezugsgröße verstanden. Feynman hat später mit Betrachtungen zu Pfaden bei Quantengegebenheiten (Pfad-Integrale) eine imaginäre Zeit zur Beschreibung der Realität eingebracht.

Einschub

A: Zum Versuch von Michelsen-Morley
Ein Lichtstrahl bewegt sich einmal genau in Richtung der Bewegungslinie der Erde auf ihrem Weg um die Sonne hin und zurück. Andererseits bewegt sich ein zweiter Strahl genau senkrecht dazu. Es wird jeweils die Länge $2 \cdot d$ zurückgelegt. Im ersten Fall sollte sich ergeben: $T_1 = T_{1a} + T_{1b}$ mit $T_{1-hin} = T_{1a} = d/(v_{ges} + w)$ und $T_{1-zurück} = T_{1b} = d/(v_{ges} - w)$. Im zweiten Fall ergibt sich dagegen: $T_2 = 2 \cdot d/v_r = (2 \cdot l)/(v_{ges}^2 - w^2)^{0,5}$. Zwischen T_1 und T_2 müsste eine Zeitdifferenz $T_2 - T_1 \neq 0$ auftreten, die bei der Überlagerung der Teilstrahlen auch erkennbar wäre. Doch genau dieser Effekt trat nicht auf. So folgte, dass kein Trägermedium (‚Äther') existiert. Das Licht bereitet sich im Vakuum aus.

B: Bewegung eines Lichtstrahls in einem bewegten System
In diesem Fall muss die Beschreibung der Bewegung im und mit Blick von einem ruhenden (äußeren) System erfolgen. Eine konsistente Betrachtung ergibt sich gemäß Einstein, wenn angenommen wird, dass die Zeit abhängig von der Systemgeschwindigkeiten ist. „Für Heisenberg ergibt sich, dass mit der SRT ein „subjektives Element" in die Beschreibung der objektiven Natur eingeführt wird, „da zwei Ereignisse, die für einen ruhenden Beobachter als gleichzeitig gelten müssen, für einen bewegten Beobachter nicht notwendig gleichzeitig sind" (Heisenberg 1981, S. 108). #

I: Bewegung des Lichtstrahls von außen gesehen (Bewegung des Systems (von außen gesehen))
II: Bewegung des Lichtstrahls im System
v: Geschwindigkeit des Systems; c: Lichtgeschwindigkeit (dabei soll c jeweils für alle Beobachter gleich sein)
T: Zeit (Zeit aus der äußeren Sicht); τ: Zeit (gesprochen ‚tau'; Zeit aus der inneren Sicht – die ‚Eigenzeit')[1]

Klassische Lösung	Auflösung nach Einstein[2]
I: $T \cdot c$	I: $T \cdot c$
II: $T \cdot (c^2 - v^2)^{0,5}$	II: $\tau \cdot c$

1905 veröffentlichte Einstein die SRT und 1915 die Allgemeinen Relativitätstheorie (ART), in der er die Gravitationsphänomene als Ausdruck geometrischer Gegebenheiten (‚Raumkrümmung') darlegte.[3] In der Entwicklung des mathematischen Apparats mussten immer wieder Annahmen und Deutungen modifiziert werden. Einstein hatte, worauf Weizsäcker im Zusammenhang mit der ART hinweist, wesentliche Aspekte wohl eher erraten: „Es scheint, dass Einstein mit der ihm eigenen Genialität eine Struktur richtig ‚erraten' hat, die durch die anfangs verfügbaren Argumente nicht voll gedeckt war." (Weizsäcker 1988, S. 269. Die Deutungsdiskussion berührte auch ‚politische Zuschreibungen' im Bereich der Physik und der gesellschaftlichen Diskussionen. (Siehe Heisenberg 1981.)[4] Einstein war im Irrtum, so Weizsäcker, als er das Äquivalenzprinzip, das zur Riemannschen Geometrie führte, „als Erweiterung der dynamischen Invarianzgruppe ansah". (Weizsäcker 1988, S. 269. Vgl. lb., S. 271 und S. 478.) Es gelang, ausgehend von symmetrischen Annahmen mittels der Lie-Algebra die SRT mathematisch übersichtlich und einheitlich darzustellen. Doch Symmetriegegebenheiten können, so Russel, durch Messkonventionen erzeugt werden: Es gibt keinen Grund anzunehmen, „dass sie irgendeine Eigenschaft der wirklichen Welt wiedergeben" (Russel 1978, S. 140).[5] Durch die Mathematisierung der Physik werden physikalische Grundfragen überdeckt. Die Neuzeit hat zum Beispiel bzgl. der Trägheitsbewegung „im Gegensatz zum empfindlichen kausalen Gewissen von Aristoteles und der Scholastiker (…) auf eine Erklärung schlicht verzichtet" (Weizsäcker 1988, 235). In der Quantenphysik wurde die moderne Physik mit dem Gedanken der Unstetigkeit konfrontiert. Diese Überlegungen nahmen ihren Ausgangspunkt bei dem Planck'schen Strahlungsgesetz. Planck hatte den Ausdruck h eingeführt, über den die Strahlung eines Schwarzkörpers erfasst wird. In Nähe zum ‚Hamiltonschen Prinzip der kleinsten Wirkung' wurde von ihm h als elementares Wirkungsquantum der Natur erkannt.[6] Die Strahlung wird in Einheiten der Größe $E = h \cdot \nu$ diskret übertragen. Es treten unstetige Abläufe auf, mit denen auch der Aspekt des Zufalls verbunden wird. Dies wurde zum Ausgangspunkt der Entdeckung der quantenmechanischen Phänomene, die aktuell im Bereich der Technologie zum Quantenrechner und den modernen Verschlüsselungsverfahren führen. Mit den Quantenrechnern verbindet sich ein vollkommen neuartiger Rechen-ansatz. Die Quantenbits (‚Qu-Bits') können zeitlich (quasi) unendliche viele Zustände zeitgleich ‚berechnen'. Zwischen den Relativitätstheorien und der Quantentheorie liegt eine grundlegende Differenz vor: Die Relativitätstheorien basieren auf einem lokalen und die Quantentheorie auf einem nichtlokalen Realitätsverständnis. Gemäß der Quantentheorie können Photonenpaare über beliebige Entfernungen unmittelbar miteinander agieren. Für Einstein war dies ein ‚Spuk'.

Besinnung

Dass „ohne eine Ontologie der Mathematik die Ontologie der Physik völlig in der Luft hängt, blieb dem späteren 19. Jahrhundert merkwürdig fremd." Weizsäcker 1996, S. 109.

Thomas S. Kuhn hat mit Blick auf die SRT bemerkt, dass physikalischen Theorien nicht aus sich selbst heraus widerspruchsfrei verstanden werden können. Er unterscheidet zwischen der Normalwissenschaft und den wissenschaftlichen Revolutionen. Eine Besinnung auf die Denkvoraussetzung unseres Erkennens leuchtet ein. Die Wissenschaften entwickeln Modelle, die auf ihre Plausibilität und Stimmigkeit geprüft werden können. Doch die Wahrheit ist wahr und nicht nur plausibel. Nach Weizsäcker verweist unser modernes Naturverständnis im Kern auf die platonische Philosophie. In ihr wurde gefragt, ob Begriffe die empirische Welt und Theorien die Praxis erklären können. Hierbei zeigte sich, dass die Theorie als „radikalste Praxis" zu verstehen ist (Weizsäcker 1980, S. 323). Die Ideen werden von Platon gestuft aufgeführt. Die obersten Ideen sind gemäß der Politeia die „des Seins, der Bewegung, der Ruhe, der Identität und der Verschiedenheit". Dabei kann nicht gesagt werden, „dass die Idee des Seins einen absoluten Vorrang hat". (Martin 1980, S. 58. Erst „im Parmenides (…) wird die Idee der Einheit" so behandelt, „dass man hier glauben könnte, die Idee der Einheit sei die oberste Idee".) Zu den seltsamen Erscheinungen in der Optik siehe Walther 1999 und Feynman 2020. Zu fragen ist, ob bereits die sprachlich-metaphysischen Vorgaben zu den Schwierigkeiten beitragen. So bemerken Popper und Weizsäcker: „Was aber ist das Licht? Es ist kein Ding, keine Materie. (…) Wir hätten dem Licht niemals einen Namen geben dürfen" (Popper 2006, S. 127). „Vielleicht sind unsere bisherigen Begriffe völlig inadäquat, um das Ganze der Welt zu beschreiben" (Weizsäcker 1988, S. 276). Ungeklärt bleibt aber, „wie ein Begriff anders als im Verständnis der griechischen Theorie zu begreifen ist". (Weizsäcker 1980, S. 325. Er vermutet, dass die Naturwissenschaften mit einem „begrifflichem empirischen Denken" koexistent sind. (Ib., S. 320.) Eine „Mathematik, die in der Physik fruchtbar wäre" existiert nach ihm aber wohl bisher nicht (Weizsäcker 1999, S. 166).)

Epilog

A: Die Philosophie der Physik ringt mit folgenden Aspekten:
> Ähnlichkeit, Identität und Individualität von Teilchen u. Ereignissen,
> Diskretheit und Feldtheorien (konkretisiert am Verhältnis von
  Quanten- und Gravitationstheorie),
> Fernwirkung und Lokalität,
> Gültigkeit der Logik (inkl. der Bedeutung der Stochastik),
> Kausalität (zzgl. der Energieerhaltung im konkreten Prozess),
> Status der Information (neben Energie und Masse),
> Verborgene Parameter und zureichende Gründe –
  speziell unter Beachtung der Bell'schen Ungleichung,
> Wellenfunktion und konkretes Teilchen (der sog. ‚Kollaps').

Insgesamt wurden zumindest ursprünglich acht Grunddeutungen (Kopenhagener Deutung (Bohr, Heisenberg), Bohm'sches Modell, Viele-Welten Theorie (Everett), Dekohärenztheorien (Zeh), Theorie verborgener Variablen (Einstein …), Konsistente Theorien, Theorie der spontanen Lokalisation, Theorie von Schrödinger) entwickelt, die in den letzten Jahren um die Quantenschleifen-Gravitationstheorie und die Stringtheorie(n) erweitert wurden. Im Detail gibt es vielfältige Einzeluntersuchungen (Doppelspaltexperimente, Symmetriefragen, Tunnelphänomene, Ure-Theorie…), die auch das Verhältnis von Lokalität, Fernwirkungen, Realismus und Identität der Teilchen berühren.
B: Die „Natur rechnet nicht", so Heisenberg (Weizsäcker 1992, S. 800). Die Betrachtungen zu den periodischen Vorgängen der Brechung und Reflexion von Photonen an zwei Grenzflächen zeigen, dass die Natur wohl anders rechnet, als wir es tun: „Auch heute haben wir noch kein brauchbares Modell zur Erklärung der partiellen Reflexion an zwei Grenzflächen" (Feynman 2020, S. 33). Elementar wird die Feldausbreitung mit der Beziehung
$\psi(x, y, z) = A(x, y, z) \cdot \exp(j \cdot \phi(x, y, z))$ beschrieben. So bleiben wir in der Welt der komplexen Exponentialfunktionen und im dreidimensionalen Raum. (Die Beschreibung im komplexen Raum führt zu anderen Einsichten als jene im reellen Raum. Siehe Renou 2021.) Auch rechnen wir nicht im Sinne der Komplexität der Quanten. Die fachliche Ratlosigkeit kann ein vertieftes Bedenken motivieren. Auch das Bedenken der Symmetrien der Lie-Algebra und veränderter Zahlräume kann helfen, bessere Lösungsansätze zu entdecken. Jenseits des aktuellen Verständnisses der Quantenphysik gibt es keine Rechenkonzeption mehr.

Anmerkungen

1. Bemerkt sei, dass bereits in der Antike zwischen der subjektiven und objektiven Zeit unterschieden wurde.
2. Auf die elementaren Vorarbeiten von Hendrik Antoon Lorentz und Henri Poincaré sei besonders hingewiesen.
3. Einstein wollte die Theorie zuerst als Absolutheitstheorie veröffentlichen. Die Lichtgeschwindigkeit hat einen universellen Charakter. Dabei wird der Aspekt der Gleichzeitigkeit zu einer relativen Erscheinung.
4. Es wurden weitere experimentell orientierte Ergebnisse gefunden, die den überlieferten Vorstellungen nicht entsprachen. Um 1906 konnte die Abhängigkeit der trägen Elektronenmasse von der Geschwindigkeit der Elektronenbewegung gezeigt werden. Weiterhin wurden die radioaktive Strahlung und der photoelektrische Effekt entdeckt.
5. 1956 erkannten Lee und Yang, dass bei atomaren Zerfallsprozessen die Links-Rechts-Symmetrie verletzt wird. Diese Verletzung der ‚Spiegelsymmetrie' wurde zum Ausgangspunkt von Betrachtungen zum Verhältnis von „Zweiteilung und Symmetrieverminderung" (Heisenberg 1981, S. 275 und 284. Vgl. Krauss 2018, S. 184-227. Zum mathematischen Apparat und speziell zur Lie-Algebra siehe Schwichtenberg 2017.)
6. Um 2015 wurde gezeigt, dass Laserlicht unter Beachtung quantenoptischer Effekte in Form einer Möbius-Schleife eingefangen werden kann: „Zirkular polarisierte Lichtwellen beschreiben eine gewundene Struktur" (Lindinger Online-2015).

Zur Natur (und Anthropologie) bei Goethe, Hegel, Feuerbach, Marx

„Das Wesen der ‚Bildung' gründet im Wesen der ‚Wahrheit'. (…) Wahrheit bedeutet anfänglich das einer Verborgenheit Abgerungene." Heidegger 1975b, S. 30, S. 32.

Eine respektable Einschätzung existiert in der Öffentlichkeit bzgl. Goethe und Hegel als Dichter und Philosoph. Doch bzgl. der Naturproblematik ist die Meinung zurückhaltend. Goethe selbst bemerkt dabei: „Auf alles, was ich als Poet geleistet habe, bilde ich mir gar nichts ein. (…) Dass ich aber in meinem Jahrhundert in der schwierigen Wissenschaft der Farbenlehre der einzige bin, der das Rechte weiß, darauf tue ich mir etwas zugute, und ich habe daher ein Bewusstsein der Superiorität über viele" (Goethe 1948, S. 328). Doch Weizsäcker urteilt nüchtern: „Newton hat das Wesen der neuzeitlichen Wissenschaft besser verstanden als Goethe" (Weizsäcker 1981, S. 538). Wobei Weizsäcker aber auch sieht: „Goethe und die neuzeitliche Naturwissenschaft haben einen gemeinsamen Grund (…): Platon und die Sinne. (..) Die platonische Idee wird in der Naturwissenschaft zum Allgemeinbegriff, bei Goethe zur Gestalt" (Ib.). Das Verhältnis von Dichtung und Philosophie ist dabei selbst allemal spannungsreich. Doch beide Disziplinen ringen, so Goethe, auf ihre Art mit dem Absoluten und den Abgrenzungen zwischen dem Menschen, Gott und der Natur: „Denn mit Göttern / Soll sich nicht messen / Irgend ein Mensch" (Goethe 1986, S. 407). Und er schrieb 1783 (Tiefurter Journal): „Natur! Wir sind von ihr umgeben und umschlungen.- unvermögend aus ihr herauszutreten, und unvermögend tiefer in sich hineinzukommen" (Goethe 1962, S. 45ff,).[1] Die strikte Trennung von Subjekt und Objekt hat er kritisiert. Ihm ging es wohl auch darum, der Tendenz in den modernen Naturwissenschaften entgegenzuwirken, die zur Folge hat, dass die Genese der Begriffe unbeachtet bleibt und nur geltungslogische Fragen erörtert werden. Bzgl. Hegel urteilte Albert Einstein recht knapp und eindeutig: Das „Gefasel eines Trunkenen" (Wickert 1978, S. 24). Hegel war für Einstein bedeutungslos. Hegel hat sich jedoch von 1801 bis 1807 intensiv mit Anatomie,

Mineralogie, Botanik, Physiologie, Naturgeschichte und Chemie beschäftigt. Auch kannte er sich gut mit der Infinitesimalrechnung aus.[2] Für Hegel war der Gedanke der Vernunft der zentrale der Philosophie. Die Vernunft soll nach ihm die Welt beherrschen. Dabei ist nach ihm die Weltgeschichte als ein Fortschritt im Bewusstsein der Freiheit zu verstehen. (In diesem Sinne ist für Schelling der Gedanke der Freiheit der grundlegend tragende.) Ein Eigenrecht hat Hegel der Natur nicht zugebilligt. Nach ihm hat sich die Idee, die aus sich heraustritt, zur Natur entäußert. Insofern ist die Natur als ,das Andere der Idee' zu verstehen. Sie ist in der Idee begründet und stellt zugleich eine Negation der Idee dar. Der Geist ist dann die Negation der Natur. Dies führt zur Figur der ,Negation der Negation': Der Geist ist die Negation der Negation der Idee, die selbst bei Gott ist. Somit bleibt die Natur in ihrer Entwicklung auf den Endzweck des Geistes ausgerichtet. Sie trägt in unaufhebbarer Beziehung zur Idee das Geistpotential in sich. Durch die Arbeit an sich gewinnt der Geist sich selbst: Er kommt zu sich selbst. Der Geist des Menschen schläft in seiner Seele; sie ist noch ganz von der Natur ungetrennt. Die Pädagogik muss diesen Geist wecken. In dem Moment, in dem ein Bezug zum Fremden gefunden wird, beginnt der Übergang vom „an sich" zum „für sich". Ein Eigensinn" droht dann, wenn vereinzelte Größen und Momente verabsolutiert werden. Am Beginn der Entwicklung steht die Empfindung, die aber - entsprechend der Wahrnehmung bei Kant – ganz auf das individuelle ,Hier und Jetzt' bezogen ist. Vom eher passiven Empfinden kommt es in der Fortentwicklung zum aktiv geleiteten Empfinden. Die fühlende Seele ist dabei fähig, Empfindungsmomente auf das Allgemeine hin zu betrachten. Die Tätigkeit des Individuums ist schon Voraussetzung für diesen Zustand. Mit dem Auftreten (und der Organisation) von Gewohnheiten kommt es dazu, dass der Gegensatz von Regeln und Freiheit erkennbar wird. Durch die reflektierte Betrachtung bildet sich die wirkliche Individualität aus. Das Ich als geistiges Prinzip steht im Raum. Durch die konkrete Entgegensetzung von Leib und Bewusstsein wird der Körper als das Andere des Geistes dem Denken erkennbar. Der Geist befreit sich endgültig von der Materialität (vom Sein) und gibt sich „die Form des Wesens und wird zum Ich". Der Logos kommt somit aus dem Bios. Er koppelt sich davon ab und entwickelt sich eigengesetzlich frei. „Das Ich ist der durch die Naturseele schlagende und ihrer Natürlichkeit verzehrende Blitz; im Ich wird daher die Idealität der Natürlichkeit, also das Wesen der Seele, für die Seele" (Hegel 1830, § 412 (Zusatz)). All diese Aspekte – von der Empfindung der Seele, über die fühlende Seele zur Gewohnheit und dort aus zur Individualität, zum Ich – gehören für Hegel zur anthropologischen Bestimmung des Menschen. Die weitere Entwicklung des Individuums fällt nach ihm in den Bereich der Phänomenologie. Eine Fortentwicklung ist nur da möglich, wo die Bereitschaft zur Auseinandersetzung mit der Gesellschaft vorliegt. Nach Hegel kommt der Mensch über die Verallgemeinerung von Wahrnehmungsurteilen zu Erfahrungsurteilen und dann zum Gesetz. Und in der Auseinandersetzung mit den Gesetzen tritt der Verstand auf die ,Bühne' der Welt. Er denkt das Allgemeine gegen die Zufälligkeiten der empirischen Welt. Der Verstand, der eine unvollkommene Erscheinung der Vernunft ist, kann zwar die Erscheinungen vom Wesen unterscheiden; er verstrickt sich aber beständig in den Antinomien. Nur über einen gewählten Standpunkt kann das Individuum handeln. In den verstandesmäßig konstruierten Gesetzen erkennt sich das Geistige selbst. Das Selbstbewusstsein tritt auf: „Mit dem Selbstbewusstsein sind wir also nun in das einheimische Reich der Wahrheit eingetreten" (Hegel 1973, S. 107). Auf dieser

Ebene existiert die Überzeugung, dass die ganze Welt das Produkt der eigenen Geisteshandlung sei. Im „Ich setze mich als Ich" wird die Freiheit des vereinzelten Individuums erkennbar. Die Ich-Einheit wird hierbei konkret gedacht. Eine unendliche Zersplitterung wird aufgehoben. In der Auseinandersetzung mit der Realität, im Kampf, muss nun das zuerst in sich vereinzelte Selbstbewusstsein zur Anerkennung durch das andere Selbstbewusstsein kommen. Hierzu erzeugt das Ich durch seine tätige Produktivität Objekte, die dem Ich gegenübertreten. Dies gilt sowohl für die materielle wie auch soziale Welt. Das Ich muss die Gesellschaft und seine Verwobenheit mit ihr erkennen. Der Kampf der Einzelne gegeneinander wird von Hegel speziell im „Herr-Knecht-Kapitel" der Phänomenologie betrachtet. Hegels Dialektik bleibt dabei insgesamt auf das Absolute bezogen, das nach ihm bereits in dieser Welt in eigener Art vorhanden sein muss.[3] Letztlich durchläuft nach Hegel der Einzelne auch nach dem Inhalte die Bildungsstufen des allgemeine Geistes, aber als vom Geiste schon abgelegte Gestalten. Das Werden stellt nach Hegel eine trage Bewegung bei der Aneignung der Galerie der Bilder dar. (Siehe Hegel 1973, S. 446: vgl. dazu Ib., S. 27 und S. 277.) In der Auseinandersetzung mit dem Hegelschen Denken hat dann Feuerbach gerade durch die kritische Distanz zum Gedanken des Absoluten seine „irdische" Anthropologie entwickelt. Er wurde 1804 geboren und studiert ab 1823 Theologie in Heidelberg. Ab 1924 studierte er im Wesentlichen Logik und Philosophie bei Hegel in Berlin. Die Veranstaltungen von Schleiermacher besuchte er nicht. Gott war sein erster Gedanke. Die Vernunft wurde zum zweiten großen Gedanken. Zwar promovierte er im Sinne Hegels mit dem Thema „Die Unendlichkeit, Einheit und Allgemeinheit der Vernunft" im Jahr 1828. Doch bereits um 1827 hatte er erste Zweifel am Hegelschen System bekommen. Hatte Hegel im Rahmen seiner Vorlesungen über die Philosophie der Religion die Einheit von Religion und Philosophie dargelegt und die Philosophie als Gottesdienst verstanden, so hatte für Feuerbach nur noch die menschliche Gattung als solcher einen zeitüberdauernden Charakter. Hegel hat alle Götterwelten als Ausdruck menschlicher Fantasien und Bedürfnisse verstanden. Ausgenommen wurde davon von ihm die christliche Dogmatik, die für ihn eine spekulativ zu rechtfertigende Wahrheit ausdrückt. Hierbei ist für Hegel der Trinitätsgedanke von besonderer Bedeutung. Dies deshalb, weil nach ihm der Geist selbst als ein konkreter dreieiniger zu begreifen ist. Schwierigkeiten hatte Hegel dabei „bei der Deutung der Rolle des Sohnes" (Weischedel 1983, Bd. 1, 308). Der Sohn wird von ihm als „ein Moment im innertrinitarischen Bereich und sodann als das Moment der Entäußerung Gottes" verstanden (Ib., S. 309).Der Unterschied zwischen der Religion und der Philosophie liegt nach Hegel darin, dass die Philosophie etwas auf den Begriff bringt, was im Denkraum der Kirche doch nur sehr kindlich und bildhaft dargestellt wird. Die Philosophie, zu der als solcher auch und gerade das konstruktive Tätigsein im Bereich der Begriffe gehört, ist der Religion überlegen. Mit dem Versuch der philosophischen Umdeutung der christlichen Dogmatik ist Feuerbach einverstanden. Die Vernunft und die Logik haben an die Stelle überhöhter theistischer Begriffe zu treten. Problematisch ist es aber für Feuerbach, dass bei Hegel das Absolute seine zentrale Bedeutung weiterhin behält. Zwar hat Hegel Gott konkret mit der Welt vermittelt, doch die spekulativen Momente des Absoluten entfalten in seinem Werk eine eigenständige Lebendigkeit. Für Feuerbach negiert die Hegelsche Philosophie die Theologie, um danach aber selbst wieder als Theologie aufzuerstehen. Diese Wechselspiel zwischen Negation und Affirmation kennzeichnet nach Hegel gerade das dialektische Denken. Feuerbach greift die metaphysische Strukturreste im hegelschen Denken an. Der Angriff erfolgt auf der christologischen Deutungsebene. Die Welt als endliche Gestalt und der endliche Mensch treten eindeutig in den Bewusstseinsmittelpunkt. „Der alte Zwiespalt zwischen Diesseits und Jenseits muss nicht nur wie bei Hegel in Gedanken, er muss in der Wirklichkeit aufgehoben werden: damit die Menschheit sich wieder mit ganzem Herzen auf sich selbst, auf ihre Welt und ihre Gegenwart konzentriere" (Küng 1981, S. 225). Mit dieser Kritik glaubt Feuerbach, Hegels System in seinem metaphysischen Kern treffen zu können. Hegels Bemühen, die christliche Dogmatik zu rechtfertigen, wird von ihm als eine projektives Verständnis eingestuft. „Alle metaphysischen Bestimmungen Gottes sind daher nur wirkliche Bestimmungen, wenn sie als Denkbestimmungen, als Bestimmungen der Intelligenz, des Verstandes erkannt werden" (Feuerbach 1988, S. 85). Die christliche Dogmatik wird von Feuerbach psychologisch ‚eingeebnet'. So wird zum Beispiel der Unsterblichkeitsglaube von ihm als Egoismus-Ausdruck verstanden. Nicht nur in therapeutischer Art wird von ihm das Diesseits in den Mittelpunkt der Betrachtungen gerückt. Die Anthropologie rückt nicht in beliebiger Art in den Mittelpunkt der Betrachtung. Sie tritt in kämpferischer Art gegen das metaphysische Systemdenken an und nimmt zugleich die Stellung der alten Metaphysik ein. D. h., die Anthropologie soll nach Feuerbach zur Grundlagenwissenschaft der Philosophie werden. Metaphysik ist nach ihm als Illusion zu entlarven. „Es gibt kein wirkliches Wesen Gott, das als solches erfahren werden kann. Die Erfahrung hat kein objektives Korrelat. Auch im religiösen Bereich erfährt der Mensch nur sich selbst. Er selbst und die Natur, in der er gründet, sind das einzig Reale" (Weischedel 1983, Bd. 1. S. 409). Für Feuerbach steht der Gegensatz Tier-Mensch im Mittelpunkt der Betrachtung. Ganz in dieser Linie beschäftigt er sich mit der menschlichen Sinnlichkeit und seinem Bewusstsein. Dabei sind für ihn das „Bewusstsein im strengen oder eigentlichen Sinne und Bewusstsein des Unendlichen (…) untrennbar" (Feuerbach 1988, S. 38). Das einzelne Individuum erfährt sich nach ihm aber als begrenztes Wesen. Und diese Erfahrung der Endlichkeit wird vom individuellen Menschen als grandiose Kränkung erlebt. Seiner Schranken kann sich der Mensch „nur bewusst werden, weil ihm die Vollkommenheit, die Unendlichkeit der Gattung Gegenstand ist" (Feuerbach 1988, S. 45). Gott wird vom Menschen erfunden, um die Kränkung zu bewältigen. Die Menschen haben nach ihm zu begreifen, dass „das göttliche Wesen (…) nichts anderes als das menschliche Wesen" ist (Ib., S. 54). An die im idealistischen Denken herausgehobene Stellung der Vernunft tritt bei Feuerbach die Trias Vernunft, Gefühl, Wille. In letzter Konsequenz tritt das Gefühl an die Stelle der Vernunft. In Abgrenzung zu Descartes und Kant und in Nähe zu Pascal und Rousseau denkt Feuerbach den Menschen als natürliches Wesen. Der Sinnlichkeit wird von ihm ein grundlegender Charakter zugesprochen.

Die Hinwendung zum konkreten Subjekt wurde nach Feuerbach von Marx und Kierkegaard vertieft thematisiert. Marx hat hierbei die Arbeit als zentrale Größe in der Vermittlung des Menschen mit der Natur bestimmt: „Die Arbeit ist zunächst ein Prozess (…), worin der Mensch seinen Stoffwechsel mit der Natur durch seine eigene Tat vermittelt, regelt und kontrolliert" (Marx 1962, S. 191). Die Arbeit ist nach Habermas „nicht nur eine anthropologisch grundlegende, sondern zugleich eine erkenntnistheoretische Kategorie" (Habermas 1973, S. 39). „Das System der gegenständigen Tätigkeiten schafft die faktischen Bedingungen der möglichen Reproduktion des gesellschaftlichen Lebens und zugleich die transzendentalen Bedingungen der möglichen Objektivität von Gegenständen der Erfahrung" (Ib.). Somit erfüllt die Arbeit in realer Bedeutung die Funktion der Synthesis in kantischer Sicht. Dieser Einschätzung durchzieht das Verständnis der 'Kritischen Theorie' (Horkheimer, Adorno). Adorno identifiziert die transzendentale Allgemeinheit mit dem Äquivalenzprinzip der Geld-Waren-Tauschgesellschaft (siehe Adorno 1982, 178ff.). Er nimmt hierbei Überlegungen von Sohn-Rethel auf. Die abstrakte Identität ist dabei ein Wesensmerkmal der Erkenntnisprozesse. Die Abstraktion ermöglicht die gleichsetzende Identifizierung von Naturprodukt, Arbeit und Geld (siehe Sohn-Rethel 1978).[4]

Ergänzung (Realität und Ich - Hinweise zu Kant, Freud, Ciompi …)
Aus der Bezweiflung der gesamten Realität folgt nach Descartes ein Schluss auf die Existenz des Zweiflers: „cogito, ergo sum". Verbunden mit dem Gedanken an ein vollkommenes und absolutes Wesen wird von ihm Gott beweisen. Pascal hatte darauf hingewiesen, dass das Herz seine eigenen Gründe hat. In gewisser Hinsicht verdeutlichen zum Beispiel Descartes und Pascal zwei sich (komplementär) ergänzende Aspekte bzgl. des Realitätszugangs. Diese Aspekte findet sich immer wieder in der Geistesgeschichte, aber zum Beispiel auch im Bereich der Physik (Teilchen-Welle; Materie-Antimaterie etc.). Ciompi hat zum Beispiel eine sogenannte Affektlogik bedacht, um die getrennten Aspekte Logik und Emotionalität zu verknüpfen (Ciompi 1982). Auch bei Luhmann finden sich entsprechende Aspekte, um die etablierten (philosophischen) Prämissen aufzubrechen. Kant hatte in der Kritik der reinen Vernunft mit Blick auf Kepler und besonders Galilei hervorgehoben, „dass die Vernunft nur das einsieht" (in der Naturbetrachtung), „was sie selbst nach ihrem Entwurfe hervorbringt, dass sie mit Prinzipien ihrer Urteile nach beständigen Gesetzen vorangehen und die Natur nötigen müsse auf ihre Fragen zu antworten, nicht aber sich von ihr allein gleichsam am Leitbande gängeln lassen müsse" (Kant 1976 B XIII (Vorrede)).
Freud hatte zum Verhältnis von Außenwelt zur Subjektivität bemerkt: Das „Ichgefühl des Erwachsenen kann nicht von Anfang an so gewesen sein. Es muss eine Entwicklung durchgemacht haben. (…) Der Säugling sondert noch nicht sein Ich von einer Außenwelt als Quelle der der auf ihn einströmenden Empfindungen. Er lernt es allmählich auf verschiedene Anregungen hin." (Freud 1981b, S. 67) Nach ihm „löst sich also das Ich von der Außenwelt. Richtiger gesagt: Ursprünglich enthält das Ich alles, später scheidet es eine Außenwelt von sich ab. Unser heutiges Ichgefühl ist also nur eine eingeschrumpfter Rest eines weitumfassenderen , ja – eines allumfassenden Gefühls, welches einer innigeren Verbundenheit des Ichs mit der Umwelt entsprach" (Ib., S. 68).

Anmerkungen / Belege

1. Goethes Leben kann verstanden werden als eine ständige Suche nach Orientierung und Gewissheit. Conrady betonte, dass die Zeitgenossen Goethes Charakter nie ganz haben erfassen können: „Wer er in Wahrheit war, zeigte er nicht. Das Gefühl, im Grund allein zu sein, und der damit verbundene Wunsch nach Einsamkeit, haben ihn lebenslang begleitet" (Conrady 1987, Goethe – Leben und Werk, S. 436). Goethe hatte 1781 erste Vorträge zur Anatomie gehalten und 1784 den Zwischenkieferknochen entdeckt. 1785 begann er mit botanischen Studien. 1787 entdeckte er die 'Urpflanze' in Palermo. 1790 entdeckte er die 'Wirbeltheorie des Schädels' und begann mit seinen Studien zur Farbenlehre, die er 1810 abschloss. 1827 traf Goethe Hegel in Weimar. Eine persönliche Freundschaft lag zwischen beiden vor. Hegel starb am 14.11.1831; Goethe am 22.03.1832.

2. Wobei die Hegelauslegung innerhalb der Philosophie das Verhältnis von Idee, Natur und Geist insgesamt nicht befriedigend geklärt hat. So haben sich zum Beispiel von 15.500 Universitätsveranstaltungen (Vorlesungen und Seminare) in der Zeit von 1945-1979 nur zwei intensiver mit Hegels Philosophie der Natur beschäftigt.
3. Siehe Hegels Einleitung in der Phänomenologie des Geistes: „Sollte das Absolute durch das Werkzeug uns nur überhaupt nähergebracht werden (...), so würde es wohl, wenn es nicht an und für sich schon bei uns wäre und sein wolle, dieser List spotten". (Hegel 1973, S. 56). Damit folgt Hegel (in gewisser Hinsicht) der Idee von Paulus, nach der die ganze Natur klagt und weint (Römerbrief). Die Idee ist zur Natur abgefallen: ein Sturz vom Himmel zu den „bloßen Steinen" (Ernst Bloch). Hegels Denken ist so geheimnisvoll wie der Römerbrief.
4. In unserer Zeit nehmen in den industriellen Gesellschaften viele Menschen die Natur speziell unter den Aspekten Krankheiten (Allergien, Krebs, Herz-Kreislauf, Pandemien), Ernährung, Umweltbelastungen, Wetter/Klima und Alter wahr.

Das unendlich Kleine

Die moderne Anwendungsmathematik im Bereich der Wissenschaft und Technik basiert grundlegend auf den Einsichten der Analysis. Mit ihr gelang es, die Steigung von Kurven zu beschreiben und damit wesentliche Problemstellung der mathematischen Beschreibung zugänglich zu machen.

Beispiel: Angenommen sei die Funktion $f(x) = x^2$. Somit ist x die Variable und der Funktionsausdruck f(x) beruht darauf, dass die Variable mit sich selbst multipliziert wird. Somit erhalten wir:

Arbeitstabelle (Auszug) | **Zugehöriger Funktionsgraph**

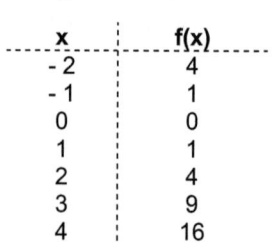

x	f(x)
- 2	4
- 1	1
0	0
1	1
2	4
3	9
4	16

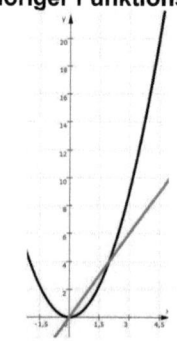

Zur Darstellung des Graphen
Die gekrümmte Kurve verdeutlicht den Graph für x^2. Die Gerade im Funktionsbild verdeutlicht die Steigung der Funktion in ihren jeweiligen Wertepunkten. Für die Steigung wird geschrieben: f ' (x) = d(f(x)) / dx = D(f(x)). D ist der Differenzialoperator. Die Funktion ist achsensymmetrisch, da gilt f(x) = f(-x).

Zur Bestimmung der momentanen Steigungswerte
Die Steigungsfunktion f'(x) wird wie folgt bestimmt. Angenommen wird eine Gerade, die in der jeweils betrachteten Position auf dem Graphen die dort gültige Steigung angibt. Es ergibt sich die Steigung zwischen zwei Punkten in folgender Art:

$$f'(x) = \frac{\Delta y}{\Delta x} = \frac{f(x_2) - f(x_1)}{x_2 - x_1}.$$

Δy ergibt sich über die Differenz der f(x)-Werte; und Δx über die Differenz der entsprechenden x-Werte. Da nun die Steigung auf der gekrümmten Linie zu bestimmen ist, müssen die Punkte x_1 und x_2 quasi ineinander übergehen. Es wird geschrieben: $x_2 = x_1 + \Delta x$, wobei Δx beliebig klein werden soll. Für die y-Werte ergibt sich: $f(x_1) = x_1^2$ und $f(x_2) = x_2^2$.

So folgt: $f(x_2) = f(x_1 + \Delta x) = (x_1 + \Delta x)^2 = (x_1)^2 + 2 \cdot \Delta x \cdot x_1 + (\Delta x)^2$ und für $f(x_2) - f(x_1) = x_2^2 - x_1^2 = = (x_1)^2 + 2 \cdot \Delta x \cdot x_1 + (\Delta x)^2 - (x_1)^2 = 2 \cdot \Delta x \cdot x_1 + (\Delta x)^2$.

Für $x_2 - x_1$ ergibt sich: $x_2 - x_1 = x_1 + \Delta x - x_1 = \Delta x$.

Eingesetzt erhalten wir: $f'(x) = \dfrac{\Delta y}{\Delta x} = \big((x_1 + \Delta x)^2 - x_1^2\big) / \Delta x =$

$= ((x_1)^2 + 2 \cdot \Delta x \cdot x_1 + (\Delta x)^2 - (x_1)^2) / \Delta x = (2 \cdot \Delta x \cdot x_1 + (\Delta x)^2) / \Delta x$

Nun wird angenommen, dass Δx ungleich Null sein soll, da wir sonst nicht durch Δx teilen dürften. Es ergibt sich: $f'(x) = 2 \cdot x_1 + \Delta x$

Da die Differenz zwischen x_2 und x_1 beliebig klein werden soll, wird nun (jedoch) Δx gleich dx gesetzt. Dies wird über einen Grenzwertprozess vorgenommen: $\Delta x \rightarrow dx$ und dieses dx wird als quasi-Null verstanden. (Der Grenzwert von dx ist Null. Für den Grenzwertprozess schreiben die Mathematiker: $\lim_{\Delta x \to 0} \Delta x = 0$.) Es gilt für die Funktion $f(x) = x^2$: $f'(x) = 2 \cdot x = 2x$. Und für die Funktion $f(x) = x^3$ folgt: $f'(x) = 3 \cdot x^2 = 3x^2$. Verallgemeinert erhält man für $f(x) = x^n$: $f'(x) = n \cdot x^{n-1} = n \cdot x^{n-1}$

Das ist allgemeine Ableitungsgesetz für Potenzfunktionen. Es ist zentral bedeutsam für die Analysis. Entdeckt bzw. erfunden wurde es weitgehend zeitgleich und unabhängig von Leibniz und Newton, nachdem die Mathematiker über 2000 Jahre hinweg daran gearbeitet haben. Die Ableitungen wurden vertieft untersucht und entsprechenden Regeln für kompliziertere Funktionen wurden gefunden. Speziell wurden Differenzialgleichungen entwickelt und untersucht, mit denen komplizierte dynamische Prozesse abgebildet werden können. Die Umkehrung (Rücktransformation) der Ableitung führt zum Integral: $\int f(x) \cdot dx$. Das Integral ist das Herzstück der Analysis (Hauptsatz der Analysis.) Das Integral gibt - geometrisch gesehen - die Fläche unterhalb einer Funktion f(x) zur x-Achse hin an. Somit sind Steigungswerte und Flächengrößen eng miteinander verbunden. (Näheres in Rathgeber (2025).) Das „Geheimnis" der Ableitung etc. verbindet sich mit der limes-Betrachtung ($\lim_{x \to 0} x = 0$). Da wesentliche Funktionen über Reihen von Potenzfunktionen dargestellt werden können, können diese auch abgeleitet und integriert werden. Dies gilt auch für die trigonometrischen Funktionen (sin, cos, ...) und auch für die Exponentialfunktion. Weiterhin können die Berechnungen auch im komplexen Raum vorgenommen werden.

Bezüglich der Begründung der einzelnen Schritte gibt es vielfältige Vertiefungen und präzisierte Begründungen bzw. Darlegungen ($\rightarrow$ Bourbakismus usw.). Bzgl. der „klassischen" Analysis wird auch von der Standardanalysis gesprochen.

Um die mathematischen und auch philosophischen Probleme auflösen zu können, wurde eine Nicht-Standard-Analysis (NSA) in den 1950er/1960er Jahren entwickelt. Nach dieser Theorie werden die reellen Zahlen durch hyperreelle Zahlen ergänzt. Im Rahmen dieser Konstruktion treten bzgl. der unendlich kleinen Größen keine mehr Paradoxien auf. Die Beweise bleiben widerspruchsfrei. Jedoch kann bzgl. eines Ultrafilters, der eingefügt werden muss, keine konstruktive Darstellung gefunden werden. Mit den Einsichten verbinden sich

Überlegungen von Detlef Laugwitz und Curt Schmieden ab 1958 und von Abraham Robinson. (Die Arbeiten von Laugwitz und Schmieden gehen auf eine Anregung von Carl Friedrich von Weizsäcker aus dem Jahr 1954 zurück. (Siehe hierzu Spalt 2019, S. 263ff.) Im Rahmen dieser Theorie, die ursprüngliche Überlegungen von Leibniz und Newton aufnimmt, gelingt des zum Beispiel auch, die Dirac-Funktion durch den Ausdruck $\delta(t) = \frac{1}{\pi} \cdot \frac{\Omega}{1+\Omega^2 \cdot t^2}$ zu integrieren. (Es gilt hierbei gemäß Dirac $\int_{-\infty}^{\infty} \delta(t) \cdot dt = 1$, wobei $\delta(t) = 0$ ist für $t \neq 0$.)

In philosophischer Hinsicht wird mittels der Theorie illustriert, wie unterschiedliche mathematische Inhalte gedeutet werden können. Insofern werden wahren Aussagen (zum Unendlichen etc.) abhängig vom gewählten mathematischen Bezugsmodell.

Unendlichkeit und Leere in der Welt
Eine philosophisch orientierte Besinnung

> „Die Bedrohungen und Gefahren abstrakten Denkens sind ein guter Grund,
> warum wir inzwischen alle so gern geschäftig sind und uns ständig
> mit Reizen bombardieren lassen." Wallace 2007, S. 20.

Prolog

Zahl und Figur, Wort und Anschauung, Denken, Theorie und Leben: Es öffnet sich - von uns gefühlt, gedacht, geglaubt – jeweils eine Differenz bzw. Lücke, die in der Mathematik und Philosophie zur Frage nach dem Unendlichen führt. Kant hat mit der Kritik der reinen Vernunft (KrV) die Gegebenheiten in maßgeblicher Art für unsere Zeit beschrieben. Er begrenzte das Denken, um Platz für den Glauben zu schaffen. Die Bedeutung der Mathematik für wissenschaftliche Betrachtungen wird von ihm mit Blick auf die Naturlehre betont: „Ich behaupte aber, dass in jeder besonderen Naturlehre nur so viel eigentliche Wissenschaft angetroffen werden könne, als darin Mathematik anzutreffen ist" (Kant 1977, Vorrede). Die Aufklärer der Aufklärung erkannten, dass das wissenschaftliche Denken modellgeleitet ist. Dies gilt auch für die Philosophie.[1] Die Mathematik kann in ihrem Rahmen Beweise finden. Dieser Rahmen ist philosophisch zu befragen.[2] Durch den durch die Aufklärung angestoßenen Entmythologisierungsprozess wurden Geister und Engel verbannt. Zugleich wurde die Welt entleert.[3] Diese Aspekte berühren wissenschaftliche und philosophische Bemühungen und das Lebensverständnis der modernen Menschen.

1 Eine Lücke in der Welt

> „Ach diese Lücke! Diese entsetzliche Lücke, die ich hier in meinem Busen fühle! –
> Ich denke oft, wenn du sie nur einmal, nur einmal an dieses Herz drücken könntest,
> Diese ganze Lücke würde ausgefüllt sein." Goethe 1985, S. 77 (19. Oktober).

Spätestens mit Pythagoras wurde erkannt, dass die Beschreibung der Welt mit Zahlen zu Problemen führt. Die Diagonale (d) im Einheitsquadrat hat die Länge d = Wurzel aus 2 (→ $\sqrt{2}$). Diese Einsicht ist seit alter Zeit bekannt. Pythagoras und seine Schule zeigten, dass $\sqrt{2}$ nicht rational ist.[4] „Die Entdeckung der irrationalen Zahlen kennzeichnet die erste richtige Divergenz zwischen Mathe und Geometrie" (Wallace 2007, S. 103). Da der zugehörige Wert mit der unendlichen Anzahl rationaler Zahlen addiert und multipliziert werden kann, ergeben sich unendlich viele Löcher. Dazu kommen viele weitere irrationale Zahlen. Die rationalen Zahlen sind auf dem Zahlstrahl, obwohl es unendliche viele gibt, die seltene Ausnahme. Da im griechischen Denken irrationale Zahlen nicht aktual möglich sind, war das rationale Konzept der Realitätsbeschreibung gescheitert. Die griechische Mathematik half sich aus der Verlegenheit durch eine vorrangige Orientierung an geometrischen Beschreibungen.

2 Geometriekonzeptionen und die Frage nach der Realität

> „Ist das Vertrauen" in das abstrakte Denken „wirklich gerechtfertigt oder einfach nur höchst praktisch?" Wallace 2007, S. 22.

Euklid hat die Weltvergewisserung durch die Geometrie axiomatisch abgesichert. So heißt es bei ihm z. B. in den ersten von insgesamt 35 Definitionen: D-1: Ein Punkt ist, was keine Teile hat. D-2: Eine Linie ist eine Länge ohne Breite. D-4: Eine Linie ist gerade, wenn sie gegen die in ihr sich befindlichen Punkte auf einerlei Art gelegen ist. Und z. B. in den Postulaten: Alle rechten Winkel sind einander gleich. Die Suche nach Abhängigkeitsbeziehungen zwischen den Postulaten zeigte die singuläre Stellung des fünften Postulats. Jedoch gab es in diesem Zusammenhang eine Irritation, da das 5. Postulat, das Parallelenaxiom, den zeitgenössischen Mathematikern und Philosophen seltsam kompliziert erschien. Es gelang über ca. 2000 Jahre nicht, die axiomatische Begründung einfacher zu gestalten. So kam der Gedanke auf, aufzuzeigen, dass ohne das Parallelen-Postulat die Welterfassung unvollständig bleiben würde.[5] Saccheri überlegte, ob das Parallelenpostulat nicht durch ein anderes Postulat ersetzt werden kann. So nahm er an, dass die Rechte-Winkel-Hypothese ersetzt werden könnte. (Vgl. Gómez 2017, S. 48f.) Scheinbar gelang es ihm zu zeigen, dass dann in sich widersprüchliche Geometriebeschreibungen entstehen würden. Es ergab sich jedoch, dass diese Idee falsch war. Um 1840 zeigte Nikolai Lobatschewski jedoch die Möglichkeit nichteuklidischer Geometrien auf, die zwar – so Gauß – zu „paradoxen Eigenschaften" führen, aber in sich widerspruchsfrei sind. (Ib., S. 57.) Verschiedenartige Geometriebeschreibungen sind möglich, die formal gleichwertig sind.[6] Ein Nachdenken über nichteuklidische Geometrien folgte.[7] Ohne das Postulat der Parallelität sind vielfältige geometrischen Beschreibungen (gleichwertig) möglich. (Die epistemische „Priorität der Euklidischen Geometrie gegenüber den nicht-euklidischen Theorien" (Wille 2013, S. 18) ist dabei von den formal-logischen Geltungsfragen zu unterscheiden.) Die (mathematische) Vernunft kann aus sich heraus dies (formal) herleiten und beschreiben; sie kann jedoch aus sich mit Blick auf die Welt keine Präferenz begründen. Die Möglichkeit nichteuklidischer Geometrien hatte dabei in gewisser Hinsicht bereits Kant um 1746 antizipiert. So nahm er an, dass „Räume mit mehr als drei Dimensionen und Zuständen" existieren würden. (Gómez 2017, S. 38.) Welche Konzeption kann in dieser Welt Geltung beanspruchen? Die Suche nach entsprechenden Daten wird verständlich. Nach welchen Kriterien kann eine Entscheidung getroffen werden? Spätestens mit der Allgemeinen Relativitätstheorie von Einstein aus dem Jahr 1915, die als Ausdruck der nichteuklidischen Geometrie verstanden wird, wurde die Bedeutung dieser Problematik sinnfällig einsehbar.[7] Es berührt auch philosophische Annahmen und unser Realitäts- und Gewissheitsverständnis.[8]

In der weiteren Entwicklung, die von Einstein maßgeblich initiiert wurde, kam es zu quantentheoretischen Beschreibungen in der Physik. Relativitätstheorien und Quantenphysik beruhen auf sehr unterschiedlichen Modellannahmen. Bell konnte ein Kriterium finden, mit dem die Gültigkeit der Quantentheorie gegenüber klassischen Kausalitätsvorstellungen beweisbar wurde. Die Experimente von Aspect belegten um 1970 die Einsichten von Bell.

3 Endlichkeit und Unendlichkeit der Welt (und der Menschen)

„Aber wie ist nun (…) das Unendliche bei so endlos vielem Endlichem" möglich?
Bloch 1977, S. 31.

6.000 Jahre sei die reale Welt alt und ihr Ende steht bevor. Diese Endzeiterwartung entsprach religiösen Vorstellung und wurde bis ins 19. Jahrhundert von naturwissenschaftlichen Einsichten gestützt. Unsere Sonne könnte auf der Basis von Kohle nicht länger strahlen. Erst die Entdeckung des Neutrons um 1930 ermöglichte es den Physikern, kernphysikalische Mechanismen zu bedenken, die mittels der Kernspaltung und besonders der -fusion erheblich längere Strahlungsdauern von Sonnen ermöglichen. Doch die Ewigkeit der Welt ist damit nicht zu gewinnen.[9] (In gewisser Hinsicht wurde in diesem Zusammenhang die Schöpfung interessanter als der Schöpfer.) In Spannung zur Begrenztheit steht die Idee, dass alles möglich sei. Ein Aspekt der Unendlichkeit wird im Gedanken „Alles ist mir erlaubt" sichtbar.[10] Das kaufmännische Interesse, die Unsicherheit der Märkte kalkulieren zu wollen, führte zur rechnerischen „Bewältigung der Wirklichkeit" (Bloch 1977, S. 111). Die Natur wurde in diesem Kontext mittels der mathematischen Beschreibung beherrschbar. Jedoch existiert bis heute, so Weizsäcker, „keine konsistente Theorie des physikalischen Kontinuums, die den aristotelischen Einsichten Rechnung trägt" (Weizsäcker 2002, S. 77). Aristoteles unterscheidet strikt zwischen der Potentiell- und der Aktual-Unendlichkeit. In unserem Denkgefüge führt dies zum Nachdenken über Mögliches, Wirkliches, Realität, Virtualität, Heuristiken, Modelle, Simulation und zur Trennung von Wahrheit, Fakten und Meinungen. Immer geht mit jeder Aussage ein „Ich denke" einher. Dies muss, so Kant, jeden Gedanken (immanent) begleiten. Insofern, so die große Einsicht im modernen (transzendentalen – nicht transzendenten) Denken, gibt es einen unaufhebbaren Bezugspunkt. Dieses Ich wird ideal gedacht. Der konkrete Mensch kommt aber nicht fertig auf die Welt. Er ist nicht an sich da; er ist nicht einfach in der Wahrheit. Er wird erst in irdischen Ställen gemacht (siehe Bloch 1980, S. 1090). Der konkrete Mensch besitzt Perspektiven und vertritt Meinungen. Auch dient nicht alles, das möglich ist, dem Guten (vgl. 1. Kor. 6,12). Insofern werden Erziehung und wertende Unterscheidung notwendig. Die formenden Beschränkungen schließen das Unendliche nicht aus. Es kann sogar nah bei uns sein. Kant entdeckte mit Blick auf die transzendentalen Ideen, dass unaufhebbare Antinomien sichtbar werden: „die Welt habe keinen Anfang"; „sie habe einen Anfang"; sie ist „unendlich und unbegrenzt"; sie ist „endlich und begrenzt" (Kant 1976, B 514f.). Der reine Verstand kann aus sich heraus, so die kritische Einsicht der Vernunft, die Antinomien zum **Weltanfang**, zur Existenz einer **unteilbaren Substanz**, zur **Kausalität** bzw. zur **Freiheit** des Menschen, zum **schlechthin notwendigen Wesen** etc. zwar erkennen, aber nicht zwingend auflösen. Kant verdeutlicht, dass bei den sogenannten mathematischen Antinomien These und Antithese zugleich falsch sind. Bei der zweiten Klasse der Antinomien, der dynamischen Antinomien-Klasse, besteht „die Falschheit der Voraussetzungen darin: dass, was vereinbar ist, als widersprechend vorgestellt würde ((…) die durch bloßen Missverstand einander entgegengesetzt werden". (Kant 1984, S. A144ff. (§§ 52-53).) Sie können, so Kant, jeweils beide zugleich wahr sein. Žižek führt hierzu aus: „In Anlehnung an Lacan wird die Sexualität dabei als Kraft der Negativität gefasst, die jedes ontologische Gefüge zerreißt, und die Geschlechterdifferenz wird als „reine" Differenz verstanden, welche einen in sich verschlungenen Raum impliziert, der sich jeder binären Form entzieht. Entfaltet wird diese Vorstellung der Geschlechterdifferenz anhand einer eingehenden Deutung von Kants Antinomien der reinen Vernunft und der dazugehörigen Unterscheidung zwischen dem Mathematisch-Erhabenem und Dynamisch-Erhabenem" (Žižek 2020, S. 18).

4 Unendlichkeit und Mathematik

Insgesamt führten die Betrachtungen von Kant im Grenzbereich von Mathematik und Logik zu vertieften Analysen bei Frege, Russel, Whitehead, Gödel usw.[11] Innerhalb der modernen Mathematik wurde die Problematik des Unendlichen zu einem Grundlagenthema. Die Mathematiker haben über die Auffindung von geeigneten Algorithmen, mit denen die Unendlichkeit von Brüchen bestimmt werden können, einen systematischen Zugang zur Problematik des Kontinuums gefunden. Werden z. B. zwei aufeinanderfolgende Brüche mit p/n und q/m bezeichnet, dann ergibt sich in der Mitte davon der Bruch $(p + q) / (n + m)$. Bei der Bildung wird die Beziehung $q \cdot n - p \cdot m = 1$ beachtet. Das Bemühen zielt darauf, die Welt einer mathematisch nachvollziehbaren Beschreibung zuzuführen. Farey hat um 1800 ausgehend von 0 und 1 so schrittweise eine Abfolge von Brüchen, deren Bildung konstruktiv beschrieben wird, ermittelt. Für 0 wird geschrieben 0/1 und für 1 = 1/1. So wird in der nächsten Zeile der Wert $(0 + 1)/(1 + 1) = \frac{1}{2}$ eingefügt. In der Zeile darauf wird zwischen 0 und ½ der Wert $(0 + 1)/(1 + 2) = 1/3$ und zwischen ½ und 1 der Wert $(1 + 1)/(2 + 1) = 2/3$ eingefügt. In der fünften Abfolge erhalten wir die Werte: 0/1; 1/5; 1/4; 1/3; 2/5; ½, 2/3; ¾; 4/5; 1. In der nächsten Zeile werden die Werte der vorhergehenden Zeile übernommen. Der Prozess wird unbegrenzt fortgeführt.

Taschner zeigt nun im Detail, dass die irrationalen Zahlen ($\sqrt{2}$, $\sqrt{5}$, $\sqrt{10}$, $\sqrt{17}$, $\sqrt{26}$, ...) nie durch einen Bruch im Beschreibungsmodell von Farey dargestellt werden. Es tritt bei der Wertbestimmung eine Zickzackbewegung auf, die durch die Tabelle „mäandert" und immer von einem „Bruch ganzer Zahlen verschieden" ist (Taschner 2018, S.10). Das Lösungskonzept für die irrationalen Zahlen wurde nun von Dedekind im Rahmen der „Dedekindsche Schnitte" eingesetzt. Die Darstellung erfolgte 1872 in der Schrift „Stetigkeit und irrationale Zahlen". Taschner verdeutlicht am Beispiel der Zahl π (Pi), dass nicht klar wird, ob „jede senkrechte Linie in der Farey-Tabelle die Gesamtheit aller Brüche nachvollziehbar in einen Schnitt (P/Q) aufteilt". (Ib., S. 13. P und Q sind nichtleere Teilmengen der Farey-Brüche. In ihrer (unendlichen) Summe ergeben sie die rationalen Zahlen. Vgl. Ib., S. 11.) Diese Einsicht führte bei Weyl zu einer grundsätzlichen Kritik am Verfahren von Dedekind. Nach Weyl hat dabei die Mathematik „auf Sand gebaut". (Ib., S. 1.) Die axiomatischen Bemühungen von Hilbert, die von der modernen Mathematik in weiten Teilen akzeptiert werden, führen nach Taschner nur zu einem „inhaltsleeren Formalismus", der als „Tarnmanöver" die Gegebenheiten „verniedlicht" und „verschleiert" (Ib., S. 14). Für Weyl liegen in der Mathematik hiermit „Selbsttäuschungen" vor. All dies führte zu vertieften Analysen und Bestimmungsbemühungen z. B. im Rahmen der Darlegungen von Brouwer. (Taschner (2018) gibt eine Einführung in die intuitionistische Mathematik, die eine konstruktivistische Grundposition im Rahmen des Grundlagenstreits der Mathematik darstellt.)

Cantor fand eine Anordnung der natürlichen Zahlen (|N), die alle Brüche in geeigneter Art so abbildet, dass deutlich wird, dass die Mächtigkeit der natürlichen und rationalen Zahlen (|Q) gleich groß ist. Aleph-Null ($\rightarrow \aleph_0$) repräsentiert die Mächtigkeit dieser Unendlichkeit. Dabei ist die Unendlichkeit der rationalen Zahlen gleich $\aleph_0$.[12] Jedoch ergibt sich ($\rightarrow$ Permutationsnachweis), dass die

Mächtigkeit der reellen Zahlen (|R) gleich $\aleph_1 = 2^{\aleph_0}$ ist. Die reellen Zahlen sind überabzählbar unendlich.[13]

Epilog-1

Die Frage nach der Zeit hat die gesamte Menschheitsgeschichte begleitet. Beiträge wurden u.a. von Augustinus, Kant und Hegel, Bergson, Husserl, Einstein, Heidegger, Piaget, Bloch und Adorno gegeben. Kant hat Zeit und Raum als Anschauungsformen der Verstandes verstanden. Diese sind grundsätzlich von den Kategorien und Begriffen zu unterscheiden. Für Einstein ist die Zeit eine messbare Größe, die nicht a-priori einfach so da ist. Konkret beeinflusst die Geschwindigkeit eines Körpers und die Gravitation den Ablauf der Zeit. Die Zeit ist insofern nicht absolut gegeben. Bemerkenswert ist, dass mit Heidegger und Adorno zwei Philosophen über die Verbindung von Zeit und Sein bzw. Wahrheit im 20. Jahrhundert nachgedacht haben. Heidegger hat hierzu im Werk Sein und Zeit den inneren Zeitkern des Seins untersucht. Insofern ist das Sein nicht starr. Dabei bedenkt Heidegger die Zeit unter dem Gesichtspunkt der Gegenwart im Kontext von Gewesenheit und Zukunft. Die Zeitlichkeit des Daseins erschließt das Sein. Sie ist der Sinn der Sorge, die uns durch das Leben trägt. Über den Zeitkern öffnet sich unser Blick auf das Sein. Sein und Zeit sollte dabei den zweiten Teil „Zeit und Sein" ergänzt werden. Doch dies unterblieb. Die moderne Physik denkt nach Heidegger jedoch zu oberflächlich über die Zeit; sie bleibt ontologisch blind und kann die Voraussetzung für die Möglichkeit der Zeit und ihrer realen Erkennbarkeit nicht einsehen. Beide haben nicht direkt miteinander kommuniziert. Dies gilt auch für die Beziehung zwischen Heidegger und Adorno. Auch Adorno hat den zeitlichen Kern der Wahrheit bedacht. Für Heidegger ist dabei die Wahrheit das Unverborgene. Das jeweilige Seinsverstehen existiert unter dem Horizont der Zeit. Adorno verweist dagegen auf die geschichtliche (und soziale) Vermittlung der Zeit. Die Wahrheit bzw. das Verständnis der Wahrheit ist auch für ihn nicht einfach zeitlos gültig. Das Fehlende prägt dabei die Wahrheit. Insofern trägt sie eine negative Dimension in sich. Entsprechend spricht Adorno von der negativen Dialektik, die als solche ausgehend von den Antinomien des vernünftigen Verstandes produktiv wird. Wobei zu sehen ist, dass das Fehlende gerade von Ernst Bloch als das Noch-Nicht thematisiert wird. Adorno sucht bewusst die Nähe zur (realen, sozialen) Geschichte, um das Ereignis von Zeit und Wahrheit zu verstehen zu können. Das Ereignis der Unverborgenheit wird dabei von Heidegger als eine positive Größe verstanden. Für Adorno erscheint im Ereignis die negative Dimension, die Differenz zu Vollkommenheit. (Reizvoll wäre es, die Positionen von Heidegger und Adorno einerseits systemisch-konstruktiv zu ‚glätten' und andererseits im Detail mit den Überlegungen von Einstein zu vermitteln.)

Epilog-2

Žižek hat darauf hingewiesen, dass nach Hegel – entgegen der landläufigen Interpretation – die Mathematik, anders als die Metaphysik, die Unendlichkeit „wahrhaft in sich aufgehoben" hat (Žižek 2016, S. 1241). Für Hegel sind „die Limitierungen (Antinomien, Fehlfunktionen) des Denkens zugleich die Limitierungen des Seins selbst".[14] Die entdeckte „Zerrissenheit" der Vernunft führte bei Hegel zu einem Nachdenken hinsichtlich der Gültigkeit dialektischer Realitätsbeschreibungen. Er erkannte grundlegend eine Herr-Knecht-Struktur in den praktischen Gegebenheiten. Für Marx war dabei dies Ausdruck der

Antagonismen der gesellschaftlichen und somit auch bildungsökonomischen Realität. Žižek hat in unserer Zeit die Frage thematisiert, ob diese Zerrissenheit selbst Ausdruck des Absoluten (Gottes) ist. Hegel hat mit Blick auf die Antinomien in der Phänomenologie des Geistes ausgeführt, dass das Absolute aber sehr wohl da sein müsse. Nur, was ist dann das Absolute? Ist dies zum Beispiel mit Gott vergleichbar? Das Ziel all dieser Betrachtungen ist, das Seltsame und Unheimliche, das mit der Unendlichkeit einhergeht, zu bannen: Nach Nietzsche gibt es „nichts Furchtbareres (…) als Unendlichkeit".[15] Die Frage bleibt, ob das Furchtbare tatsächlich so bewältigt werden kann.[16] (Zum Verhältnis von Mathematik und Theologie siehe Neidhart (2005).) Es kann überlegt werden, ob die Zerrissenheit dieser Welt – so zumindest in unserem intellektuellen Verständnis –, durch die Religion gedeutet und gelindert werden kann. Das Ich möchte dabei, das Fremde für sich erklärbar machen. Doch das Fremde im Bereich der Außenwelt (Physik) und auch im Seelenleben des Menschen selbst meldet sich auf seine Art. Religion mag ein Trost sein, der aber auch als Illusion zur Verklärung und Verdeckung führen kann. In gewisser Hinsicht spielen wir ein ‚Spiel‘, dessen Regeln wir nur begrenzt kennen. Freud sprach im Zusammenhang mit den Religionen von einem ‚Massenwahn‘ der Menschheit, der auf seine Art verführt und verdeckt.[17]

Anmerkungen

1. „Philosophisch denken ist so viel wie in Modellen denken; negative Dialektik ein Ensemble von Modellanalysen." „Die Forderung nach Verbindlichkeit ohne System ist die nach Denkmodellen." Adorno 1982, S. 39; vgl. S. 209ff.
2. So wird zum Beispiel in der „Brasilianischen Logik" die Negation anders als im überlieferten griechischen Denken definiert. Siehe Rathgeber 2019.
3. „Jeder Wert war den menschlichen Handlungen genommen. Etwas Neues entstand: eine leere Welt." Benjamin 1977, S. 119.
4. Es sei $\sqrt{2}$ = a/b. Gemäß der Definition der rationalen Zahlen ist dieser Bruch jedoch nicht rational auflösbar. Aus $(\sqrt{2})^2 = 2 = a^2/b^2$ folgt: $2a^2 = b^2$. Somit ist b^2 gerade und so auch b. Mit b = 2t folgt $b^2 = (2t)^2 = 4t^2$. Also: $2a^2 = 4t^2$; $a^2 = 2t^2$. Damit ist auch a gerade. Dieses Ergebnis widerspricht der Definition rationaler Zahlen, da a und b teilerfremd sein müssen. Es klafft mit $\sqrt{2}$ eine Lücke auf dem Zahlenstrang.
5. Unter anderem befassten sich folgende Denker mit der Problematik: Saccheri (1667-1733), Reid (1710-1796), Lambert (1728-1777), Gauß (1777-1855), Schweikart (1780-1857), Lobatschewski (1792-1856), Taurinus (1794-1874), Bolyai (1802-1860), Riemann (1826-1866), Christoffel (1829-1900), Ricci-Curbastro (1853-1925), Levi-Civita (1873-1941). Von Hilbert (1862–1943), wurden dann im 20. Jahrhundert 21 Axiome (A) unterschieden: Acht A der Verknüpfung (Inzidenz), vier A der Ordnung, sechs A der Kongruenz, ein A der Parallelen und zwei A der Stetigkeit (archimedisches Axiom und Vollständigkeitsaxiom).
6. Unterschiedliche geometrische Konzeptionen werden in unserer Zeit bereits in der Oberstufenmathematik thematisiert.
7. „Als Einstein 1915 sein neues Gesetz (die Allgemeine Relativitätstheorie; C.R.) erstmals publizierte, gab es nur eine einzige empirische Tatsache, auf die er verweisen konnte, um zu zeigen, dass seine Theorie besser als die Newtonsche war. Das ist die sogenannte Periheldrehung des Merkur. (…) Die Abweichung ist sehr klein; sie beträgt 42 Winkelsekunden im Jahrhundert" (Russel 1974, S. 100). Wobei „die Formeln, die die Planetenbewegungen liefern, (…) in Einsteins Theorie fast die gleichen (sind) wie in der Newtonschen, aber der Sinn der Formeln ist ganz verschieden" (Ib., S. 164).
Russel führt weiter aus: „Die ‚Subjektivität‘, um die es in der Relativitätstheorie geht, ist eine physikalische Subjektivität, die ebenso vorhanden wäre, wenn es in der Welt, nicht so etwas wie Geist und Sinneswahrnehmung gäbe. Darüber hinaus ist es eine genau umgrenzte Subjektivität. Die Theorie sagt nicht, alles sei relativ: im Gegenteil, sie liefert eine

Methode zur Unterscheidung dessen, was relativ ist, von dem, was zu einem physikalischen Vorgang selbst gehört" (Ib., S. 165). Und: „Eines stellt sich heraus: dass uns nämlich die Physik weniger über die physikalische Welt sagt, als wir dachten. Von fast allen den ‚großen Prinzipien' der traditionellen Physik erweist es sich, dass sie von der gleichen Art sind wie das ‚große Gesetz', dass immer 100 cm einen Meter ergeben" (Ib., S. 166). „Grob gesprochen ist die traditionelle Physik auf zwei Teile zusammengeschrumpft: Tautologie und Geographie" (Ib., 167). „Kausalität im alten Sinne hat keinen Platz mehr in der theoretischen Physik" (Ib., S. 168).

8. Einstein führte die sogenannte „Eigenzeit" ein. In Abhängigkeit von der Bewegungsgeschwindigkeit eines Körpers vergeht die Zeit unterschiedlich schnell. Die „Einsteinsche Relativitätstheorie, welche darauf (…) hinausläuft, dass räumliche Bestimmungen selbst nicht absolut gedacht werden können, sondern selber in sich einen Zeitkern (…) enthalten, wodurch natürlich eine Grundaussage der Kantischen Philosophie, nämlich die Zeitunabhängigkeit, die schlechterdings gültige Apriorität des Raumes auf allerschwerste erschüttert ist." Hinzukommt, dass die Kausalität, „eine Grundkategorie der gesamten traditionellen Philosophie (…) ebenfalls problematisch geworden ist (…) durch die jüngste Entwicklung der Physik" (Adorno o. J., S. 40). Panek bemerkt: „Die ‚Zeit' ist nicht universell oder absolut, sie ist nicht manchmal universell lokal oder relativ, sie ist immer lokal" (Panek 2007, S. 35). Bemerkenswert ist, dass das Weltall gemäß der Hintergrundstrahlung (objektiv) vor 13,8 Mrd. Jahren entstanden sein soll.

9. Wir gehen heutzutage davon aus, dass es im Weltall insgesamt 10^{82} Nukleonen gibt. Von daher ist die Welt begrenzt.

10. Bibel, 1. Kor. 6,12. Im philosophischen und wohl auch im biblischen Selbstverständnis wurde Gott als das (unergründlich) Unendliche verstanden. Bloch 1977, S. 33. Nach Bruno macht das Unendliche erst das Individuum möglich. Die Welt wird hierbei zu ihrem eigenen Subjekt. (Vgl. Ib., S. 31 und S. 34.)

11. Siehe den instruktiven Beitrag („Russels mathematische Logik") von Kurt Gödel in: Whitehead, Russel (1986), S. V-XXXIV.

12. Rechentechnisch gilt: $\aleph_0 + 1 = \aleph_0$; $\aleph_0 + \aleph_0 = \aleph_0$; $\aleph_0 \cdot n = \aleph_0$; $\aleph_0 \cdot \aleph_0 = \aleph_0$.

13. Aktuell wird – gemäß Cichon-Diagramm – folgende Struktur bedacht (cov, cof, non, add: spezielle Mengen zur Unendlichkeit): $\aleph_0 < \aleph_1 \leq add(L) \leq cov(L) \leq non(B) \leq cof(B) \leq non(L) \leq cof(L) \leq c = 2^{\aleph_0}$.

14. Žižek 2020, S. 30. „Darum stellen Antinomien für Hegel kein Problem dar, sondern die Lösung". Ib., S. 106. „Der nächste wichtige Schritt, den es hier zu tun gibt, markiert den Übergang von Kant zu Hegel: Antinomien betreffen nicht nur unsere Vernunft und ihren transzendentalen Raum, sie kennzeichnen die (transzendentale) Realität selbst. Das heißt, wir erlangen nicht dadurch Zugang zum Ansich, dass wir die Antinomien als Zeichen der Unzulänglichkeit unserer Vernunft überwinden, sondern indem wir unsere Unzulänglichkeit mit den in die Realität selbst eingeschriebenen Unzulänglichkeiten identifizieren." Ib., S. 82. „Darum stellen Antinomien für Hegel kein Problem dar, sondern die Lösung …" Ib., S. 106. Nach Žižek – und dies ist nach ihm die wesentliche Dimension der theologischen Revolution des Christentums – muss „die Entfremdung des Menschen von Gott (…) auf Gott selbst rückprojiziert / -übertragen werden als dessen eigene Entfremdung von sich selbst" (Ib., S. 30).

15. Nietzsche 1981b, S. 400. Die zeitliche Unendlichkeit ermöglicht bei einer endlichen Materialität eine ‚ewige Wiederkehr des Gleichen'. Im Aphorismus 125 thematisiert der „tolle Mensch" die Suche nach Gott: „Wir alle sind seine Mörder. (…) auch Götter verwesen. (…) Das ungeheure Ereignis ist noch unterwegs" Ib., S. 401.

16. Žižek führt pointiert aus: „In Anlehnung an Lacan wird die Sexualität dabei als Kraft der Negativität gefasst, die jedes ontologische Gefüge zerreißt, und die Geschlechterdifferenz wird als ‚reine' Differenz verstanden, welche einen in sich verschlungenen Raum impliziert, der sich jeder binären Form entzieht. Entfaltet wird diese Vorstellung der Geschlechterdifferenz anhand einer eingehenden Deutung von Kants Antinomien der reinen Vernunft und der dazugehörigen Unterscheidung zwischen Mathematisch-Erhabenem und Dynamisch-Erhabenem. Indem Kant die Vernunft als irreduzibel antinomisch charakterisiert (…), sexualisiert er die reine Vernunft (unwissentlich) und kontaminiert sie mit der Geschlechterdifferenz" (Žižek 2020, S. 18).

Möbius-Band	**Kleinsche Flasche**

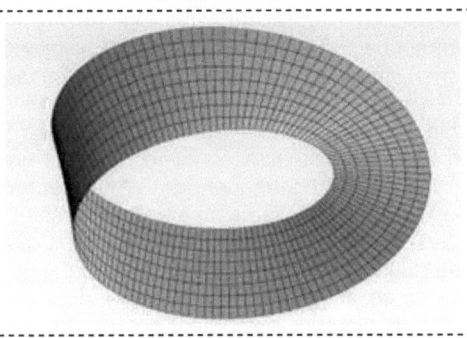 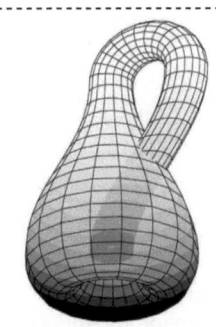

Möbius-Band – zur Konstruktion: ein schmales Papierstück wird einmal in sich gedreht und die Enden werden verbunden

$$X = (R + s \cos(t/2)) \cos t; \ Y = (R + s \cos(t/2)) \sin t; \ Z = s \sin(t/2)$$

Zur Kleinschen Flasche

$$X = (a + b \cos v) \cos u; \ Y = (a + b \cos v) \sin u$$
$$Z = b \sin v \cos(u/2); \ T = b \sin v \sin (u/2)$$

bzw. (Stewart, Ian):

$$0 = (x^2 - y^2 + z^2 + 2y - 1) ((x^2 + y^2 + z^2 - 2y - 1)^2 - 8z^2) + 16xz (x^2 + y^2 + z^2 - 2y - 1)$$

Zum Willensbegriff bei Arthur Schopenhauer

I: Wille - die eigentlich geistige Substanz des Menschen, der Grund von allem, das ursprünglich Stoff-Erzeugende, das Einzige im Menschen, das Ursache von Seyn ist.

II. Verstand - das nicht Erschaffende, sondern Regelnde, Begrenzende, dem unendlichen, schrankenlosen Willen Maß gebende, dem für sich blinden und unfreien Besinnung und Freiheit Vermittelnde.

III. Geist - der eigentliche Zweck, was sagen soll, worin sich der Wille durch den Verstand erheben, wozu er sich befreien und verklären soll. Schelling (SW Bd. 10, S. 287ff).

In der Kritik der (reinen) praktischen Vernunft zeigt Kant ein absolutes Gesetz auf, das nach ihm jeder vernünftige Mensch als Grund für ethischen Beurteilungen in sich auffinden kann. Dies ist der Kategorischen Imperativ. Kant verdeutlicht, dass der vom Sittengesetz bestimmte Wille als guter Will das einzig uns möglich Gute ist: „also ist ein freier Wille und ein Wille unter sittlichen Gesetzen einerlei". (Kant 1982 (GzMdS), A99). Bei Schelling wird der Wille als Grund von Gott selbst geortet. Er dringt auf Schöpfung und Verwirklichung. Der dialektische Entwicklungsprozess von der Idee, über die Natur zum Geist, wie er von Hegel systematisch entwickelt wurde, wird bei Schelling durch die Ausdifferenzierung im Gang vom Willen, über den Verstand zum Geist bewältigt. Nun kommt Schopenhauer zu folgenden Überlegungen: Die Welt wird immer nur als eine vorgestellte erlebt. Vorstellungen weisen zwar auf das ‚Ding an sich' hin[1], sind aber von unseren (inneren) Kausalitätsverhältnissen, -wahrnehmungen uns -interpretationen abhängig. D.h., der von Schopenhauer entdeckte vierte Grund der Realität[2], der Handlungsgrund, „das Gesetz der Motivation", ist (wesentlich mit-)verantwortlich für die vom Menschen gebildeten Vorstellungen. Somit verbirgt sich hinter den Vorstellungen als tieferes Grundmoment durchaus ein Willensmoment. Weiter erkennt Schopenhauer, dass das Sittengesetz natürlich auch vom Subjekt gewollt werden muss. Somit bestimmt dieser Wille die innere und äußere Dimensionalität des Menschen. Der Willensgrund ist kennzeichnend für die Welt und für die Übereinstimmung vom erkennenden und vom wollenden Menschen. So wird die Kluft zwischen dem Ideal und der empirischen (tatsächlichen) Welt geschlossen. Das Wollen selbst drängt auf seine reale Verwirklichung. So wird der Wille schlechthin als Größe bestimmt, die den innersten Kern des „Ich denke" und zugleich der Welt ausmacht. Es ist so, dass der bei Kant von der Vernunft bestimmte Wille bei Schopenhauer der Vernunft ‚vorgeschaltet' wird. Die Vernunft wird dabei zum Partikularen innerhalb des voluntaristisch bestimmten Reichs. Zwar hat Schopenhauer damit erklärt, wie es dazu kommen kann, dass ein Mensch das Sittengesetz einhält. Zugleich wird dies jedoch als Manifestation der Blindheit eingeschätzt. Damit würde aber der tiefere Pflichtanspruch entfallen. Schopenhauer bietet eine andere ‚Erlösung' an: die Entsagung. Nur durch die Entsagung kann sich der Mensch dem Anspruch des Wollens entziehen. (Jedoch muss somit der Wille zur Entsagung vorliegen. Lag in der Tradition die Vorstellung vor, als empirisches Wesen ein Leben in Übereinstimmung mit dem >Urgrund zu vollziehen, wird es nun nach Schopenhauer sinnvoll, sich diesem Urgrund zu entziehen. Wobei dieser Urgrund nach Schopenhauer auch nur partiell vernünftig ist. So bleibt die Frage, wie die Entzweiung überhaupt vernünftig begreifbar gemacht werden kann. Und warum kann der Wille des einzelnen Menschen in Übereinstimmung mit dem Ur-Wille der Welt gedacht werden? Das Wollen ist uns auch nur als empirische Erscheinung zugänglich. Kant hätte auf jeden Fall auf die Unerkennbarkeit des ‚Ding an sich' und des ‚Ich denke' hingewiesen. Die von Schopenhauer vollzogene Ineinssetzung von Ich-Grund und Welt-Grund folgt dabei der Kantauslegung von Fichte. Vielleicht hat Schopenhauer jedoch deutlich gesehen, dass das Vernünftige in dieser Welt selbst auf einen (unvernünftigen) Willensprozess beruht? Die Vernunft als ein zerbrechliches und gefährdetes Moment von singulärer Quantität und Qualität innerhalb von urgründigen und -quellender Willensmomenten? Wobei zu sehen ist, dass Kant selbst die freiheitliche Dimension der Spontanität gesehen hat.

Anmerkungen

1. Das ‚Ding an sich' (Kant) wird von Schopenhauer als die Platonische Idee identifiziert: „Die Identität dieser beiden großen und dunkelsten Lehren ist ein unendlich fruchtbarer Gedanke, der eine Hauptstütze meiner Philosophie werden soll" (Hübscher 1973, S. 118). Zu sehen ist, dass Schopenhauer von „seiner Philosophie" spricht. Eine Einschätzung, die gegen das traditionelle Selbstverständnis der Philosophie steht. Nietzsche hat diese Selbstbestimmung aufgegriffen.
2. Satz vom Erkenntnisgrund: Wahrheit von Urteilen; Satz vom Grund des Werdens: Kausalitätsgesetz (Veränderung realer Objekte); Satz vom Seinsgrund: Verhältnisse in Raum und Zeit nach mathematischer Notwendigkeit; Satz vom Handlungsgrund: Gesetz der Motivation (Ursprung der Willensakte). Siehe Ib., S. 132.

Zur (modernen) anthropologische Fragestellung

In der überlieferten Tradition der Philosophie stand Gott im Mittelpunkt des Interesses: Die „Frage nach Gott bildet (…) die gesamte Geschichte der Philosophie hindurch dem höchsten Gegenstand des Denkens." Weischedel 1983, Bd. 1, S. XX. „Seine Eigenart ist dem Menschen sein Dämon." (Heraklit) Heidegger 1975a, S. 106.

An die Stelle der Frage nach Gott sind im modernen Denken die Fragen nach der Natur und die nach dem Menschen gerückt. Auch mit Blick auf die Bemühungen Feuerbachs um eine autonome Anthropologie (– siehe hierzu „Zur Natur (und Anthropologie) bei Goethe, Hegel und Feuerbach" (S. 42ff.) und ‚Zwischenschritt – Hinweise' (S. 82) –) erfolgt hierzu ein Rückgriff auf die Überlegungen von Kant und Hegel. Zum Erkenntnisverständnis bei Kant: Nach Kant beginnt alle Erkenntnis mit der Erfahrung; jedoch entspringt nach ihm nicht alles aus der (individuellen) Erfahrung. Hierzu bemüht er sich, den Verstand in seinem Vermögen zu betrachtet. Der Verstand und Sinnlichkeit werden von ihm dabei getrennt und ihre Bezogenheit analysiert. Insofern bemüht er sich um das Subjekt mit der Absicht, über die Bedingungen der Möglichkeit zu erfassen, welche objektiven Erkenntnisse denkbar sind. Die Einsicht in die Antinomien, die sich dem vernünftigen Verstand ergeben, führt zur Kritik der reinen Vernunft. Bei wesentlichen Grundfragen der Philosophie ergibt sich, dass der Verstand aus sich keine eindeutige und abschließende Einsicht gewinnen kann. So zum Beispiel, ob die Welt begrenzt oder unendlich ist, ob der Mensch frei ist, ob es letzte Gründe gibt. Die Erkenntniswelt ist für ihn aufgespannt zwischen dem „Ich denke" und dem „Ding an sich", die beide letztlich nicht aufgelöst werden können. Die Erscheinungen befinden sich auf der Schnittebene zwischen der „Architektur des menschlichen Geistes" und der „Objektseite". Wobei nach unserem Verständnis dies ein Modell ist, welches der Verstand insgesamt denkt. Und auch dies ist ein vom menschlichen Geist bedachtes Modell. Die Architektur des geistigen Apparats wird ergänzt mit Betrachtungen zu den Anschauungsformen (Raum und Zeit und hierbei der innere und äußere Zeitsinn), den Schemata und hierbei zu den transzendentalen Verknüpfungen. Bedeutsam ist, dass der Verstand sich selbst analysieren kann. In der Auseinandersetzung mit der Realität kann der Verstand Gesetze und Prinzipien bestimmen. Hegel geht davon aus, dass die (absolute) Idee in sich ruhend am Anfang in zeitlicher und logischer Hinsicht existierte. Das absolute Sein hat sich jedoch entzweit. Die ursprüngliche Einheit zerbrach. Der Grund für diese Zersplitterung und Entfremdung ist bereits im Sein-selbst angelegt. Die Differenz zur Idee ist selbst Teil der Idee. Die Entäußerung der Idee führte zur Natur; es ist das Andere der Idee. In der Natur ist die Idee auffindbar. Die Idee besitzt in der Natur „wesentlich ihr Anderes". (Dabei ist zu beachten, dass diese Idee ursprünglich nicht von Hegel sondern vermutlich von Graves gedacht wurde. Er hat „zuerst einen analogen Ablauf der menschlichen Lebensphasen und der Philosophiegeschichte" angenommen (Ehrhardt 1967, S. 45). Durch die in der Entäußerung stattfindenden Prozesse findet sich die Idee neu. Die in der Realität ablaufende dialektische Entfaltung steht in unaufhebbarer Beziehung zum Absoluten. Die Natur durchläuft verschiedene Entfaltungsstufen. Der Geist ist in der Natur potentiell angelegt. Er ist letztlich die Idee, die aus ihrem Anderssein wieder zu sich kommt. Dieses Zu-sich-kommen ist aber kein automatisch ablaufender Prozess. Es ist die bewusste Anstrengung, die Tätigkeit des Subjekts dazu notwendig. Dieses Subjekt ist als ein allgemeines zu verstehen. Der Geist ist ganz anders als die Idee. Er ist etwas Neues. (Hegel setzt im Rahmen der Phänomenologie des

Geistes für den absoluten Geist auch das Absolute, die Wahrheit, die Idee, das unendliche Leben usw.) So ist für Hegel die Gattungsgeschichte und auch die Entwicklungsgeschichte des einzelnen Individuums Ausdruck der Geistwerdung. „Die ganze Welt ist Offenbarung (…) (des) absoluten Geistes. Er enthüllt sich in den Denkbestimmungen der spekulativen Logik wie in der Natur draußen und erst recht in der menschlichen Geschichte" (Reble 1981, S. 200). „Der einzelne Mensch muss" gemäß Hegel „auch dem Inhalte nach die Bildungsstufen des allgemeinen Geistes durchlaufen, aber als vom Geiste abgelegte Gestalten, als stufen eines Weges, der ausgearbeitet und geebnet ist" (Hegel 1973, S. 27). „Dieses Werden stellt eine träge Bewegung und Aufeinanderfolge von Geistern dar, eine Galerie von Bildern, deren jedes mit dem vollständigen Reichtum des Geistes ausgestattet" ist (Ib., S. 446). Nach Hegel schläft in der menschlichen Seele, die noch von der Natur ungetrennt ist, der Geist. Es gilt diesen durch die Begegnung mit dem Fremden zu wecken. Dies markiert den Übergang vom ‚an sich' zum ‚für sich'. Zum Eigensinn kommt es, wenn vereinzelte Größen verabsolutiert werden. Die passive Empfindung ist zu Beginn ganz im ‚Hier und Jetzt'. Die fühlende Seele kann Empfindungsmomente verallgemeinert betrachten. Es bilden sich Gewohnheiten aus. Der Gegensatz von Regelhaftem und Freiheitlichem wird deutlich. Der Körper ist mechanisch geregelt. Der Gegensatz von Körper und Geist wird sichtbar. Letztlich befreit sich der Geist von der Materialität und wird (blitzartig) zum Ich. Die Individualität ist das Ideal zur Natürlichkeit. Es kommt zur Auseinandersetzung mit der Gesellschaft. Der Mensch kommt von Erfahrungsurteilen zum Gesetz. Der Verstand bildet sich aus. Der vernünftige Verstand bleibt in Antinomien verstrickt. Der Mensch muss angesichts der Weltkomplexität Standpunkte ausbilden. In der Betrachtung der Gesetze bildet sich das Selbstbewusstsein aus. Das Geistige erkennt sich selbst. Das Selbstbewusstsein kämpft auf seiner Ebene um Anerkennung. Weltgeschichte, Geistgeschichte, individuelle Geschichte, Philosophiegeschichte und die Geschichte der Götter sind erkennbar vermittelt; sie folgen allgemeinen Entwicklungsprinzipien. Im Prozess der Entäußerung findet sich das Individuum. Die „Individualität bildet sich zu dem, was sie ansich ist, und erst dadurch ist sie an sich, und hat wirkliches Dasein; soviel sie Bildung hat, soviel Wirklichkeit und Macht" (Ib., S. 277). Insofern wird von Hegel eine Anthropologie gedacht. Diese steht aber in unaufhebbarer Beziehung zu Gott, zu dem Absoluten. In der weiteren Entwicklung wurde im Rahmen der philosophischen Anthropologie versucht, den Menschen rational zu bedenken und zu bestimmen. In unserer Zeit hat sich die anthropologische Forschung im Bereich der Wissenschaft von diesen übergeordneten Orientierungen gelöst. Sie versucht, durch die systematische Erforschung und Aufdeckung der konkreten Gegebenheiten einen Einblick in die Entwicklung und Möglichkeiten des Menschen zu gewinnen.[1]

Anmerkung

1. Heidegger bemerkt: Der Mensch begegnet sich „heute in Wahrheit gerade nirgends mehr (…) selber, d. h. seinem Wesen" (Biemel 1981, S. 119).

Der Mensch ist Eigentum der Freiheit". Heidegger (Vetter 2014, S. 113).

Zufall und Realität

Nicht die Notwendigkeit, sondern die Zufälligkeit ist für die Vernunft unbegreiflich. Kant

Der erste Schöpfungsbericht im AT schildert eine Ordnung in der Weltentstehung. Die Bestimmung von Gründen drückt ein elementares Bedürfnis der Menschen aus. „Alles Entstehende muss", so die Einsicht bei Platon, „notwendig aus einer Ursache entstehen" (Platon 1982, 28a). Aristoteles hat vier Kausalitäten (causa formalis, causa materialis, causa efficiens und causa finalis) bestimmt. Bei Leibniz beginnt eine Besinnung auf zureichende Gründe. Kant bemerkt, dass alle „Veränderungen geschehen nach dem Gesetze der Verknüpfung der Ursache und Wirkung" (Kant 1976, B 232). Wobei Kant den nicht objektiven Charakter betont: „Wenn ich zu existierenden Dingen überhaupt etwas Notwendiges denken muss (…), so folgt daraus unvermeidlich, dass Notwendigkeit und Zufälligkeit nicht die Dinge selbst angehen und treffen müsse, (…) sondern sie allenfalls nur subjektive Prinzipien der Vernunft sein können" (Ib., B 644). (Die Vernunft gewinnt so eine innere Spannung.) Er hat dann im Spätwerk „als Erster mit dem metaphysischen Erbe" der Orientierung auf das Wahre und Immerseiende ernsthaft gebrochen" und die Aufmerksamkeit, so Habermas, stringent auf das „Zufällige und Flüchtige" gelenkt. (Habermas 1996, S. 127.) Erste Ideen zum ‚absoluter Zufall' gehen auf Epikur zurück. Wobei bereits Demokrit sah, dass der Zufallsbegriff auch genutzt wird, um tiefer gehende Fragen und Untersuchungen zu unterlaufen: „Die Menschen haben sich ein Trugbild des Zufalls erdichtet, als Deckmantel ihrer eigenen Ratlosigkeit." Vergleichbar bemerkt Luhmann: „Einstellung auf ‚Zufall' schafft dabei eine fiktionale Realität, eine Realität zweiter Ordnung, eine verdoppelte Realität, denn in der Wirklichkeit gibt es natürlich keine Zufälle" (Luhmann 2003, S. 195). Das Kausalitätsbedürfnis findet in der Physik seinen Ausdruck im Differenzialgesetz. „Der mathematische Ausdruck dieses Kausalbegriffs ist die Darstellung des Naturgeschehens durch Differentialgleichungen"; „der Zustand determiniert von Augenblick zu Augenblick selbst seine zeitliche Veränderung" (Weizsäcker 1999, S. 148). Das Konzept des Zufalls wird in der Physik speziell im Rahmen der Thermodynamik und die Quantenmechanik thematisiert. „‚Zufall' nennen wir in der Physik Ereignisse, die wir nicht kausal vorhersagen können" (Weizsäcker 1996, S. 407). Ausgehend vom Planck'schen Strahlungsgesetz wurde die Physik mit dem Gedanken der Unstetigkeit konfrontiert. Einstein, der in Anlehnung an Planck bewusst die Pforte zur Quantenphysik geöffnet hat, war in seinem Realitätsverständnis in vielerlei Hinsicht von kantischen Ideen geprägt. Die Welt ist für ihn im Grund nicht zufällig bestimmt. (In diesem Sinne folgte er Spinoza). Die Realitätsbilder können gegen eine wahre Welt konvergieren. Bei Bohr und Heisenberg gibt es eher die Annahme, dass die Unbestimmtheit eine prägende Größe der Realität sei. So gewinnt der Zufall eine konstituierende Rolle für die Wirklichkeitsphänomene. (Zu den historischen und biographischen Beziehungen und (intellektuellen) Krisen im Zusammenhang mit diesen Erkenntnisfacetten siehe Laughlin (2008).) In der Quantenphysik wird das Verhalten eines einzelnen Teilchens mit einer Wahrscheinlichkeits-funktion ψ beschrieben.[1] Auch bei Qualitätsfragen der Technik werden stochastischen Beschreibungen benötigt.

Hinweise

Henri Poincaré hat sich im 19. Jahrhundert mit den nichtlinearen Gleichungen im Zusammenhang mit der Beschreibung von Planetenbahnen beschäftigt. Es zeigt sich, dass gleichmäßige Bahnentwicklungen unvermittelt in chaotische

Bewegungen überwechseln können. Um 1960 erkannte der Meteorologe Edward Lorenz bei der Simulation von Wetterprozessen hochsensitive Abhängigkeiten bei nichtlinearen Gleichungen. Er sprach vom ‚Schmetterlingseffekt'. Eine genauere Analyse ergab, dass strenge Kausalbeziehungen bei nichtlinearen Gleichungen auftreten, die zur Folge haben, dass minimale Modifikationen bei den Rand- und Rahmenwerten zu vollkommen veränderten Abläufen und Endwerten führen. Dabei ist der Ablauf als solches streng regelgeleitet. Auch im Alltagsleben treten in vielen Bereichen nichtlineare Strukturen, zum Beispiel bei Herzbewegungen und psychischen Entwicklungen.[2]

Eine Gleichung zur Erfassung von Wachstumsvorgängen im biologischen Bereich wurde von Pièrre Francois Verhulst, einem belgischen Mathematiker, im 19. Jahrhundert bei der Analyse der Entwicklung von Kaninchenpopulationen entwickelt und 1845 veröffentlicht: Die rekursive Funktion $x_{n+1} = x_n \cdot (r \cdot x_n + 1)$ erzeugt in Abhängigkeit von r nichtlineare Effekte. Es gilt für die Entwicklung von x:
x geht gegen Null für $0 < r \leq 1$;
x strebt einem festen Grenzwert entgegen für $1 < r < 2,9934$;
x oszilliert zwischen zwei Werten (‚Bifurkationspunkten')
    für $2,9934 < r < 3,4495$;
x oszilliert zwischen vier, acht, ... Werten (‚Periodenvervielfachung')
    für $3,4495 < r < 3,5441$;
x zeigt ‚chaotisches' Verhalten (‚sensitiver Bereich') für $3,5441 < r \leq 4$ (wobei im Bereich $3,8284 < r < 3,8425$ ein stabiles Verhalten aufritt).
[Rekursiv: lat. recursus – Rückkehr, Rücklauf.]

Mit dieser Funktion können Fraktale beschrieben werden. Die Offenheit und Prozessorientierung der Welt wurden in den Philosophien von Bruno, Schelling und speziell im 20. Jahrhundert von Bloch thematisiert (siehe Bloch 1985).

Zufall in der Informatik
                                   Der Zufall hat kein Gedächtnis. Populär
In der Informatik wird u. a. ein Quadratmittenverfahren eingesetzt (Rathgeber 2022, S. 329 und 381). Eine Zahlfolgen ‚ab cdef gh' mit a, b, c, d, e, f, g, h $\in$ {0; 1; 2; 3; 4; 5; 6; 7; 8; 9} wird betrachtet. Die Teilzahlfolge ‚cdef' wird quadriert und bildet eine neue Zahlfolge ‚ab cdef gh'. Erneut werden die Zahlen verrechnet. Die Ausgangszahl kann dabei durch zufällige Rahmendaten (Temperatur, Zeit, ...) bestimmt werden. Die errechneten Zufallszahlen sind dabei nur Pseudozufallszahlen. Sie werden streng algorithmisch ermittelt. Die Zahlabfolge ist exakt wiederholbar, sofern die Rand- und Anfangsbedingungen bekannt sind. Allerdings kann aus der Zahlenabfolge nicht direkt auf den konkreten Ausgangswert geschlossen werden. Prinzipiell erzeugen die vorliegenden Algorithmen wiederkehrende Zahlabfolgen. Es tritt eine Periodik auf.

Nr.	ab cdef gh	cdef	$(cdef)^2$	Zufallsziffer - $0.(cdef)^2$
1	01 2345 67	2345	5499025	0.5499025
2	05 4990 25	4990	24900100	0.24900100
3	24 9001 00	9001	81018001	0.81018001
4	81 0180 01	0180	032400	0.32400
5	00 0324 00	0324	104976	0.104976
6	00 1049 76	1049	1100401	0.1100401
7	01 1004 01	1004	1008016	0.1008016
8	01 0080 16	0080	6400	0.6400

Vielfältig weitere, komplexere und qualifizierte Algorithmen werden in der Informatik eingesetzt. (Vgl. Kolonko 2008.) Es ist das Ziel, geeignete Datensätze zu erzeugen, durch die die wissenschaftlichen Untersuchungen und die Möglichkeit der Sicherung und Geheimhaltung von Daten (soziale Datensätze, evolutionäre Prozesse, Netzgriffe, Bankkonten, E-Mails …) ermöglich werden, um die modernen Gesellschaften zu erhalten.[3] Daten werden dabei zu elementaren Grundgrößen der Informationswelt. Der Mensch wird identifizierbar über Datenkombinationen. Diese möglichen Prognosen, die für amtliche Statistiken und Entscheidungen, für die Werbung, wissenschaftliche Studien (vgl. Beuth 2022) usw. bedeutsam sind. Soll der Mensch mehr sein als eine statistische Größe, wären diese Aspekte aufzuklären.[4]

Anmerkungen

1. Mit der Funktion ψ geht ein Wahrscheinlichkeitsverständnis einher, das sich von den etablierten Konzepten (wohl) grundlegend unterscheidet. (Vgl. Sachsse 1987, S. 104ff). Carl Friedrich von Weizsäcker hatte in den 1960er Jahren eine Theorie der Ur, der Ur-Alternativen entwickelt. Zur Messbarkeit einer Ur-Größe wird von ihm ausgeführt, dass „die Messung der Spinrichtung eines Elektrons im Stern-Gerlach-Versuch als die Entscheidung einer Uralternative" aufgefasst werden kann. „Dabei bleibt nur wegen der Ununterscheidbarkeit der Ure unbestimmt, welches der etwa 10^{37} im Elektron in geeigneter Symmetrie verbundenen Ure gemeint ist." (Weizsäcker 1988, S. 577f.) Ein Nukleon enthält 10^{40} Bits. Somit sollen sich im Weltall 10^{120} Ure befinden. (Weizsäcker 1992, S. 316.) Das Ur ist aber kein Teilchen oder „Objekt, sondern nur der Zustandsraum einer Alternative (...), die freilich an einem Objekt gemessen wird." (Weizsäcker 1988, S. 411.) Wobei mit dem Ur eine Realitätsbeschreibung angedacht wird, die „innerhalb der begrifflichen Wissenschaft" bleibt (Ib., S. 577). „Im tiefsten Zustand des Neutrinos ist n = 2s$^{(1)}$ = 1, s$^{(2)}$ = 0. Dieser Zustand besteht aus einem einzelnen Ur" (Ib., S. 443; vgl. Ib., S. 578). Dies hat für Weizsäcker zur Folge, dass es keine kleinsten Teilchen, „aber kleinste Alternativen" gibt. (Ib., S. 464.) Die Gesamtzahl der Ure im Kosmos soll dabei wachsen (siehe Ib., S. 446). Die Entropiebetrachtungen zeigen, dass die „ultimative Entropiekapazität" des Standard-Universums gleich exp(10^{123}) beträgt (Zeh 2005, S. 104). Da die klassischen Photonen mit dem Drehimpulswert eins einen ganzzahligen Spinwert besitzen, werden sie in der Elementarteilchenphysik als Bosonen verstanden, deren Verteilung mit der Bose-Einstein-Statistik erfasst wird. Elektronen und Protonen sind dagegen Fermionen, die mit der Fermi-Dirac-Statistik beschrieben werden. Fermionen besitzen einen halbzahligen Spin. Verschränkte Photonen werden wie Fermionen beschrieben. (Vgl. Walther 1999, S. 110f.) Gekoppelt sind bei diesen Photonen speziell die Polarisationsrichtungen. In diesem Zusammenhang überlegt Weizsäcker, die Gegebenheiten durch eine andere Statistik (Para-Statistik) zu beschreiben (vgl., Weizsäcker, 1988, S. 425ff.). Mit der elementaren Unterscheidung von zwei Zuständen wird von einem Qubit-System (gesprochen: Kjubit). Man spricht auch von einem Quantenbit-System. Die Zustände überlagern sich zeitgleich in der physikalischen Einheit. Das Qubit-System trägt vielfältige (unendliche, mögliche) Informationen zugleich mit sich. Dies wird als **Superposition** bezeichnet, die aus der Überlagerung der Basiszustände der einzelnen Qubits bestimmt wird. Es gilt für ein Quantenbit: $|\psi> = \alpha \cdot |0> + \beta \cdot |1>$, mit $\alpha, \beta \in \mathbb{C}$ und $|\alpha|^2 + |\beta|^2 = 1$. ψ ist die Wellenfunktion. Erst im Messprozess konkretisiert sich die Information auf eine reale Bitgröße in Form einer Polarisation etc. Das Prinzip der Superpositionsprinzip ist fundamental für die Quantenphysik (vgl. Weizsäcker, 1988, S. 495). [Ein Qubit selbst ist ein Zustand in einem zweidimensionalen komplexen Hilbertraum. Die möglichen Zustände der Qubits werden durch den Bloch-Raum limitiert und zugleich anschaulich dargestellt.] Speziell die Beziehung von lokalen bzw. nicht-lokalen Verursachungen zum Realismus ist innerhalb der Quantentheorie klärungsbedürftig. Es gibt Bemühungen, die Grundlagen der Beschreibungsmodelle neu zu bestimmen. Auch wird über eine Quanten-, Zeit- und Modallogik und auch Quantengrammatik nachgedacht. Zugleich werden die tatsächlichen Gegebenheiten und Möglichkeiten zunehmend erkundet. Sehr unterschiedliche Deutungen (und

‚Fortentwicklungen') zur Quantenphysik existieren. Dabei wird die Unstetigkeit auch bezweifelt. Schulz spricht vom „Märchen vom ‚Quantensprung' (…) (es) ist eine weitere dieser gängigen Lügen" (Schulz 2006, S. 318). Nach ihm ist der Dirac-Sprung $\delta(x)$ nur eine Idealisierung der physikalischen Realität. (Ib., S. 135f.) Die experimentellen Untersuchungen zur Existenz der Quantensprünge müssen zumindest im Bereich von Attosekunden realisiert werden. Zu sehen ist, dass $\delta(x)$ von elementarer Bedeutung in der Nachrichtentechnik ist. Die Begriffe in der Physik sind aufklärbar. So verbinden sich mit dem Begriff der Lichtquanten zwölf verschiedene – so Hentschel 2017 – Zuordnungen.

2. Stochastische Prozesse werden in der Physik und Nachrichtentechnik u. a. ausgehend von einer Wiener-Funktion beschrieben. Beim Wienerprozess treten zwar stetige, aber nicht ableitbare Funktionen auf. Die Betrachtungen führen zu stochastischen partiellen Differenzialgleichungen, die u. a. zum Itoh-Integral führen.

3. Können die Weltverhältnisse – vgl. S. 64 – durch die IT-Orientierungen verbessert werden? „Müssten wir nicht zugeben, es sei reine Glückssache, dass wir bisher so gut an den Abgründen der Widersprüche vorbeigekommen sind und unsere Wissenschaft bisher nicht zusammengebrochen ist? Hätten wir nicht zu bekennen, ein guter Engel habe uns bisher davor bewahrt, in einen der Abgründe zu stürzen? Für eine derartige Gegenfrage hat Wittgenstein die Antwort: ‚Nun, was willst du mehr? Man könnte, glaube ich, sagen: Ein guter Engel wird immer nötig sein, was immer du tust'. (Stegmüller 1978, Bd. 1, S. 696.)

4. Die Frage zum Zufall wird speziell auch im Rahmen der Nachrichttechnik behandelt. Hierbei geht es um den Status von Informationen und dies besonders auch im Zusammenhang mit Rausch-Phänomenen. Hierzu existiert eine umfangreiche und komplexe mathematische Theorie, die zu vielfältigen Schaltungen (Filter-Techniken) geführt hat. Im Kern werden dabei stochastische Beziehungen analysiert. Die Information selbst ist nach Shannon eine Entropiegröße, die unter Verwendung von logarithmischen Zufallswerten bestimmt wird. Die stochastischen Gleichungen führen zu Differenzialgleichungen, die Gegenstand aktueller Forschungen sind. Im zwanzigsten Jahrhundert wurden die stochastischen Beziehungen sowohl in der Physik als auch in der Nachrichtentechnik als Kern der Realitätsgegebenheiten erkannt. Ohne diese Techniken wären die modernen Datenübertragungen und Signalerkennungen (Bildanalysen, astronomischen Daten) nicht möglich. Die Einsichten sind dabei auch bedeutsam für die evolutionären Überlegungen der Biologie, für die Linguistik und die Sprachheilpädagogik.

Sonnenaufgang

Bilder zur Welt

Das Sehen und Sagen verbindet das menschliche Denken mit der Welt. Bilder und Sprache ermöglichen unsere Verständigungen und leiten auch das Lernen. In unserer Zeit prägen Fotos die Wahrnehmungen und technischen Möglichkeiten.

Abstrakt: Mit unseren Blicken und Sätzen fixieren wir die Natur und unser Tun. Wir identifizieren tauschbare Objekte und verhandelbare Gründe. Unsere Bewertung der Bilder und Wörter folgt den logischen Mustern, die uns vertraut sind. Definitionen und Schlüsse verstehen wir als zeitlose Erscheinungen. Wir folgen errechneten Beziehungen. Symmetrien bestimmen das Natürliche und Mögliche. Das Neue und Fremde durchbricht Bestehendes und erscheint seltsam und wundersam. Algorithmen entdecken Muster und erzeugen Bilder. Die Kopie überbietet manchmal das Original.

Prolog: Um 2015 wurde im Internet darüber gestritten, ob ein Foto ein gold-weißes oder aber ein blau-schwarzes Kleid abbildet. Die Wahrnehmungen waren für die Betrachter jeweils eindeutig. Das sich blau-schwarze wurde von der Mehrheit als gold-weißes Kleid identifiziert. Eine befragte Person sah nach der Einnahme eines Medikaments unerwartet andere Farben. Es ergaben sich Fragen zur Echtheit unserer Wahrnehmungen. Erfassen Fotos die Welt korrekt?

Einordnungen: In der ‚Kritik der reinen Vernunft' bemerkt Kant: „Gedanken ohne Inhalt sind leer, Anschauung ohne Begriffe sind blind" (Kant 1976, B75). Erst durch das Zusammenspiel von Begriffen und Sinnesdaten entsteht Erkenntnis. Im Bedenken der subjektiven Erkenntnisseite wollte Kant die Möglichkeit einer objektiven Weltbeschreibung gewinnen bzw. retten. Hierbei bestimmte er das ‚Ding an sich' als eine unerkennbare Größe. Den reinen Verstand versteht er als eine Insel mit unveränderlichen Grenzen. In der Zeit nach Kant wurde der Verstandesapparat von phänomenologischer, psychoanalytischer und psychologischer Seite analysiert, und von logischer und sprachanalytischer Seite wurden die Schlussweisen und die Beziehungen von Zeichen, Wort, Ding und Welt näher betrachtet. Bereits der Buchstabe A trägt Bezüge zum Ochsen und zum Joch (siehe Burckhardt 2000, S. 28). Wittgenstein entwickelte die Idee der Sprachspiele und mit Blick auf die Konstruktion von wissenschaftlichen Einsichten unterschied Kuhn zwischen normaler und revolutionärer Wissenschaft. In sozialwissenschaftlichen Kontexten ergab sich ein Nachdenken über genderspezifische Wahrnehmungen, Beurteilungen und Blindheiten. Die Abhängigkeit des Denkens und Urteilens von veränderbaren begrifflichen Kontexten und Gerüsten wurde gesehen. Sohn-Rethel thematisierte die Abhängigkeit des Denkens von historisch identifizierbaren Geld-Waren-Tausch-Beziehungen. Dies ermöglicht im Kontext historisch-materialistischer Analysen einen Zugriff auf psychische Strukturen. (Die Rekonstruktion der Konstruktionen hebt die Idee einer einheitlichen und verbindlichen Welt auf. Doch die Idee einer wahren Welt schimmert bei den Ansätzen mit Blick auf die Bezüge zu Biologie, Mathematik und Gesellschaft immer wieder durch. Ein Zusammendenken von Freud, Hegel, Husserl, Kant, Möbius, Piaget, Schelling, Sohn-Rethel bis zu Butler, Einstein, Riemann und Varela steht bisher aus.)

Perspektive und Symmetrie: Grundlegend ist die Idee, dass unsere Bilder die Welt erfassen. In diesem Kontext hatte die (Euklidische) Geometrie im griechischen Denken eine herausgehobene Rolle bei der Definition und Ermittlung gesicherter Welterkenntnisse. Jedes Dreieck hat eine Winkelsumme von 180° und der Lehrsatz von Pythagoras ($c^2 = a^2 + b^2$) beansprucht universelle Gültigkeit. Im Nachdenken über das Parallelenaxiom wurden jedoch diese Gültigkeiten fragwürdig. Es kam unter anderem zur Entwicklung einer elliptischen Geometrie. Dazu trat die Bestimmung der Erde als Kugel ('Geoid') und damit das Interesse, Kugeldaten auf Karten übertragen zu wollen. Die Idee der Abbildung, die Kunst, Wissenschaft und Recht im Kern leitet, verlor ihren naiven Wert. Entdeckt wurden Perspektiven und Symmetrien. Diskussion zu theologischen Perspektiven (Gott-Engel, Engel-Mensch, Gott-Mensch) begleiteten das Bedenken der Infinitesimalrechnung durch Leibniz und Newton. Die Perspektiven (Zentral-, Frosch-, Vogel-, Parallelperspektive usw.) wurden in Kunst und Technik (telezentrische, natürliche, tiefenverkürzte und -verlängerte Perspektive) erörtert, erprobt und normiert ($\rightarrow$ DIN ISO 5 …). Mit der Perspektive öffnet sich ein neuer Blick auf die Welt. Sichtbar wird dies z. B. an der bewusst gebrochenen Straßenführung in Wismar. So soll der Wind mit Blick auf das Stadtklima verwirbelt werden. Auch soll wohl verdeutlicht werden, dass die Idee einer einheitlichen Geometrie und Perspektive bedenkenswert ist (Abbildung 1).

Abbildung 1: Auszug Stadtplan Wismar

Symmetrien prägen vielfältige Lebensbereiche. Häuser, Vasen und Städte werden symmetrisch angelegt und gestaltet. Schneeflocken und Baumblätter bilden sich entsprechend aus. Jedoch treten immer wieder Symmetriebrüche auf. Dies betrifft auch natürliche Phänomene. Etwa 15 % der Menschen sind Links- und 85 % Rechtshänder. Von eintausend Neugeborenen sind ca. 513 Kinder männlich und 487 weiblich. Bei etwa 150 Säuglingen unter ca. 700.000 Neugeborenen kann in Deutschland in der Hinsicht keine geeignete Zuordnung getroffen werden.

Unter Symmetrie verstehen die Mathematiker etwas, das unter einer Transformation gleichbleibt. So kann ein Kreis in der Ebene beliebig gedreht werden: Seine Form ändert sich nicht. Beim Quadrat bleibt die Form nur erhalten, wenn Drehungen um 90° (oder ein Vielfaches davon) vorgenommen werden. Mit der Symmetrie verbinden viele Menschen die Idee der Schönheit. Zu sehen ist, dass mit Abweichungen eine besondere Wahrnehmung von Lebendigkeit einher gehen kann.

Die Symmetriefrage ist für die Physik bedeutsam, da der a-priori vorausgesetzte Raum-Zeit-Rahmen problematisch ist. Einstein billigte 1905 nur der Lichtgeschwindigkeit einen universellen Charakter (c ≈ 300.000 km/s) zu. Dies führte zu veränderten Beschreibungen für physikalische Erscheinungen gegenüber der Tradition. Die Erhaltungssätze sind nach Emmy Noether eng mit der Symmetrie verbunden. Jedoch hat die Physik auch Symmetriebrüche gefunden. In den 1950er Jahren entdeckten Lee, Yang und Wu (Wu-Experiment), dass im Rahmen der schwachen Wechselwirkung die Links-Rechts-Symmetrie nicht gültig ist. Auch überwiegt die normale Materie der Antimaterie. (Dies führt zu Betrachtungen zum Zusammenhang von Geometrien, Symmetrien und Eichtheorien. So werden die Gruppen U, SO, SU etc. analysiert. Die Wechselwirkungsteilchen sind z. B. mit Symmetriebrechungen verknüpft. (Vgl. Esfeld 2012 und Weizsäcker 1988.))

Fotos und Technik: Fotos entstehen in klassischer Art so, dass Licht über eine Linse gebündelt (fokussiert) auf Datenspeicher (Film (Negativ), Chip) geführt wird. Im Zuge der Digitalisierung werden nur einzelne Datenpunkte aufgenommen, die in der Verarbeitung den Eindruck eines kontinuierlichen (analogen) Bildes erwecken. (Technisch geht dies auf die Rekonstruktion von analogen Verläufen aus diskretisierten Daten (Nyquist-Kriterium) zurück.) In den technischen Geräten (Teleskope, Handys, PCs …) können heutzutage die Farbbilder digitalisiert und in Grau- bzw. Schwarz-Weiß-Fotos umgewandelt werden. Die Bitfolgen können maschinell verarbeitet und bearbeitet werden. So können Helligkeits- und Kontrastwerte bestimmt und modifiziert werden. Diese Vorgänge beruhen auf der Verrechnung und Anpassung der Bit-Werte durch Algorithmen. Eine Bildanpassung kann heutzutage ein Handy vornehmen. Der zum Teil beträchtliche Zeitaufwand bei den Anpassungen zeigt jedoch, dass die Verrechnungen komplex sind.

Weiterhin werden von Maschinen in den Bildern automatisch Strukturen (Kanten, Konturen etc.) erkannt. Auch können Rauscheffekt und Verzerrungen errechnet und herausgefiltert werden, so dass bearbeitete Bilder ‚besser' als das Original aussehen. Hierzu werden raffinierte mathematische Verfahren der Informationstechnik auf der Basis von morphologischen Methoden (Ausdünnung, Erosion, Dilatation, Füllung etc.) und ‚Faltungen' entwickelt. Diese Operationen werden von Anwendungssystemen (z. B. MATLAB) standardisiert ausgeführt. Die Mathematik ermöglicht es, dass Maschinen ihre Umgebung erkennen und beurteilen können. Sie können im Bereich der industriellen Fertigung und Produktion, der menschlichen Pflege und Krankenversorgung und bei autonomen Fahrzeugen im Straßenverkehr eingesetzt werden. Bei einem selbstfahrenden Auto fallen in jeder Stunde über drei Terabit (1 TB = 10^{12} Bit) an Daten an. Täglich stellen Menschen aktuell über eine Milliarde Fotos ins w3-Netz. Im Jahr 2025 werden 170 Zettabytes erwartet. Die Aufnahmen von Gensequenzen und aus der Astronomie werden maschinell verarbeitet und beurteilt. Generell wird der größte Anteil der Fotos automatisch generiert. Die Funktionsfähigkeit von Alltagsgeräten hängt bis zu den wissenschaftlichen Entdeckungen von der Qualität dieser Fotos ab.

Die Analyse der algorithmischen Prozesse bei der automatischen Bildgenerierung verdeutlich einen merkwürdigen Prozess. Es wirkt so, als ob Maschinen in zielloser Art Bilder erzeugen. Es entstehen nacheinander ‚Traumbilder'. Urplötzlich ist dann das gesuchte Bild da. Diese Gegebenheiten sind in vielerlei Hinsicht rätselhaft und unverstanden. Die moderne Technik hat von daher ein Interesse an der Analyse von Träumen. (Eine Mustererkennung (beim Menschen), die „vor- bzw. unbewusst" abläuft. Doch Träume können erinnert und zum Teil auch gedeutet werden.)

Leben: Asymmetrische Hornausprägung

Zum Menschsein im IT-Zeitalter

„Der Mensch ist nur ein Schilfrohr, das Schwächste der Natur; aber es ist ein denkendes Schilfrohr." Pascal 1979, S. 11. „Die wahre Welt haben wir abgeschafft: welche Welt blieb übrig? Die scheinbare vielleicht? ... Aber nein! Mit der wahren Welt haben wir auch die scheinbare abgeschafft!" Nietzsche 1979 (Wie die ‚wahre Welt' endlich zur Fabel wurde), S. 963.

„Im Anfang", so heißt es im Johannesevangelium, „war das Wort". Das Wort selbst war Gott und „dies war im Anfang bei Gott" (Bibel, Joh. 1,1). Geschichten fangen jeweils auf ihre Art an und trösten und erhellen die Menschen. Die Logik im abendländischen Denken war gemäß ihrer Erzählung im griechischen Denken immer die Logik der Welt der Götter. Im Rahmen der Konstruktion und der Rekonstruktion konnten ausgehend von selbstevidenten Einsichten Schlüsse gezogen werden. Das Bedürfnis nach Strukturen und Ordnungen prägt die Darstellungen. Im realen (dem wirklichen) Leben ist dies nicht so einfach möglich. Im Moment der Selbstbestimmung erkennt Descartes ein Subjekt, das zweifelt. Dieses Subjekt identifiziert er mit seinem (persönlichen) Ich: ‚cogito ergo sum'. Das ‚ergo' ist nicht im Sinne eines statischen logischen Schlusses zu verstehen, denn die Geltung der Logik ist im vorhergehenden Prozess der radikalen Bezweiflung in Frage gestellt worden. Und die Selbstbestimmung ist auch nur im gesonderten Moment gültig. Eine Vergewisserung über die Zeit ist so weder logisch noch erkenntnistheoretisch möglich. Eine ontologische Bestimmung fehlt. Sie wird bei Descartes erst über seinen Gottesbeweis gestiftet. Gott garantiert die Existenz der Welt und die Gültigkeit der Logik im zeitlichen Prozess. Der Gottesbeweis bei Descartes ist elementar bedeutsam. E sucht eine selbstevidente Wahrheit, auf die logisch nachvollziehbar weitere Einsichten zur Welt stabil aufgebaut werden können. Das Fundament muss in sich tragfähig und unzweifelhaft sein. Jedoch bleibt der Übergang von der ideellen Konstruktion zur Realität als Problem erhalten. Im christlichen Glauben wurde hierzu die Lehre der zwei Naturen – Jesus und Christus, also menschlicher und göttlicher Anteil in einer Person – entwickelt. Diese Struktur geht auf die platonischen Einsichten zur Begründung einer Erkennbarkeit der Welt zurück. Frege hat in der Neubegründung der Logik zwischen Wahrheiten und gefolgerten Wahrheiten unterschieden, wobei er zwischen richtigen und wirklichen Schlüssen – aber auch Fehlschlüssen – unterschieden hat: „Was wahr ist, ist wahr unabhängig von unserer Anerkennung." Die richtigen Schlüsse beziehen sich auf eine ideale Welt, von der ausgehend eine Beschreibung für die erlebbare Realität bestimmt werden kann. Sind vorausgesetzte – selbstevidente – Wahrheiten (in Form von Axiomen) zu befragen? Sie sind keine geoffenbarten ‚Tafeln'. All dies hat zur Folge, dass die „Identifikation der Gesetze des richtigen Denkens mit den Naturgesetzen des tatsächlichen Denkens methodisch unzulässig" ist.[1] Logik wird bei Frege zu einer normativen Disziplin. Er wendet sich gegen eine Naturalisierung der Logik. Jedoch werden die Sätze vom menschlichen Verstand gedacht und formuliert. (Von daher wird verständlich, warum Heidegger die Wahrheit als ‚aletheia' verstanden hat. Eine Lichtung im Wald, die aus sich selbst heraus eine unbezweifelbare Gewissheit darstellt. Beide – Frege und Heidegger – verweisen auf den Landmann, der in Ackerfurchen eine elementare Gewissheit erfasst. (Heidegger 1975a, 119 (Letzter Satz im Brief über den ‚Humanismus'); Frege (‚Logik'), so in: Wille 2013, S. 23).) Wobei Frege die „epistemische Priorität der Euklidischen Geometrie gegenüber den nicht-euklidischen Theorien" akzeptiert hat (Ib., S. 18). Eine logische Beschreibung zur Welt wird im Kontext der von Frege entwickelten ‚Begriffsschrift' möglich. Im Geflecht der Überlegungen von Leibniz, Fourier, Hilbert, Gödel, Zuse, von Neumann, Shannon, Nyquist … wurde im 20. Jahrhundert die Informationstechnik als Instrument zu Welterfassung und Regelung entwickelt.[2] Mit der modernen Informationstechnik wird die Welt in ihrer Komplexität zum Gegenstand universeller Betrachtungen. In der digitalisierten Netzwelt können Informationen weltweit beinahe zeitgleich ausgetauscht werden. Systemisch gesehen wird eine Einheit von geistes- und naturwissenschaftlichen Realitätszugängen sichtbar. Die Grenze zwischen privater und öffentlicher Welt verschiebt sich. Das Persönliche und das Geheime, die jeweils besonders geschützt sein müssen, drohen einsehbar zu werden. Zugleich werden verborgene Gegebenheiten der Welt durch Datenanalysen aufdeckbar. Ein Rückzug des einzelnen Menschen im Sinne von ‚Biedermeier und Pietismus' ist kaum möglich. Wir sind über die Informationstechnik vom Ansatz her vernetzt und insofern Mitglieder der allgemeinen und öffentlichen Welt. Gemäß Snowden benötigen die Netz-Maschinen im Rahmen des PRISM-Überwachung nur knapp 0,7 s, um verdächtige E-Mails zu identifizieren und Überwachungs-Trojaner auf dem jeweiligen (privaten) Netzrechner unbemerkt zu installieren.[3]

Einschub: Kennzeichnendes der digitalen IT-Realität
1. Computer - universelle Maschine zur Aufnahme, Verarbeitung, Speicherung und Weitergabe von Daten
2. Hohe Rechengeschwindigkeit und vernetzte Kommunikationen
3. Allgemeine Darstellung von Daten (Schriftzeichen; mündliche Darlegungen (Sprechen, Musik, …); Fotos (Bilddateien); Bewegtbilder (Videos); Numerik und Logik (Algorithmen und Schlussverfahren))
(‚Digital Welt' steht dabei im Kern für die Rekonstruktion kontinuierlicher Daten ausgehend von diskreten Datensätzen.) #

Meinungen und Respekt

In der Moderne wird die Prozessoffenheit der Welt erkannt. Die Zukunft ist nicht determiniert. Die Prozessoffenheit der Welt führt zu evolutionären Beschreibungsansätzen und zur Einsicht, „dass wir die Wahrheit nicht haben" (Nietzsche). Dennoch müssen wir (vernünftig) leben. Kant hat mit dem ‚Kategorischen Imperativ' ein grundlegendes regulatives Prinzip eingeführt. Dies ermöglicht ein freiheitliches Leben von gleichberechtigen Menschen und somit die Funktionsfähigkeit des Staates. Hegel sprach davon, dass das Selbstbewusstsein in dieser Welt zerrissen ist. Der ‚zerrissene Strumpf' ist in der Hinsicht nicht, so Heidegger, naiv zu flicken, sondern als Ausgangspunkt der Analyse zu nutzen. Durch die Brüchigkeit der Welt wird diese erkennbar.[4]

Der Gesetzgeber in Deutschland hat im Sinne der ‚bürgerlichen Verfassung' bestimmt, dass die Würde des Menschen unantastbar ist (Grundgesetz (GG), Art.1.)[5] Hierbei wird auch das Recht jeder Person zur Äußerung von Meinungen garantiert. Dabei ist die „Ausübung dieser Freiheiten (…) mit Pflichten und Verantwortung verbunden; (…) sie kann daher Formvorschriften, Bedingungen, Einschränkungen oder Strafandrohungen unterworfen werden, die gesetzlich (…) in einer demokratischen Gesellschaft notwendig" sind. Die rechtliche Begrenzung ergibt sich u.a. über das Strafrecht (StGB):

§ 185 - **Beleidigung**, § 186 - **Üble Nachrede,** § 187 - **Verleumdung**.

Es werden Freiheitsstrafen im Umfang von bis zu fünf Jahren angedroht. Weitere Strafandrohungen verbinden sich mit urheberrechtlichen Fragestellungen, dem Recht am eigenen Wort (Vertraulichkeit) und Bild, dem Briefgeheimnis, und vielfältigen, zum Teil technisch orientierten Regelungen.

Es bedarf besonderer Anstrengungen, dass Zusammenspiel von Freiheit (Meinungen) und Ordnung (Respekt) so zu verbinden, dass kreative Erprobungsräume und die sittlichen Orientierungen im Einklang bleiben. Im Kontext der Meinungen droht der Wahrheitsbezug vergessen zu werden. Wobei dies zu weiteren Bestimmungen führt.

Die Informationstechnik ermöglicht es, durch Realzeit-Prozesse die Richtigkeit von Überlegungen im Kontext vielfältiger Daten zu bestimmen. Die Basis der Beurteilung hängt auch von den verwendeten methodischen Prinzipien (Backtracking-Verfahren[6] etc. (vgl. Rathgeber 2022)), der Qualität und Güte der (stochastischen) Datensätze und den algorithmischen Verfahren ab. Dies gilt speziell auch für die soziale Würdigung einzelner Menschen und Gesellschaften (siehe z. B. das Sozialkreditsystem in Bologna/Italien (Smart Citizen Wallet)). Das Menschsein kann zu einer statistischen Erscheinung werden. Wie ein Kodex aussehen könnte, der in griffiger Art handlungsanleitend für die moderne Gesellschaft auch mit Blick auf humanitäre und ökologische Themenstellungen sein könnte, wäre ein besonderes Anliegen.

Belege/Anmerkungen

1. Zu Frege siehe: Wille 2013, S. 18, 23, 26, 31, 32.
2. Um 1900 sind die Überlegungen von Freud zu den ‚Traumdeutungen', von Husserl zur ‚Logik' und von Planck zur diskreten ‚Strahlung eines Schwarzkörpers' erschienen (vgl. Rathgeber, 2019).
3. Snowden 2020, S. 287. Siehe in diesem Zusammenhang auch die Diskussion zum Bundestrojaner in Deutschland. (Vgl. Rieger Online-2011.)
4. Im griechischen Denken waren Logik, Ethik, Physik (weitgehend) geklärt; die Metaphysik war unabgeschlossen. In unserer Zeit werden Logik und Ethik intensiv diskutiert, die

Physik ist bei allen Erfolgen unabgeschlossen und die Bedeutung der Metaphysik ist unverstanden. „Sokrates und Platon hatten wie Kant", so Weizsäcker, „die Form des Wissens, welche die Metaphysik in Anspruch nimmt, für Hybris, den Verzicht darauf für Preisgabe der Seele" (Weizsäcker 1983, S. 34). Letztlich sind unsere Beschreibungen der Welt (abstrahierende) Modelle von dieser. 5. Doch wir würdigen den Menschen. Diese trägt immer auch die Gefahr der ‚Übergriffigkeit' in sich. 6. Beim Backtracking-Verfahren wird eine Lösung schrittweise bestimmt. (Rücknahme des letzten Schritts (‚back-tracking').) Die Lösung wird kontrolliert und bei Fehlern bis zu einem korrekten Zwischenschritt zurückverfolgt. Von dort ausgehend wird eine neue Lösung bestimmt. Sollte dies nicht möglich sein, dann muss der Weg weiter zurückgegangen werden. Zum Beispiel: Es sollen acht Damen bedrohungsfrei auf einem Schachbrett platziert werden. Es bietet sich intuitiv a1, b3, c5, d7, e2, f4, g6 und h8 an. Nun bedrohen sich jedoch die Damen auf a1 und h8. Im Rückgang muss bis zur zweiten Position gegangen werden, bis eine echte Lösung (a1, b5, c8, d6, e3, f7, h4) gefunden wird. (Insgesamt gibt es 90 Lösungen unter ca. 4 Mrd. Stellungen.)

Zum Denken über die Welt(not)

Die Menschen werden trotz aller Erfindungen des Glücks „von einem Weltkrieg in den nächsten gejagt." Heidegger 1980, S. 48.

Die Kriege, die Bedrohung des Lebens durch Krankheitserreger und die Begrenztheit der Ressourcen verdeutlichen uns, dass unser Leben ungesichert ist. Dazu treten zum Beispiel Finanzkrisen, die wir nur begrenzt erklären und regulieren können. Kann unser Denken die Bedingungen und Komplexitäten seiner Möglichkeiten erkennen, die Notlagen durchdringen und ist es zu geeigneten Reaktionen in der Lage?

Zur Weltnot nach Heidegger

Heidegger hat in den 1950er Jahren die Not der Welt wiederholt benannt. Nach ihm wird die Heimatlosigkeit zu einem Weltschicksal (Heidegger 1975a, S. 87: Ein Vergleich dieser Überlegungen mit den Ausführungen in Sein und Zeit wird im Rahmen dieser Darstellung nicht vorgenommen.). Nur aus dem Bezug zur Heimat, zu der er das jeweils individuelle Lebensumfeld zählt, kann nach ihm der Mensch etwas Neues und Wesentliches erschaffen. „Es ist „das Unheimliche, dass (…) die Technik den Menschen immer mehr von der Erde losreißt und entwurzelt. (…) Wir haben nur noch rein technische Verhältnisse." (Heidegger, 1976, S. 206). Heidegger spricht von einer „Weltverdüsterung" (Derrida 2004), S. 57) und verweist auf Nietzsche, der bezüglich der Verwüstung der Welt bemerkte: Verwüstung ist „mehr als Zerstörung. Verwüstung ist unheimlicher als Vernichtung" (Heidegger 1980, S. 18). Unser Denken hat die Gegebenheiten und verursachenden Kräfte, so Heidegger, bisher nicht richtig verstanden. Dies gilt nach ihm auch mit Blick auf die Existenz der Technik. Unser Handeln bewirkt keine nachhaltige Veränderung der Gegebenheiten. Die Wissenschaft kann, obwohl sie komplex denkt, aufgrund ihrer fraglosen Einbindungen, das tragende Gefüge nicht erfassen. Heidegger fragt nach der Verstellung, die unseren Weltzugang beeinträchtigt. Er bleibt somit dem Anspruch der Aufklärung verbunden.

Zur Denkungsart

Kant spricht von unserer Denkungsart, mit der sich eine besondere Perspektive verbindet. Zugleich ergibt sich mit der Mathematik ein universeller Zugriff auf die

Welt. Zwar folgt Kant der nominalistischen Überzeugung von der Trennung von Wort und Welt. Doch hat er mit dem Kategorischen Imperativ eine generelle ‚Anweisung' für das menschliche Handeln formuliert. Hierbei wird von ihm mit dem ‚jederzeit zugleich' die Bedeutung der Zeit herausgestellt. Seit langer Zeit bemühen sich Denker*innen – Butler, Frege, Freud, Gödel, Husserl, Piaget, Weyl ... - , unsere Denkungsart aufzuhellen. Relevant sind besonders die logischen Schlussformen und die Anschauungsformen (Zeit; Raum). Ausgehend von den Relativitätstheorien der Physik ergibt sich die Notwendigkeit, die gleichbleibende Bezugsgröße neu zu bestimmen. Mit Blick auf die mögliche Gestalt von Theorien führt dies zur Betrachtung der Symmetrie. Über die Analyse der Bedingungen der Möglichkeiten sollen die Tatsächlichkeiten verständlich werden.

Wissenschaft und Wahrheit

Heisenberg bemerkt mit Blick auf die Gültigkeit der naturwissenschaftlichen Theorien, dass ausschließlich der Erfolg diese begründet. Er zeigt, inwieweit ein „Begriffssystem den gemeinten Teil der Wirklichkeit abbildet" (Heisenberg 1989, S. 41). Doch woran misst sich der Erfolg? Die Übereinstimmung von Daten mit Modellannahmen führt wieder zur Frage nach den Beurteilungskriterien. Wir bleiben im Rahmen des Nachdenkens der Richtigkeit. Husserl spricht von einem ‚Zickzack': Wir „müssen im ‚Zickzack' vor- und zurückgehen; im Wechselspiel muss eins dem andern helfen" (Husserl 1992, S. 59). Nach Heidegger verfehlen wir so jedoch die Wahrheit. Er spricht von der Unverborgenheit und fragt nach der Störung, die unseren Zugang zu ihr beeinträchtigt: Etwas ist nach ihm grundlegend aus den Fugen geraten. Unsere Denkungsart verstellt die Wahrheitsdimension. Auch die Wissenschaft ist Teil der Verstellung: Sie denkt nicht, obwohl sie es in „besonderer Weise mit dem Denken zu tun hat" (Heidegger 1980, S. 8). Wobei Weizsäcker vermutet, dass die Naturwissenschaft „koextensiv mit begrifflichem Denken überhaupt" ist (Weizsäcker 1980, S. 320).

Exkurs – Zur Klimakatastrophe

Unbestritten ist, dass die verfügbaren Temperaturdaten der Erde einen Anstieg von 1900 bis zum Jahr 2000 um 0,5°C bis 1,0°C verdeutlichen. Für das Jahr 2100 wird eine weitere Erhöhung um 1°C bis 6°C prognostiziert. Dies korreliert mit den gemessenen CO_2-Daten in der Atmosphäre. Von 1900 bis 2000 ist der CO_2-Anteil von ca. 300 ppm auf 380 ppm gestiegen. Diese Zunahme geht einher mit dem Wirtschaftswachstum in der Welt. Seit Beginn der industriellen Revolution stieg das Pro-Kopf-Einkommen in den ‚Gewinner-Ländern' um ca. 1100 %. Zugleich reduzierte es sich um etwa 50 % in den ‚Verlierer-Ländern'. Die Messdaten zeigen, dass ca. alle 100.000 Jahre ein Temperaturanstieg auf der Erde mit einer erheblichen Veränderung des CO2-Werts einherging (s. Bild 1).

Temperaturschwankungen während der Eiszeiten

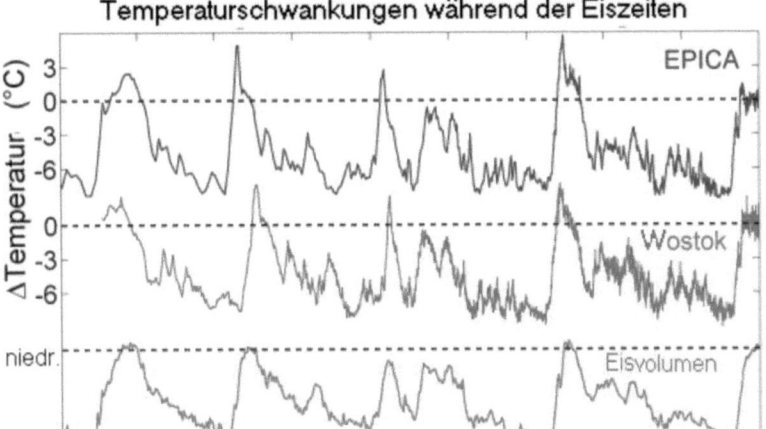

Tausend Jahre früher

Bild 1: Temperaturschwankungen auf der Erde in den letzten 450.000 Jahren
(Quelle: Rekonstruktion des Temperaturverlaufs während der *Quartären Kaltzeit* anhand verschiedener Eisbohrkerne des Projekts EPICA (European Project for Ice Coring in Antarctica) bzw. Wostok; siehe Wikipedia/Klimageschichte: https://de.wikipedia.org/wiki/Klimageschichte (2025-03-27).)

Die Temperaturdifferenzen, die zum Teil auch ‚radikal' aufgetreten sind, betrugen bis zu 15°C. Mit den Milanković-Zyklen werden langperiodische Abläufe in der Erdgeschichte mit Zeiten von u. a. ca. 26.000, 100.000 und 400.000 Jahren beschrieben, die auch klimatische Abläufe erklären können. (Siehe das folgende Bild 2.)

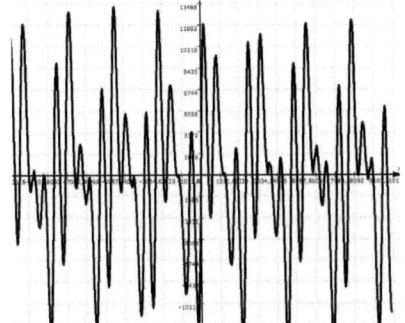

Überlagerung von sinusartigen Abläufen, die in relevanter Art auftreten:
Präzession der Erdachse (19k, 22k, 24k),
Neigung der Erdachse (41k),
Exzentrizität der Erdbahn um die Sonne (95k, 125k, 400k).
(Hinweis: 19k steht für 19.000 Jahre etc.)
Dargestellt wird ein möglicher Verlauf.

Bild 2: periodische Überlagerungen (eigene Darstellung)

Die erkennbaren Schwankungen in den Erddrehbewegungen verursachen gemäß der Orbitaltheorie wohl maßgeblich die Kaltzeitphasen. Die Wolken in der Atmosphäre strahlen etwa ein Drittel der eingestrahlten Sonnenenergie direkt zurück. Durch den Treibhauseffekt soll, so der Gedanke aus den 1980er Jahren, die Wolkenzahl zunehmen, da H_2O verstärkt verdunstet. Die erhöhte Rückstrahlung der Sonneneinstrahlung würde zur Abkühlung auf der Erde führen. Da die Erde von der Sonne in etwa das 10.000-fache an Energie im Vergleich zu den irdischen Erzeugungen erhält, würde eine geringfügige Zunahme der Wolken relevant sein. Bedeutsam ist dabei für die Wolkenbildung auch eine gewisse Luftverunreinigung, da die entsprechenden Teilchen in der Atmosphäre diese fördern. Diese Ideen verdeutlichen die Abhängigkeit der Beurteilungen von den Modellannahmen. Der Eindruck einer Handlungsnotwendigkeit bei einer gleichzeitig ungesicherten Erkenntnislage drängt sich auf. (Erwähnt sei, dass die Weltbevölkerung in den letzten 2000 Jahren von 300 Mio. auf 8 Mrd. Menschen gewachsen ist.)

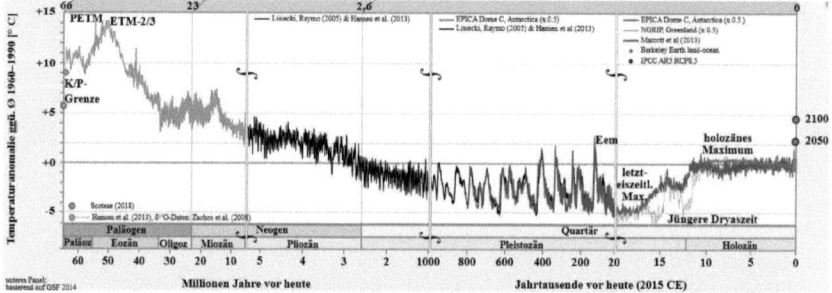

Bild 3: Temperaturentwicklungen der letzten 60 Mio. Jahre (Quelle: Wikipedia, 2025)

Insgesamt liegen erdgeschichtlich gesehen gravierende Prozesse vor (siehe Bild 3). Die Verursachungsgründe sind dabei komplex. So haben neuere Studien belegt, dass die Menschheit durch „das weltweite Abpumpen von Grundwasser" - vorrangig in der nördlichen Erdsphäre – „eine so große Wassermasse verlagert" hat, „dass sich die Erdachse um fast 80 Zentimeter nach Osten verschoben hat" (Schlömer Online-2023). Durch diese Verlagerung hat sich der Stellwinkel der Erde zur Sonne verändert. Chinesische Wissenschaftler konnten erst durch KI-gestützte Analysen zeigen, dass die Ausdehnung der Meere mit den Verlagerungsprozessendes des Grundwasser streng korrelieren. Erwähnt seien auch neuere Einsichten zur radikalen Rückbildung der Eisschilde am Ende der letzten Eiszeit. So wurden Spurrillen vor Norwegen und auch in der Antarktis gefunden, die zeigen, dass das Eis sich mit Raten von bis zu 600 m pro Tag zurückgebildet hat. (Aktuell werden Rückbildungen von maximal 50 m pro Tag gemessen.) Siehe hierzu: Christine L. et al. (Online-2023).

Heidegger und die Gründe

Die Notlage der Welt beruht nach Heidegger, „in der Seinsverlassenheit des Seienden" (Heidegger 1975a, S. 86). Unser Denken ist „noch nicht in den Bereich dessen gelangt, was von sich her in einem wesentlichen Sinne bedacht sein möchte" (Ib., S. 6). Das „zu-Denkende" hat sich „vom Menschen abgewendet" (Ib., S. 7). Über einen Rückgriff auf die Vernunft, den Geist, das Denken, den Logos, einer „Art von ,Subjektivität' (kann) das Wesen der Unverborgenheit" nicht gerettet werden (Heidegger, 1975b, S. 51). Er hofft, über die Dichter eine Nähe zur Ursprünglichkeit zu finden. Nach Adorno sucht Heidegger einen „relativ frühen Zeitpunkt", wohl weit vor Aristoteles liegend, mit dem eine „Trennung von Sein und Seiendem" einhergeht. Er bleibt der Idee einer Ursprünglichkeit, die auf „agrikulturelle Verhältnisse zurückgreift", verhaftet (Bateson, S. 163). Doch so lässt sich das „archaische Denken (..) nicht wiederherstellen" (Ib., S. 169). Die Rekonstruktion erfasst den Prozess nicht. (Wobei auch Horkheimer forderte, dass die Vernunft „die tiefsten Schichten der Zivilisation aufdecken" müsse (Horkheimer 1985, S. 164).) Heidegger bezieht sich ausdrücklich auf

Karl Marx, der den ‚gesellschaftlichen' Menschen als den ‚natürlichen' Menschen verstanden und mit der Entfremdung den grundlegenden Aspekt der menschlichen Geschichte erkannt hat (Heidegger 1975a, S. 61 und S. 87). Es öffnen sich Spuren, die aufzulösen wären. Dazu bedarf es des Lernens, um das entsprechende „Denken zu vermögen". Dies ist notwendig, da wir „zu wenig gedacht" haben. All dies führt zur philosophischen Selbstbesinnung, wobei sich in der Philosophie das eigentliche Denken abspielt (Heidegger 1980, S. 4). Die wesentlichen Denker sagen dabei „stets das Selbe", aber nicht das Gleiche (Heidegger 1975a, S. 118). (In ähnlicher Art spricht Wittgenstein von den Sprachspielen, die diese Welt vergleichbar beschreiben.)

Einschub – Zum Bedenken der Symmetrie in der Wissenschaft

Mit der Symmetrie von Schneeflocken usw. verbinden viele Menschen ein Empfinden von Schönheit und Ordnung. Eine stilisierte Schneeflocke mit sechs Ecken besitzt sechs Symmetrien. Die Flocke kann um $\varphi_n = n \cdot 60°$ (mit $n \in \{0, 1, 2, 3, 4, 5\}$) gedreht werden und behält ihre ursprüngliche Form. Symmetrien prägen vielfältige Gestaltungen. Bereits in der Antike wurden symmetrische Figuren und Körpern (Platonische Körper: Tetraeder, Würfel, Oktaeder, Dodekaeder, Ikosaeder) beschrieben. Punktsymmetrische $[f(x) = - f(-x)]$ und achsensymmetrische $[f(x) = f(-x)]$ Beziehungen werden bei der Konstruktion von Figuren und der Auflösung von Gleichungen beachtet. Eine Symmetrie liegt vor, wenn durch Operationen charakteristische Aspekte erhalten bleiben. Ausgehend von der Analyse der Symmetrie von Lösungs-werten kann die Mathematik die Auflösbarkeit von Gleichungen bestimmen. In der Wissenschaft werden kontinuierliche und diskrete, globale und lokale, dynamische und geometrische, empirische, halbempirische und mathematische Symmetrien unterschieden. Emmy Noether zeigte, dass die Erhaltungssätze der Natur mit der Symmetrie der zugehörigen Gleichungen verknüpft sind. „Die Symmetriegruppen bezeichnen", so Weizsäcker, „einen Typ von Gesetzmäßigkeit, der in der Tripel-Alternative von Morphologie, Kausalität und Finalität nicht eingeordnet werden kann, sondern eher auf einen möglichen gemeinsamen Ursprung dieser drei Formen deutet" (Weizsäcker 1988, S. 245). In den Naturwissenschaften wird überlegt, ob zum Beispiel der Aspekt der Symmetrieminderung auf der Ebene der Elementarteilchen erst die Entstehung des Weltalls ermöglicht hat. (Siehe (Heisenberg 1981, S. 284) zu „Zweiteilung und Symmetrieverminderung".)

Beispiel zur Symmetrie und Asymmetrie: Es liegt eine Menge M mit den natürlichen Zahlen von 1 bis 100 vor. Zufällig werden nacheinander zwei Zahlen (a, b) ohne Zurücklegen gezogen. Betrachtet wird die Summe s = a + b. Eine ungerade Summe ergibt sich aus der Addition von zwei Zahlen mit unterschiedlichen Paritäten. Eine gerade Summe aus der Addition von zwei Zahlen mit gleichen Paritäten. Für gerade bzw. ungerade Zahlen, die gezogen werden, werden die Buchstaben g und u verwendet. $p_u(g)$, $p_g(u)$, $p_g(g)$, $p_u(u)$ stehen jeweils für bedingte Wahrscheinlichkeiten: So bezeichnet $p_u(g)$ die Wahrscheinlichkeit (p) für eine gerade Zahl (g) unter der Voraussetzung einer vorher gezogenen ungeraden Zahl (u). Bezüglich der ersten Ziehebene (erste Stufe) gilt: $p(g) = p(u) = 0{,}5$. Für die zweite Ziehebene (zweite Stufe) folgt: $p_g(g) = p_u(u) = 49/99$ und $p_u(g) = p_g(u) = 50/99$. Somit gilt: $p_g(g) + p_g(u) = p_u(g) + p_u(u) = 1$. Wir erhalten (Sg: Summe ist gerade; Su: Summe ist ungerade) folgende Werte: $p(Sg) = 49/99$ und $p(Su) = 50/99$. Obwohl eine symmetrische Ausgangssituation vorliegt, tritt mit Blick auf die Summen ein Symmetriebruch auf, da $p(Sg) \neq p(Su)$ ist. Ein Symmetriebruch kann somit Ausdruck einer unvermeidbaren Gegebenheit sein.

Heidegger im Kontext

Er hat Aspekte der Welterfassung genannt, die bereits zu seiner Zeit im Geflecht von Philosophie und Wissenschaft thematisiert wurden. Kuhn hat 1962 die Unterscheidung von normaler und revolutionärer Wissenschaft bedacht. Sohn-Rethel und Wolfgang Müller haben über die ökonomischen Prozesse eines verstellten Natur- und Weltzugangs geforscht. Lacan hat zum inneren Gefüge von Sprache und Bewusstsein, Verdrängung und Verstellung gearbeitet. Heidegger betont jedoch die grundlegende Verstrickung und Verstellung der Wissenschaft, der Psychologie und Psychotherapie, der Logik und Soziologie (vgl. Heidegger 1980, S. 16 und S. 48). Er hat sich explizit zur Problematik der Zeit geäußert. Die Frage nach der Zeit stellt dabei die überlieferte Frageform der Metaphysik in Frage. So öffnet sich der Blick auf den Grund des Seienden: „Worin besteht am Seienden dessen Sein?" (Ib., S. 61) (Eine präzise Erörterung zu den Einsichten der Physik findet sich bei Heidegger nicht.) Derrida schreibt, dass der Geist die Zeit ist (Derrida 2004, S. 38) und bemerkt, dass Heidegger erst 1953 zwischen Geist und pneuma unterschieden hat (ib., S. 86). Nach Adorno ist der Geist als eine „Totalität (…) Nonsens". Er ist immer nur „Subjekt, also nicht das Ganze" (Adorno 1982, S. 199). Diese Zurückweisung wäre, mit Blick auf Untersuchungen zum Geflecht von Geist und Ökologie (Bateson), näher zu betrachten. Und sie steht auch in Spannung zur Ausführung von Adorno, dass das Kunstwerk und die Natur aufeinander verwiesen sind: „Natur auf die Erfahrung einer vermittelten, vergegenständlichten Welt, das Kunstwerk auf Natur" (Adorno 1983, S. 98). Insofern kann die Natur Erfahrungen machen. Zu fragen bleibt, ob unser Denken die Bedingungen und die Komplexitäten seiner (natürlichen) Möglichkeit erkennen, die Notlagen geeignet durchdringen und zu sinnvollen Reaktionen in der Lage sein kann.

Epilog 1

„Nur ein Gott", so Heidegger, „kann uns noch retten. Uns bleibt nur die Möglichkeit, im Denken und Dichten eine Bereitschaft vorzubereiten für die Erscheinung des Gottes oder für die Abwesenheit des Gottes im Untergang" (Heidegger 1976, S. 206). Doch können wir dies leisten? Am Ende will der Mensch „bei diesem Denkenwollen zu viel und kann deshalb zu wenig" (Heidegger 1980, S. 3). Nötig ist nach Heidegger „in der jetzigen Weltnot: weniger Philosophie, aber mehr Achtsamkeit des Denkens; weniger Literatur, aber mehr Pflege des Buchstabens" (Heidegger 1975a, S. 119). Dabei ist für Heidegger die Philosophie am Ende (Heidegger 1976, S. 209); ihren Platz nimmt die Kybernetik ein (Ib., S. 212). Die Frage bleibt, wie das Geflecht von Ökologie – Wille – Freiheit – Ökonomie kybernetisch gedacht werden kann. Oder ist dies Ausdruck einer verstellten Denkungsart? Die radikale Infragestellung unserer Grundlagen durch Heidegger mahnt uns bei unseren Aufklärungs- und Fortschrittsbemühungen. Doch die Mahnung kann auch lähmen und zur Resignation beitragen. Sie kann selbst Teil der Verstellung sein. Derrida (Derrida 2004) fragt in der Hinsicht nach den verborgenen Aspekten im Denken Heideggers. Vielfältige Facetten im Denken Heideggers sind letztlich unaufgelöst. (Zum Teil wirkt sein Ansatz wie eine säkularisierte Theologie. Die innere Nähe und Durchdringung von Sein und Gott wird zum Beispiel auch intensiv von Paul Tillich erörtert.) Zu fragen bleibt, ob wir mit unseren Erkundungen und Bemühungen eine Annäherung an das Aufzulösende Schritt für Schritt finden können. Eine Verständigung zwischen Psychoanalyse, Philosophie und Physik diskutiert Žižek (Žižek 2016).

Epilog 2: Illusionen, Destruktionen, Todestrieb

Wir können Regeln für das Leben und seine Entwicklungen, für das Lernen und seine Gesundheit formulieren, die diskutier- und überprüfbar sind. Dies gilt auch für die Entstehung und die Verläufe von Krankheiten, die sich ,gesetzlich geordnet' gestalten. Freud hat sich in besonderem Maße mit der psychischen Gesundheit der Menschen beschäftigt. Über die Analyse von Träumen konnte er den psychischen Apparat nachvollziehbar erkunden und so „die Eigentümlichkeiten des seelischen Lebens" verstehen (Freud 1981b, S. 70) und mit Modellen zum Verhältnis von unbewussten, vorbewussten und bewussten Vorgängen bzw. zur Beziehung von ES, ICH und ÜBER-ICH erfassen. In der Erweiterung der Analyse bedachte er auch das Verhältnis von Religion, Kunst, Wissenschaft, Gesellschaftsordnung, Rauschmittel und das Glück der Menschen, das nach ihm im „Plan der 'Schöpfung' nicht enthalten" ist (lb., S. 75). Dies führte zur Frage nach den Möglichkeiten der Leidensabwehr. Mittels der wissenschaftlichen Aufklärung und der technischen Realisierungen wurde der Mensch nach Freud zu einem „Prothesengott" (lb., S. 87). In diesem Kontext hat er den Zusammenhang von Charakterbildung, Triebstruktur und gesellschaftlichen (religiös-theologischen) Leitbildern bedacht. Die libidinös geprägte Beziehung von Mann und Frau und besonders das Zusammenleben in der Familie – mit Blick auf den „Zwang zur Arbeit (…) und die Macht der Liebe" (lb., S. 94) – wurden mit Blick auf das Triebschicksal der Menschen bedeutsam. Die Beziehung von Schuldgefühlen, die Herausbildung des Gewissens und die Orientierung an ethischen Leitideen wurde von ihm thematisiert. Er erkannte den Wiederholungszwang im Leben des einzelnen Menschen und den „Trieb zur Aggression und Destruktion" in der individuellen menschlichen und der kulturellen Geschichte (lb., S. 107). Freud spricht hierbei von einem grundlegenden Konflikt zwischen der Liebe und dem Todesstreben (→ Eros und Todestrieb: siehe lb., S. 118 und Freud 1981a, S. 54).

Dabei hat er die Religionen (und hierbei speziell auch Christus) in ihrer begleitenden Bedeutung für die Kulturentwicklung betrachtet.

Ein systemischer Blick auf die grundlegenden Mechanismen des menschlichen Schicksals öffnet sich, der deutlich macht, dass die Kräfte des Lebens mit destruktiven Phänomenen und Prozessen in einer komplexen Beziehung stehen. In der Zeit nach Freud wurden viele Aspekte (Marcuse: „Triebstruktur und Gesellschaft", Fromm: „Anatomie der menschlichen Destruktivität", „Haben oder Sein" etc.) näher erörtert. Die Psychoanalyse hat auf ihre Art einen Zugang zur „Not der Menschheit' entwickelt, der durch empirisch geleitete Untersuchungen präzisiert werden kann. Die Verbindungen von Bios und Logos, von Genetik und Psyche, von Libido und Aggressionen können diskutierbar aufgelöst werden. Insofern geht es darum, Illusionen aufzudecken und rationale Reaktionsweisen zu bestimmen.

(Im 20. Jahrhundert wurden, wie es Panek (2007) am Beispiel von moderner Physik und Psychoanalyse darlegt, viele wissenschaftliche Illusionen entlarvt.)

Zur Frage nach der Gewissheit (Gottes)

Einen fast magischen Wert verbinden Menschen mit einigen Wörtern und Ideen, der aber logisch und psychologisch fragwürdig sein kann. Die Problematik wird am Wort Gott näher beleuchtet.

Gott – ein vollkommenes Wesen?

Im Mai 1944 schrieb der evangelische Theologe Dietrich Bonhoeffer aus der Haft an Eberhard Bethge, dass nicht nur die ‚mythologischen' „Begriffe wie Wunder, Himmelfahrt etc. (die sich ja doch nicht prinzipiell von den Begriffen Gott, Glauben etc. trennen lassen!), sondern (dass) die ‚religiösen' Begriffe (…) schlechthin problematisch" sind (Bonhoeffer 1978, S. 136). Er führt aus, dass man „Gott und Wunder" nicht trennen kann; „m muss beide ‚nicht-religiös' interpretieren" und verkünden. Im Juli 1944 schreibt er in einem Gedicht („Wer bin ich?"): „Wer ich auch bin, Du kennst mich, Dein bin ich, o Gott!" (Ib., S. 179.) Werden mit Gott unterschiedliche Aspekte, gar Wesen angesprochen? Wo finden wir in unseren Welten die (verschobene) Frage nach Gott und die nicht-religiösen Interpretationen? Gott ist in vielen Kontexten ein gebräuchliches Wort. Dies gilt für gläubige Gemeinschaften ebenso wie auch für Bezugnahmen in politischen und wissenschaftlichen Bereichen. So verstehen viele Wissenschaftler ihr Nachdenken als einen Gottesdienst. Dabei hat der „Rationalismus", so Nagel, „immer schon einen stärkeren religiösen Beigeschmack gehabt als der Empirismus" (Nagel 1997, S. 190). In unserer Kultur schwindet der alltäglich gelebte Bezug zum christlichen Glauben. Dies mag selbst Ausdruck der Leistungsfähigkeit des christlichen Glaubens sein. Vielleicht werden die rationalen Konzepte zur Beschreibung der Welt und die Identifikation mit (abstrakten) Symbolen und Modellen fragwürdig. Es kann jedoch auch Ausdruck einer Angst sein. Die Religionsangst drückt nach Nagel eine Beunruhigung darüber aus, dass Geist und Welt doch eng zusammenhängen mögen. Es gibt nach ihm eine „Angst vor der Religion selbst" (Ib., S. 191).

Zur Auflösung der Paradoxien

> „Es gibt nämlich nichts „im ganzen Reich des Geistes, was nicht selber seinen Ursprung hätte in dem theologischen Bereich" Adorno 1979, S. 127 (vgl. S. 60).

Gott ist ein Wort. Es ergibt sich das Interesse, die Herkunft und die sich damit verbindenden Inhalte klären zu wollen. In der Tradition wurde Gott als Antwort zur Auflösung von Paradoxien verstanden. Hermes, der griechische Götterbote, hat 24 elementare Definitionen für Gott überliefert, zum Beispiel:

- Gott, das ist die Selbsterkenntnis, die kein Prädikat duldet.
- Gott, das ist der Grund ohne Grund, der Prozess ohne Veränderung, das Ziel ohne Ziel.
- Gott, das ist die Monade, die eine Monade erzeugt und sie als einen einzigen Gluthauch auf sich zurückbeugt.
- Gott, das ist die Kugel, die so viele Umfänge wie Punkte hat.
- Gott, das ist das Immerbewegende, das unbewegt bleibt.

Entsprechend hat Aristoteles im Übergang von der Physik zur Metaphysik von dem unbewegten Beweger gesprochen, der die Weltbewegungen verursacht hat. Im Alten Testament heißt es: „Gott schuf den Menschen zu seinem Bilde", „Du bist ein Gott, der mich sieht" (1. Mose 1,27 und 1,13) und „Ich werde sein, der ich sein werde" (2. Mose 3,14). All diese Bestimmungen bleiben in sich vage. Gibt es eindeutigere Definitionen? Die Bemühung, Gott präziser zu verstehen, führte dazu, ihn über Titel und Attribute zu beschreiben: Gott der Allmächtige, Allgütige, Ewige, Gerechte, Richter, Schöpfer usw. Doch mit der Verknüpfung von Zuschreibungen können sich widersprüchliche Folgerungen verbinden: ‚Kann Gott einen Stein schaffen, den er nicht aufheben kann?' Die Allmacht Gottes wird hierbei fragwürdig. Die Suche nach widerspruchsfreien Begründungen führte zum Bedenken der Beziehung von Wort und Realität. So kam es zur Kontroverse zwischen Nominalismus und Realismus im Rahmen des Universalienstreits.

Gottesbeweise

Für Descartes wird Gott zum Objekt eines Beweises. Nach seiner grundlegenden Bezweiflung der Welt, der Vernunft, der Logik und der Eindrücke bleibt ihm die ‚Einsicht', dass da ‚etwas' ist, das gedacht wird. Insofern muss es ‚etwas' geben, das dies denkt. Da Descartes die Logik bezweifelt hat, kann dies kein klassischer Schluss sein. In einer meditativen Selbstvergewisserung wird dieses ‚etwas' ausgehend von dem „cogito (ergo) sum" als ‚Ich' identifiziert: Der „Satz: ‚Ich bin, ich existiere', (ist) sooft ich ihn ausspreche oder in Gedanken fasse, notwendig wahr" (Descartes 1960, S. 22). (Bei Pascal finden wir später die Einsicht: „Ich glaube, also bin ich.") Das Ich versteht Descartes als eine Substanz, „deren ganze Wesenheit (essence) oder Natur bloß im Denken bestehe und die zu ihrem Dasein weder eines Ortes bedürfe noch von einem materiellen Dinge abhänge". Insofern ist dieses Ich auch vollkommen „vom Körper (...) verschieden" (Descartes 1982, S. 32). Damit hat Descartes einen apodiktischen Bezugspunkt gefunden, der aber einsam bleibt und auch zeitlich bloß temporär gewiss ist. Eine einheitliche Identität über die Zeit bedarf einer gesonderten Vergewisserung. Auch aus diesem Grunde stellte sich für ihn die Frage nach Gott. Dabei kam er zur Einsicht, dass er „bisher nicht auf Grund eines zuverlässigen Urteils, sondern nur aus blindem Trieb geglaubt habe" (Descartes 1960, S. 35). Jedoch entdeckte er, dass das Ich in sich die Idee eines vollkommenen, absoluten und realen Wesens findet: „Es bleibt daher einzig die Vorstellung Gottes, bei der zu erwägen ist, ob sie etwas ist, das nicht aus mir selbst hervorgehen konnte. Unter dem Namen ‚Gott' verstehe ich eine Substanz, die unendlich, unabhängig, allwissend und allmächtig ist und von der ich selbst geschaffen bin (...). Man muss daher (...) schließen, dass Gott notwendig existiert" (Ib., S. 41). Wäre das nur eine begriffliche Größe, dann würde es letztlich ein vollkommeneres Wesen, nämlich jenes, das tatsächlich auch existiert, geben. Insofern schließt Descartes, dass mit dem Aspekt der Vollkommenheit Gottes unzweifelhaft die Existenz verbunden sei. Er hat mit dem Ich und Gott zwei Realitätsgrößen bewiesen, über die sich die Welt bestimmen lässt. Mit Gott kann er auch die überzeitliche Identität des Ichs garantieren, da ausgeschlossen werden kann, dass Gott ein Betrüger ist (Descartes 1982, S. 57). (Vgl. hierzu die Hiob-Problematik im Alten Testament.) Über Gott wird die (ontologische) Einsamkeit des Menschen aufgehoben. Und letztlich werden gemäß Descartes über die Gewissheit Gottes sichere wissenschaftliche Einsichten möglich: „So sehe ich es also nun ganz offenbar, dass die Gewissheit und Wahrheit alles Wissens allein von der Erkenntnis des wahren Gottes abhängt, so dass ich von nichts anderem eine vollkommene Kenntnis erlangen kann, bevor ich nicht von Gott Kenntnis habe" (Descartes 1983, S. 91). Er zeigt im Sinne der nicht-religiösen Interpretation, dass die Wissenschaft die Wahrheit erkennen kann. Sein Bedenken ist insofern ein Versicherungsverfahren. Der Beweis von Descartes stellt nach Kant den Kern aller Gottesbeweise dar. Kant kritisierte diesen ontologischen Ansatz: „Hundert wirkliche Taler enthalten nicht das mindeste mehr als hundert mögliche" (Kant 1976, S. B627 – vgl. zu ‚Realität und Existenz' Ib., S. B625). Problematisch ist die Abhängigkeit der Betrachtung von unseren (!) Vorstellungen, da diese wie die Einbildungen von unseren Anschauungsformen (Zeit, Raum) geprägt sind. Der Schluss auf eine ontologische Objektivität ist von daher fragwürdig. (Siehe hierzu auch die Ausführungen in: „Denken in Modellen".)

Zwischenschritt: Hinweise

Für Kant steht die Betrachtung zu Gott in enger Beziehung zum moralischen Gesetz: „Das moralische Gesetz, das höchste Gut als die Verbindung von Sittlichkeit und Glückseligkeit, der moralisch verstandene Begriff der Freiheit, der Gedanke des Reichs der Zwecke sind die Wurzel der Gotteslehre Kants" (Weischedel 1983, S. 211). Es zeigt sich bei einer „genaueren Prüfung" aber, dass das moralische Gesetz „nicht selbstverständlich, sondern (…) unter einer Voraussetzung" steht (Ib., S. 212). Letztlich bewegt sich Kant „in der Begründung seiner Moraltheologie in einem Zirkel. Das aber besagt: Das wesentliche Fundament seiner Philosophischen Theologie ist brüchig (Ib., S. 213). Fichte hat dann versucht, über die Verabsolutierung des Ichs die Basis der kritischen Philosophie neu zu bestimmen. (Vgl. Ib., S. 230.) In diesem Sinne hat die Philosophie nach ihm die Aufgabe, das Absolute darzustellen. Wobei dann nur eines nach ihm „schlechthin durch sich selbst" bestimmt ist: „Gott" (Ib. S. 232). Feuerbach hat darauf hingewiesen, dass das Geheimnis der Theologie die Anthropologie sei: „Das Wissen von Gott" ist nach ihm „das Wissen des Menschen von sich" selbst. (Vgl. Ib., S. 392.) Insofern münden diese Überlegungen in die vierte Grundfrage von Kant ein: „Was ist der Mensch?" Doch der Versuch der philosophischen Anthropologie (Scheler, Gehlen, …), das Wesen des Menschen einheitlich zu beschreiben, scheiterte. Dies entspricht der Lage, die sich auch bei Hegel mit Blick auf Gott im Rahmen der Philosophischen Theologie zeigt. Er spricht von Gott vom obersten „Prinzip der Wirklichkeit". Doch wie kann, so fragt Weischedel, „dasselbe oberste Prinzip, jenes Wirklichste der Wirklichkeit, bald als das unendliche Leben, bald als das Absolute, bald als die Wahrheit, bald als der Begriff, bald als die Idee, bald als der absolute Geist bezeichnet werden?" (Ib., S. 386). Werden die Begriffe und die Zuschreibungen beliebig? Wird alles möglich? Ein großer Markt der begrifflichen Möglichkeiten wird auch in den kirchlichen Verständigungen sichtbar. Die einzelnen Gläubigen und auch die Pastoren sprechen von „ihrem Theologen", dem sie folgen, der sie inspiriert, der für sich vorrangig bedeutsam ist. Ist all dies Ausdruck einer Sehnsucht nach einer abschließenden Erklärung und Deutung? Wird der theologisch-religiöse Raum zu einer beliebigen Spielwiese? Oder ist dies doch eher Ausdruck der Zerstreuung, der Verunsicherung, der Flucht? Ist es Ausdruck einer Angst vor dem Unbegreiflichen? In gleicher Art können diese Fragen aber auch mit Blick auf die Atheisten, Skeptiker und Nihilisten gestellt werden. Die Gefahr ist, dass alle Aussagen nur noch als Ausdruck einer symbolischen Beschreibung bzw. Annäherung an eine Realität verstanden werden. Die Gefahr liegt darin, dass so alles begründet und gedeutet werden kann. Was ist aber die Realität? Adorno stellte in der Negativen Dialektik fest: „Die Forderung nach Verbindlichkeit ohne System ist die nach Denkmodellen" (Adorno 1982, S. 39). Zugleich bemerkt er bzgl. des philosophischen Denkens: „Philosophisch denken ist so viel wie in Modellen denken; negative Dialektik ein Ensemble von Modellanalysen." (Ib.: Der dritte Teil der „Negative Dialektik" (S. 209-400) trägt die Hauptüberschrift „Modelle".) So kann gefragt werden, ob diese „Auflösungserscheinungen" in der Verbindlichkeit der Rede und Analyse im modernen Selbstverständnis tiefer angelegt sind. (Kant schreibt in der Kritik der reinen Vernunft: „Wir haben das Land des reinen Verstandes (…) durchreist. (…) Dieses Land ist aber eine Insel, und durch die Natur selbst in unveränderlichen Grenzen eingeschlossen. Es ist das Land der Wahrheit (ein reizender Name), umgeben von einem weiten und stürmischen Ozeane, dem eigentlichen Sitze des Scheins, wo manche Nebelbank, und manches bald wegschmelzende Eis neue Länder lügt, und indem es den auf Entdeckungen herumschwärmenden Seefahrer unaufhörlich mit leeren Hoffnungen täuscht, ihn in Abenteuer verflechtet, von denen er niemals ablasen und sie doch auch niemals zu Ende bringen kann" Kant 1976 (S. 287 (B 294f.). In unserer Zeit werden diese Betrachtungen von Žižek unter Beachtung psychoanalytischer Einsichten und physikalischer Erkenntnisse präzisiert. Siehe hierzu Žižek 2016 und 2020. Zugleich ist zu sehen, dass sich in unserer KI-Zeit die Klärungsbedürfnisse auch auf der medialen, politischen und juristischen Ebene verschärfen. Wittgenstein führt im Tractatus jedoch grundsätzlich aus: "Wie die Welt ist, ist für das Höhere vollkommen gleichgültig. Gott offenbart sich nicht in der Welt" (Wittgenstein 1983, S. 114, Satz 6.432). [Woher weiß er dies?]

Trennungen und Verbindungen

A: Descartes hat den Menschen durchaus als ein einheitliches und ganzes Wesen begriffen: Die „Natur lehrt mich, dass ich „meinem Leibe nicht nur zugestellt wie etwa ein Schiffer dem Schiffe, sondern (…) auf innigste mit ihm vereint" bin. Ich bilde „ein einheitliches Ganzes" (Descartes 1982, S. 101). Diese Einheit trügt uns oft. Die Täuschungen sind vom Gehirn verursacht (Ib., S. 108). Wobei nach ihm „nur unsere Gedanken" vollständig in „unserer Macht" sind (Ib., S. 25). Diese Deutung wirkt bis in unsere Zeit. So wurde in Deutschland ursprünglich der Lügendetektor vor Gericht nicht zugelassen, da man der Ansicht war, dass der Polygraph die menschliche Willensfreiheit und den Körper verletzten würde. Doch in den letzten Jahren wurden die körperlichen Daten als kognitiv interpretierte Werte verstanden, die den Seelenraum selbst nicht berühren (vgl. Wagner 2020). Insofern liegen Trennungen vor und die Messung verbleibt im kognitiven Raum. Existieren verschiedene ‚Ich-Dimensionen'?

B: Menschen verständigen sich über Symbole. Mit ihnen können sie „das Unbedingte zum Ausdruck bringen" (Tillich 1975, S. 53). Die Fähigkeit zur Bildung und Verwendung von Symbolen bildet sich bei Menschen, so Piaget, individuell (Ontogenese) konstruktiv heraus. Symbole sind uns nicht einfach gegeben, und Gott als Symbol ist das Ergebnis einer besonderen Leistung. Descartes hat sich in seinen Analysen auf die Klarheit von Mathematik und Logik bezogen: Die Aussagen sollen eindeutig sein. Entsprechen die Aussagen der Mathematik diesem Ideal tatsächlich? Die Überlegungen von Gödel zur möglichen Unbegründbarkeit und Widersprüchlichkeit in mathematischen Systemen stehen in Spannung dazu. Er zeigt, dass die mathematischen Systeme auf einer ‚ersten Ebene' entweder nicht einfach bzw. nicht vollständig bzw. nicht widerspruchsfrei bestimmt werden können. jedoch haben Cantor, Cohen und Gentzen im Dickicht der Strukturen eindeutige Beziehungen erkennen und beweisen können. Letztlich bleibt die Mathematik schöpferisch unabschließbar.

C: Der Wirklichkeitsbezug der Mathematik hängt von Gegebenheiten ab, die nicht innermathematisch geklärt werden können: Logik und Mathematik sind gemäß Quine „ein von Menschen geflochtenes Netz, das nur an seinen Rändern mit der Erfahrung in Berührung steht" (Quine 1979, S. 47). Wobei, so Piaget, die Wissenschaft die Herausbildung der logisch-mathematischen Strukturen über die bekannten Lernansätze nicht erklären kann (Piaget 1983, S. 316). Verweist der Glaube auf Geheimnisse, die unlösbar sind? Die Klärungen im Geflecht der Unendlichkeiten, der logischen Schlüsse und der Verknüpfung von Begriffen mit der Welt sind wohl Arbeiten im Sinne einer nicht-religiösen Interpretation der überlieferten Annahmen.

D: In seiner Habilitationsschrift von 1929 schreibt Bonhoeffer: „Einen Gott, den ‚es gibt', gibt es nicht." Dabei ‚ist' nach ihm Gott „im Personenbezug, und das Sein ist sein Personensein" (Küng 1981, S. 837). Wir müssen „einerseits metaphysisch, andererseits individualistisch" über Gott reden (Bonhoeffer 1978, S. 136). Die ‚Trennung' ermöglicht Aufklärungen. (Kant hatte auch die Kritiken der Vernunft gesondert ausgeführt.) Die ‚Spaltungen' führen zu dialektischen Erklärungen bzw. Ermäßigungen: Der Verstand sucht Verbindungen und überdeckt Risse. Wir sind dabei an unsere Vorstellungen gebunden. Der christliche Glaube selbst ermöglicht, so Bonhoeffer, die Säkularisierungen: „Der säkulare Mensch kommt durch" (Zahrnt 1980, S. 151). Doch Nietzsche, der den aus seiner Sicht von uns verursachten Tod Gottes erörtert, bemerkt, dass wir Gott nicht los werden, da wir noch an die Grammatik glauben (Nietzsche 1979, II, S. 960). Die realen Beziehungen von Logik(en), Regeln, Grammatiken und Lebensformen sind unaufgeklärt.

Mögliches und Wirkliches

Der Gottesbeweis von Descartes beruht u. a. darauf, dass er die Existenz zur Vollkommenheit zuordnet. Insofern verbindet sich die Vorstellung eines allerrealsten und vollkommenen Wesens für Descartes zwingend mit der tatsächlichen Existenz. Nun bemerkt Kant in der Kritik der reinen Vernunft, dass hundert mögliche Taler nicht mehr enthalten als hundert mögliche Taler. Der Gottesbeweis beruht nach ihm auf einer Illusion. Doch es kann gefragt werden, ob die Existenz nicht als Prädikat zu verstehen ist. Im Selbstverständnis der Tradition wird Gott als Inbegriff aller Prädikate verstanden. (Auch wäre zu fragen, ob Kant mit seinen synthetischen Urteile a priori nicht auch eine Existenzerweiterung auf apriorischer Basis angenommen hat. Berührt dies nicht auch die Möglichkeit der Existenz?)

Resümee / Epilog

Deutlich wird, dass unsere Begriffe und Schlüsse zu präzisieren sind. Weder eine naive Akzeptanz noch eine bloße Infragestellung werden unserer Wissenssituation gerecht. Überzeitliche, quasi platonische Strukturen werden in der Logik angenommen. Zugleich liegen zeitabhängige Dynamiken vor. Ist die Zeit Ausdruck für einen unverstandenen Grund? Das Nachdenken über die Beziehung von Sprache, Logik, Funktionen, Anschauungen und Empfindungen streift die Gewissheit. Der Verstand dringt ins Gelände der rationalen Strukturen und erkundet über Experimente und Beobachtungen die Welt. Dabei verschieben sich im Prozess der Klärung schichtweise die Paradoxien und die rationalen Kerne. Die redliche Darlegung unserer individuellen und kollektiven Vorstellungen kann zur Erhellung beitragen. Die Rede über das Unsagbare berührt den Raum der Stille. Dies trägt auch die lyrischen Bemühungen.

Das geschichtliche Wesen des Christentums im Gegensatz zur Mythologie
Eine Betrachtung mit einem besonderen Bezug zu Schelling[1]

> „… der Tod Christi ist nicht dasselbe wie der saisonale Tod des heidnischen Gottes". Žižek 2020, S. 489.

Vorbemerkungen

Schelling hat in seinem Leben in äußerst produktiver Art Schriften zu den unterschiedlichsten Problemkreisen verfasst. Bis in unsere Zeit wurde keine Einigkeit gefunden, ob sich eine einheitliche Systematik und Struktur hinter all diesen Entwürfen Schellings ‚verbirgt', oder ob zu akzeptieren ist, dass die verschiedenen Perioden letztlich unverbunden nebeneinander stehen bleiben müssen.[2] Zu beachten ist, dass die entsprechenden Vorlesungen von Schelling nicht mehr selbst herausgegeben wurden. Ausgehend von der Überzeugung, dass die Wirklichkeit in ihrer Gesamtheit – und somit auch die Offenbarung als Thema – der philosophischen Erörterung zugänglich ist, hat sich Schelling mit dem Mythos befasst. Den er, so Tillich, nicht als eine „primitive Wissenschaft", sondern als einen ernsthaften Ausdruck menschlichen Realitätsverständnisses verstanden hat (Tillich 1955).

„Zwischenblatt" (zur Einstimmung)

„Alles, was wir erfahren, ist eine Mitteilung. So ist die Welt in der Tat eine Mitteilung, Offenbarung des Geistes. Die Zeit ist nicht mehr, wo der Geist Gottes verständlich war. Der Sinn der Welt ist verloren gegangen. Wir sind beim Buchstaben stehengeblieben. Wir haben das Erscheinende über die Erscheinung verloren." Novalis (Fragmente)

„Das mystische Denken gehört einer Seinsweise des Menschen an, die aus der ursprünglichen Krisis den Prozess zur Folge hatte, der in der Offenbarung sein Ende fand. Der große Prozess des Bewusstseins ist kein nur subjektiver, sondern ein objektiver. Jederzeit ist etwas absolut, sofern Bewusstsein existiert." Jaspers (1955, S 160f.).

„Der Niedergang des Mythos beginnt an dem Tag, an dem die ersten Weisen die Ordnung der menschlichen Gesellschaft zur Diskussion stellten und den Versuch unternahmen, sie aus sich selbst heraus zu begründen, sie mit dem menschlichen Verstand zugänglichen Formeln zu beschreiben und die Norm der Zahl und des Maßes auf sie anzuwenden." Vernant (1982, S. 133).

„Die Kritik am Mythos richtet sich in erster Linie gegen die Aufspaltung des Göttlichen; sie versucht, die Aufspaltung zu überwinden und zu einem Gott zu kommen. (…) Auch der Monotheismus fällt unter die Kritik am Mythos und bedarf, wie man heute sagt, der ‚Entmythologisierung.'" Tillich (1975, S. 62).

„Die Offenbarung offenbart sich selbst, indem sie sich auf ihr Erscheinen in der Welt bezieht. Die Theologie formuliert diese Selbstreferenz als Identität Gottes." Luhmann (1977, S. 173).

„Christliche Offenbarung verheißt gleichsinniges weiteres Offenbaren, das der jeweils veränderten Situation entspricht. Sie kommt von dem Gott her, der sich nicht im vergangenen Handeln erschöpft hat, sondern vom konkreten Erscheinen in Christus her auf Erfüllung in der Zukunft hinwirkt. Sie sagt sich über die gedanklichen Formen hinaus gestalthaft und bildmächtig aus." Dietrich (1975, S. 32).

„Die ganze Welt ist Offenbarung (…) (des) absoluten Geistes. Er enthüllt sich in den Denkbestimmungen der spekulativen Logik wie in der Natur draußen und erst recht in der menschlichen Geschichte." Hegel.

„Alle metaphysische Bestimmungen Gottes sind daher nur wirkliche Bestimmungen, wenn sie als Denkbestimmungen erkannt werden." Feuerbach (1988, S. 85).

Zum Verhältnis von Mythologie und Offenbarung

Mit dem Übergang von der Mythologie zur Offenbarung ergibt sich nach Schelling ein Wechsel der Wissenschaft in ein „völlig anderes Gebiet". Erst durch ein zureichendes Verständnis der „Philosophie der Mythologie" kann das Christentum wahrhaft begriffen werden. (SW XIV, S. 4 und 20.) Das Christentum hat nach ihm die Menschheit von „jener Macht der Finsternis" in idealer und realer Bedeutung befreit, die im Heidentum ihren Ausdruck fand und die gesamte Welt beherrschte. (Ib., S. 20.)

A: Darstellung von Schellings Überlegungen zur ‚historischen Konstruktion des Christentums' (SW V, S. 287-290; Teil der „Achten Vorlesung – Über die historische Construction des Christentums.")

Nach Schelling hat die Theologie eine besondere und „zu ihrem Wesen" gehörende Beziehung zur Geschichte, da im „Christentum das Universum überhaupt als Geschichte, als moralisches Reich, angeschaut" wird (SW V, S. 287). Charakteristisch für die griechische Mythologie ist, dass die Götter, jene Repräsentanten ewiger Ideen, als „Wesen einer höheren Natur" im Endlichen erkannt werden konnten, was zur Folge hatte, dass das Unendliche auf diese „Weise (…) der Endlichkeit untergeordnet" wurde (Ib., S. 288). Der Polytheismus der griechischen Götterwelt wurde dadurch ermöglicht, dass das Endliche als Symbol des Unendlichen verstanden wurde, was die Verendlichung des Unendlichen zur Folge hatte. Dabei wird das Endliche um seiner selbst willen bedacht und besitzt einen unaufhebbaren Eigenwert. Nach Schelling steht dagegen jenes Verständnis, nach welchem das Endliche „als Allegorie des (…) (Unendlichen) und in der gänzlichen Unterordnung unter dasselbe gedacht wird." (Ib.) Das ‚Ganze' hat dabei eine unendliche Qualität, die durch endliche Größen nicht adäquat erfasst werden kann. Die singulären Gestalten erscheinen und vergehen in der Zeit; sie bleiben nicht ewig. In den „historischen Gestalten" offenbart sich das Göttliche nur vorübergehend" (Ib.) Insofern das Unendliche durch endliche Größen nur in allegorischer Bedeutung erfasst werden kann, ist eine ‚Zersplitterung' des Göttlichen in einzelne gleichwertige Göttergestalten nicht denkmöglich. Da somit das Begrenzte – als Charakteristikum des Endlichen – im christlichen Verständnis „in unabhängiger Bedeutung" nicht begriffen werden kann, kann sich das Absolute – als Qualität des Göttlichen – in den Dingen der Natur nicht finden, da es dort nicht begrenzt werden kann. Das Göttliche offenbart sich nach dem christlichen Selbstverständnis – gemäß Schelling – in der Geschichte. Da sich im mythologischen Verständnis das Göttliche in der Natur – jener „Sphäre des in-sich selbst-Seins der Dinge" (Ib., S. 289) – in symbolischer Art darstellt, wird so, angesichts der Eigenwertigkeit der Symbole, die Natur allgemein verständlich. In idealer Hinsicht behält hierbei das Göttliche aber seinen esoterischen Charakter. Mit dem Christentum wurde dieses Verhältnis umgekehrt. Die Natur wurde zum Geheimnis; sie wurde an sich selbst unerkennbar. Zugleich offenbart sich Gott aber in der Geschichte: „Jedes besondere Moment der Zeit ist Offenbarung einer besonderen Seite Gottes"! (Ib. S. 288.) Insofern wurde das Göttliche im christlichen Verständnis vermittels der Geschichte allgemein verständlich. Schelling unterscheidet drei Perioden in der Geschichte: „die der Natur, des Schicksals und der Vorsehung" (Ib., S. 290). In allen drei Perioden (Ideen) drückt sich aber die selbe Identität aus. Nach Schelling ist im Realen das Schicksal gleich der Vorsehung, während im Idealen die Vorsehung das

Schicksal ist. In der Periode der Natur liegt eine „bewusstlose Identität" des Menschen mit der Natur vor. Notwendigkeit und Freiheit sind nicht geschieden. Im Abfall davon kommt es zur Periode des Schicksals, das „in den wirklichen Widerstreit mit der Freiheit tritt" (Ib.) In der Periode der Vorsehung wird dann auf einer höheren Ebene jene Einheit gefunden, in der die ‚Naturnotwendigkeit' und die ‚Freiheit' versöhnt sind. Dabei leitet nach Schelling „das Christentum (…) in der Geschichte jene Periode der Vorsehung ein"; wobei zu sehen ist, dass die Geschichte „aus einer ewigen Einheit" kommt und „ihre Wurzeln ebenso im Absoluten wie die Natur oder irgend ein anderer Gegenstand des Wissens" hat (Ib.). Zur Konsequenz hat dies, dass das Individuum sich als „Werkzeug der absoluten Notwendigkeit" zu begreifen hat (Ib., S. 291) und alle empirischen Momente so als „Werkzeug einer ewigen Ordnung der Dinge" zu verstehen sind (Ib., S. 292). Christus wird hierbei als Abschluss der ‚älteren' Göttervorstellungen, insofern sich in ihm das Göttliche ‚verendlicht', und als Beginn des neuen Prinzips, insofern er vom Endlichen ins Unendliche ‚fortschreitet', verstanden.[3] Durch Christus wird die von Gott abgefallene Welt mit ihm wieder versöhnt. (Siehe Ib., S. 294.) Christus wird von Schelling als ‚Scharnierstelle' zwischen den mythologischen Göttervorstellungen und dem Christentum eingeschätzt. Die einzelnen Religionserscheinungen werden so als verschiedene Ideen einer doch gleichen Grundstruktur verstehbar. Das Gleichbleibende hinter allem Partikularem wird sichtbar. Wobei Schelling den Widerstreit von Freiheit und Notwendigkeit sieht. (Vgl. Ib., S. 290f.) Gottes Wirken stellt sich in der Geschichte dar. Somit wird ein ‚unendlicher' Erforschungsprozess der Natur ermöglicht. Zugleich wird die Geschichte einem rationalen Verständnis zugeführt. Irreversibles wird damit denkbar. Zugleich ermöglicht dies, eine Ethik zu bedenken. Somit kann mit dem Christentum die Geschichte als „moralisches Reich" gedacht werden. (Wobei zu fragen ist, ob vorher überhaupt etwas anderes als „moralisches Reich" begreifbar gewesen wäre. Mit der Hinwendung zum Guten und zur Ethik wird die Frage nach dem Schönen nicht bedeutungslos. Vielleicht über das Schöne eine Vermittlung des Wahren mit dem Guten geleistet werden. Mit dem „moralischen Reich" findet Schelling wohl einen Bezug zur Bergpredigt (Mat. 5-7) und zum Kategorischen Imperativ Kants.) Christus ohne Jesus ist dabei aber wie ein ‚Begriff ohne Inhalt'.

B: Darstellung von Schellings Überlegungen im Rahmen seiner Überlegungen zur ‚Philosophie der Offenbarung' (SW XIV, S. 3-29; Vierundzwanzigste Vorlesung im Rahmen der „Philosophie der Offenbarung".)

Nach Schelling ist zwar zu sehen, dass die Grundprinzipien der Mythologie auch der geoffenbarten Religion zugehören müssen, dies allein schon, weil „beide Religionen sind", aber dabei darf ein großer Unterschied nicht verloren gehen: So ist die Mythologie das „Erzeugnis eines (…) bloß sich selbst überlassenden Bewusstseins, während dagegen „die Offenbarung ausdrücklich als etwas gedacht wird, das einen Actus außer dem Bewusstsein (..) voraussetzt" (SW XIV, S. 3). Während die Mythologie mit einem allgemeinverständlichen Prozess zu vergleichen ist, der mit Notwendigkeit abläuft, ist dagegen die Offenbarung mit einer inneren Geschichte vergleichbar, die, so Schellings Überzeugung, in sich die Freiheit trägt. Die Ursache, die sich als freie in der Offenbarung „zum menschlichen Bewusstsein gibt" bzw. gegeben hat, ist nach Schelling Gott selbst (Ib.; Hervorhebungen im Original). Die Wissenschaft muss sich beim Übergang der Betrachtung vom Feld der Mythologie zur Offenbarung mit etwas ganz anderem auseinandersetzen; wobei, wie Schelling ausführt, nach der Überzeugung der Offenbarungsgläubigen man die Gegenstände der Offenbarung „schlechterdings nicht wissen könnte ohne die Offenbarung" (Ib., S. 4. Hervorhebungen im Original). Die Absicht, die Offenbarung selbst auf reine Vernunftwahrheiten zurückführen zu wollen, hätte nach Schelling nur zur Konsequenz, „dass der Begriff einer Offenbarung (…) gar keinen Sinn (…) (hätte) und völlig aufgegeben werden „müsste (Ib., S. 3). Somit impliziert die sinnvolle Verwendung des Begriffs ,Offenbarung', dass der „Inhalt der Offenbarung" ein solcher ist, „der ohne sie nicht nur nicht gewusst würde, sondern nicht einmal gewusst werden könnte" (Ib., S. 5). Schelling nimmt die Offenbarung als „eine eigene und besondere Erkenntnisquelle" an (Ib., S. 6). Angesichts der Tatsache, dass die reine Vernunft nicht die einzige Erkenntnisquelle des Menschen ist, da zum Beispiel der Erfahrung ein eigenständiger Wert zugebilligt wird, ist diese Möglichkeit gegeben. Ausgehend von der Überzeugung, dass Gott ein „von ihm verschiedenes Sein" durch seine Tat hat hervorbringen können (Ib.), stellt Schelling fest, dass nachdem die Welt gesetzt worden ist, ein notwendiger Prozess in Gang gebracht wurde: „Wir können als notwendig einsehen, dass jener Prozess, und zwar als Prozess einmal gesetzt, diese und jene Momente durchlaufen wird." (Ib., S. 7.) Diese Prozessbewegung tragen in sich eine gewisse Notwendigkeit.[4] Wobei von der Existenz der Bewegungen selbst wieder auf Voraussetzungen geschlossen werden kann, durch die das Geschehen erst ermöglicht wurde. Dabei ist zu sehen, dass ohne vermittelnde Potenzen im Prozess das „menschliche Bewusstsein verzehrt und als menschliches vernichtet" wird (Ib., S. 8). Dass diese vermittelnde Potenz im Bewusstsein bleibt, kann durch die Philosophie der Mythologie nicht erklärt werden. Der „höhere Zusammenhang", durch den die Existenz der Mythologie erklärt werden kann, kann nach Schellings Überzeugung „nur in der Philosophie der Offenbarung gefunden" werden (Ib.). Dass das Bewusstsein in der Auseinandersetzung mit der Realität und im Prozess seiner Erweiterung seine Einheit und Funktionstüchtigkeit nicht verliert, kann grundsätzlich nur verstanden werden über die Annahme eines freien Willens, der das Bewusstsein nicht vernichtet sehen möchte. Dieser Wille ist letztlich der göttliche Wille, der einerseits „über die Mythologie hinaus geht" und andererseits auch die „Mythologie auf ihren letzten Grund" zurückführt (Ib., S. 7). Von diesem Willen weiß der Mensch durch die Offenbarung selbst: Die „Offenbarung im höchsten (…) Sinn ist die Offenbarung dieses Willens." (Ib., S. 10.) Und dieser Wille offenbart sich durch seine Tat. Dabei, das sei betont, ist die Offenbarung als Ergebnis eines freien Entschlusses Gottes zu verstehen, so dass die Philosophie der Offenbarung keinen in sich notwendigen Prozess darstellt. Genau deshalb kann die Offenbarung nicht als „ein a priori zu Begreifendes" verstanden werden (Ib., S. 11).[5] In diesem Sinne betont Schelling, dass sich die Philosophie nur durch die Beschäftigung mit der „wirklichen Welt" entwickeln kann (Ib., S. 18). Somit muss sich die Philosophie mit dem Material, also der Natur und Geschichte, auseinandersetzen, da die Vernunft aus sich heraus die wirkliche Welt allein nicht entwickeln kann. Die Mythologie wird zu einem geschichtlichen Phänomen, das dem christlichen Offenbarungsglauben zeitlich vorweggeht. Aber auch das Christentum selbst wird von Schelling als „eine geschichtliche Erscheinung" verstanden (Ib., S. 19). Eine Erscheinung, die nach ihm nicht ungeschehen gemacht werden kann (siehe Ib., S. 22). Wesentlich schein zu sein, dass Gott zu den Menschen erst in der Offenbarung ein persönliches Verhältnis erlangt hat. Hierbei hebt Schelling den Gedanken von Paulus hervor, dass durch Christus des Geheimnis Gottes „aller Welt offenbar geworden sei" (Ib., S. 11). Mit dieser Vorlesung hat Schelling deutlich den Unterschied zwischen Mythos und geoffenbarter Religion betont. Dabei droht eine Offenbarung ohne Mythologie leer zu werden. Und eine Mythologie ohne Offenbarung droht blind zu bleiben. Der freie Wille, jener „Actus" von außen, durch den es überhaupt erst zur Offenbarung gekommen ist, wird von Schelling in seiner Unberechenbarkeit und somit Rätselhaftigkeit für die Vernunft hervorgehoben. Sichtbar wird, dass die Mythologie erst über die Offenbarung verständlich wird. Wobei der höhere Zusammenhang erst in der Philosophie der Offenbarung gefunden werden kann. Durch die Offenbarung konnten die Menschen ein persönliches Verhältnis zu Gott erlangen. Gott kann aber nur „offenbar werden in dem, was ihm ähnlich ist, in freien aus sich selbst handelnden Wesen; für deren Sein es keinen Grund gibt als Gott, die aber sind, sowie Gott ist" (Schelling (1984, S. 42.)). Für Schelling ist Gott „etwas Realeres als eine bloße moralische Weltordnung". Er hat „ganz andere und lebendigere Bewegungskräfte in sich, als mache Idealisten sich vorstellen können (Ib., S. 51). Die „Endabsicht der Schöpfung" soll sein, dass das Böse „in das Nichtsein verstoßen" und das Gute „aus der Finsternis zur Aktualität erhoben werden" soll. (Ib., S. 96). Dabei ist die „Liebe aber (…) das Höchste" (Ib., S. 97). Die Idee der Offenbarung – und somit überhaupt die ganze Konzeption des Christentums – ist nach Schelling keine vom menschlichen Wollen abhängige Größe (siehe Schelling, SW XIV, S. 6.) Letztlich hat Gott – so Schelling – „schon vor der Grundlegung der Welt" den „Gedanken zu einer Wiederherstellung dieses Seins" nach der „Katastrophe, durch welche das in der Natur unterworfene Prinzip sich wieder erhob", gefasst (Ib. S. 9 und 10). Diese Bemerkungen verweisen auf ein höchst dramatisches Geschehen, welches eventuell seinen Grund in Prozessgeschehnissen hat, die im Absoluten selbst ablaufen, da die absolute Identität in sich das Nicht-Identische trägt. Nach Schelling ist nicht „jede Philosophie befähigt, „eine Offenbarung zu begreifen. Die Hauptvoraussetzung ist: ein nicht bloß ideales, durch die Vernunft vermitteltes, sondern reales Verhältnis des Menschen zu Gott" (Ib., S. 28). Mit der Feststellung von Schelling, dass „kein Wille (…) sich anders als durch die That", also „durch die Ausführung" offenbart (Ib., S. 10), wird von ihm gegenüber der Kantischen Einschätzung, dass „nichts in der Welt (…) für gut könnte gehalten werden, als allein ein guter Wille" (Kant, Grundlegung zur Metaphysik der Sitten, A1), wobei nach Kant „der gute Wille (…) nicht durch das, was er bewirkt, oder ausrichtet (…), sondern allein durch sein Wollen" hoch einzuschätzen sei (Ib., A3), das Augenmerk verstärkt auf das vom Wollen Erreichte und somit auf die konkrete Praxis gelenkt. Die ‚klassischen' Unterscheidungen zwischen Wissenschaft und Religion, zwischen Wissen und Glauben und auch zwischen Vernunft und einer Offenbarung, die sich jeder vernünftigen Erörterung entzieht, werden von Schelling, indem er feststellt, dass „selbst die Wissenschaft, sowie sie das höhere Gebiet betritt, Glauben" fordert (Schelling, SW XIV, S. 17), als problematische und gar unhaltbare erkannt.[6]

Anmerkungen

1. Die Thematik wird anhand zweier Texte von F. W. J. v. Schelling dargestellt: 1. SW V, S. 287-290 und 2. SW XIV, S. 3-29 (24. Vorlesung) [SW: Sämtliche Werke].
2. Siehe hierzu die Bemerkungen in: Schröder (1935, S. 111), in Philolenko (1974, S.81ff) und allgemein Ehrhardt (1984). Ausgehend von der Wissenschaftslehre Fichtes kam

Schelling zu einer ‚Theosophie", die „in der Philosophie der Mythologie und in der Philosophie der Offenbarung ihren Abschluss" fand (Philonenko (1974, S. 84)).
3. Unterstützend sei hierbei auf zwei biblische Textstellen, die den Gedankengang Schellings verdeutlichen, hingewiesen: 1: Joh. 19,30 („Es ist vollbracht!") und 2: 2. Luk. 23,46 („Vater, ich befehle meinen Geist in deine Hände!").
4. Schelling bemerkt, dass die „früheren theogonischen Prozesse", die „in der Mythologie erzeugenden" Bewegungen und auch die „im menschlichen Bewusstsein wiederholenden" Prozesse in „analoger" Weise abgelaufen sind (Ib., S. 8.)
5. Als eigentliches Ziel alles Forschens wird von Schelling die Suche nach Ruhe angenommen. Doch die Suche, somit die Ungewissheit, all das Zweifeln usw., all dies geht der Gewissheit, dem Glauben voraus, denn „die allen Zweifel aufhebende Gewissheit (…) ist nur das Ende der Wissenschaft. Zuerst das Gesetz und dann das Evangelium" (Ib., S. 15). Insofern ist Schelling von der Notwendigkeit des Suchens ebenso überzeugt, wie davon, dass es „ein Ende des Suchens (…) geben muss" (Ib.). Wobei auch dieses Ende nicht ‚automatisch' kommt, da derjenige, der sich „zur letzten Erkenntnis durchgerungen" hat, sich „ein Herz" nehmen muss, um „sie zu ergreifen und anzunehmen" (Ib., S. 16). An anderer Stelle heißt es: Nur wenn wir dies „erkennen müssen als geschehen (…), worüber schlechterdings nichts Größeres geschehen kann", kann dies „uns zum Stillstand" bringen (Ib., S. 27).
6. Hinweis: Schelling hat die Abgründigkeit der Freiheit, die sich der Vernunft entzieht, thematisiert. Siehe hierzu: Schelling (1984), Schulz (1980) und Ehrhardt (1984).

# # # # # # # # # # # # # # #

‚Weltformel' nach **Schelling (Weltalter-Fragmente)**

$$\left(\frac{A^3}{A^2 = (A = B)} \right) B$$

A: idealer Aspekt der Prozesse in der Wirklichkeit
(→ Idealisierte Gegenkraft (zu B) – ‚Aufhebung zu immer höheren geistigen Strukturen)
B: realer Aspekt der Prozesse in der Wirklichkeit
(→ Konstruktive Kraft der materiellen Dichte der Welt)
„Die Materie wird schrittweise ‚idealisiert', zunächst in Kräfte des Magnetismus, dann in pflanzliches und schließlich in geistiges Leben; auf diese Weise bewegen wir uns immer weiter von der unmittelbaren, brutalen Materialität weg." Žižek.2020, S. 402.

„Was, wenn die Erkenntnisse der Physik uns eines Tages zwingen, die Verknüpfung von Ursache und Wirkung nicht mehr als zwingend anzusehen? Waren die Naturgesetze nur eine Illusion?" Köhlmeier 2008, S. 264.

Der Kern unseres Wesens bildet also die das dunkle Es, das nicht direkt mit der Außenwelt verkehrt und auch unserer Kenntnis nur durch die Vermittlung einer anderen Instanz zugänglich wird." Freud 1981a, S. 53.

Verzierung

Naturwissenschaft und Philosophie
(im kirchlichen Kontext)

Berichtet wird von einem Nachdenken über naturwissenschaftlich-philosophische Fragen und Erkenntnisse in einem entsprechenden Lektüre- und Arbeitskreis innerhalb einer evangelischen Kirchengemeinde in der Zeit von 2011 bis 2017.[1]

0 Prolog

In dem Gedicht „Wer bin ich?" gibt sich Bonhoeffer im Juli 1944 folgende Antwort: „Wer bin ich? Einsames Fragen treibt mit mir Spott. Wer ich auch bin, Du kennst mich, Dein bin ich, o Gott!" (**Bonhoeffer** (1978; Widerstand und Ergebung), S. 179.) Bereits im Mai 1944 bemerkte er jedoch mit Blick auf Bultmann: „Nicht nur ‚mythologische' Begriffe wie Wunder, Himmelfahrt etc. (die sich ja doch nicht prinzipiell von den Begriffen Gott, Glauben etc. trennen lassen!), sondern die ‚religiösen' Begriffe schlechthin sind problematisch. (**Bonhoeffer** (1978; Widerstand und Ergebung), S. 136.) In unserer Zeit überlegte Weizsäcker, ob „der Glaube der Physiker der einzige Glaube (sei), der alle Menschen unserer Zeit verbindet." (Carl F. v. Weizsäcker) Was verbinden wir mit diesen Einsichten und Fragen? Wie interpretieren wir die Spannungen? Warum sprechen viele Physiker von Gott? Ist damit der christliche Gott gemeint? Grundlegende Fragen in der Gemeinde verdeutlichten ein Interesse an theoretischen Hintergründen. Dies führte zu einer Einladung und zu einer Verständigung zu verschiedenen Texten.[2]

1 Hintergrund und Rahmen der Verständigung

Der „Geist erforscht alle Dinge, auch die Tiefen der Gottheit." 1. Kor. 2, 10. Auf den ersten Einladungstext vom Dezember 2010 meldeten sich zehn Interessierte. Die Veranstaltung wurde in der Kirche und über das örtliche Amtsblatt beworben. Insgesamt nahmen im weiteren Verlauf regelmäßig zwischen 10 bis 15 Teilnehmer an den einzelnen Kursen teil. Etwa 25 Personen zeigten über die Jahre ein Interesse an den Themen. Etwa die Hälfte der Teilnehmer kam aus der Gemeinde. Und gut die Hälfte der Teilnehmer hatte einen akademischen Hintergrund (Ingenieure, Ärzte, Pädagogen, Lehrer, Schulleiter). 70 % der Teilnehmer waren männlich. Viele hatten sich bereits in früheren Lebensabschnitten mit philosophischen Fragen beschäftigt. Das Alter der Teilnehmer lag zwischen 20 bis 85 Jahren. Gut die Hälfte war zwischen 55 bis 65 Jahre alt. Die Veranstaltung war für die Teilnehmer kostenlos. Zehn Teilnehmer haben weitgehend alle Veranstaltungen besucht.
Auf einer Einstiegssitzung wurde jeweils die ausgewählte Lektüre vorgestellt und die einzelnen Termine für das ganze Jahr vereinbart. Die Veranstaltungen fanden einmal im Monat jeweils an einem Montag in der Zeit von 19.30 Uhr bis gegen 21.30 / 22.00 Uhr statt. In den Sommermonaten wurde zusätzlich an einem Wochenende eine längere Begegnung gestaltet. Dieses Setting wurde über die gesamte Zeit bis 2017 eingehalten. Ein weiter Themenkreis von geschichtlichen und politischen, philosophischen und theologischen, physikalischen und mathematischen Aspekten wurde im Arbeitskreis erörtert. Es wurden alltägliche und lebenspraktische Zusammenhänge, Fragen und Erlebnisse und aktuelle Forschungsergebnisse eingebunden. Immer wieder wurde ein enger

Bezug zum Text gesucht. Die lebendige und tolerante Gesprächsatmosphäre hat dazu beigetragen, diese Anforderung zu meistern.
Bereits in der ersten Veranstaltung wurde den Teilnehmern eine Liste von 60 Büchern vorgestellt, die auch die eigenständige Lektüre unterstützen sollten. Jedoch wurde eine entsprechende Auseinandersetzung nicht zwingend gefordert. Es war eher als motivierende Anregung zu verstehen. Der jeweilige Text und das individuelle Verständnis der Teilnehmer standen in jeder Sitzung immer im Mittelpunkt der Betrachtungen.

1.1 Phase 1 (2011-2012): „Einstieg / Sprachfindung"

In einem ersten Abschnitt von 2011 bis 2012 wurden zwei Schriften gelesen und besprochen:
A: „Der Teil und das Ganze" von Werner Heisenberg im Jahr 2011.
B: „Was bedeutet das alles?" von Thomas Nagel im Jahr 2012.

In der Einstiegsphase (2011 und 2012) ging es auch darum, die Lesefähigkeit der Teilnehmer zu stärken. Die häusliche Lektüre wurde durch eine seitenbezogene Inhaltsangabe geleitet und unterstützt. In den Veranstaltungen wurden die Kernideen vorgestellt und schrittweise die Fragen der Teilnehmer diskutiert. Textzusammenhänge wurden verdeutlicht und Unklarheiten und Widersprüche thematisiert. Nach Bedarf wurden von mir ergänzende Hintergründe, Begriffe und historische Bezüge verdeutlicht. Die Teilnehmer brachten mit der Zeit zunehmend ihre persönlichen Fragen und Hintergründe in die Verständigungen ein. Neben ethischen Aspekten wurden auch Erfahrungen mit dem Faschismus und dem zweiten Weltkrieg thematisiert. Gerade auch das Denken von Friedrich Nietzsche wurde hierbei immer wieder diskutiert. Die Diskussionen waren sehr tolerant und offen.
Eine religiöse oder kirchliche Beschränkung trat dabei nicht auf.

1.2 Phase 2 (2013-2015): „Präzisierungen / Klärungen"

In diesem Abschnitt wurden zwei Schriften gelesen und besprochen:
C: „Philosophische Gedankenexperimente" von Georg Bertram (Hrsg.) im Jahr 2013.
D: „Was Philosophen wissen und was man von ihnen lernen kann" von Herbert Schnädelbach in den Jahren 2014 und 2015.

In diesem Abschnitt ging es darum, die Breite des philosophischen Denkens zu verdeutlichen und verschiedene Modellzugänge der Philosophie zu diskutieren. Auch wurden wesentliche Begriffe und Fragen historisch-systematisch eingeordnet. Ziel war es, eine philosophische Substanz in positiver Art zu verdeutlichen. Methodisch erfolgte eine Veränderung in der Art, dass jeweils ein Teilnehmer nach Absprache eine Kurzführung durch den vereinbarten Text gab. Ich selbst habe diese Darstellungen begleitet und unterstützt. Weiterhin wurden von mir – zum Teil auch zur Auflockerung der Veranstaltungen – ergänzende Texte aus Literatur, Philosophie und Theologie vorgestellt.

1.3 Phase 3 (2016-2017): „Ausblick / Das letzte Wort"

In diesem Abschnitt wurde von Thomas Nagel die Schrift „Das letzte Wort" bearbeitet. Ziel war es, einen veränderten Blick auf die bisher erarbeiteten Selbstverständlichkeiten zu werfen.

Hinweise zu einigen Textverständigungen[3]

A: Zum Denken von Werner Heisenberg

Es gelingt der klassischen Physik nicht, die Welt eindeutig und widerspruchsfrei zu erfassen. Zum Teil werden von den Physikern in sich widersprüchliche Modellbeschreibungen oder sich widersprechende Modelle zur Beschreibung von Phänomenen verwendet. Die Physiker nutzen zum Beispiel zugleich Wellen- und Teilchenvorstellungen zur Beschreibung des Lichts. (...) „Der Teil und das Ganze" ist ein Zeugnis einer erlebten und gelebten Geschichte. Klassische Physik, Quanten und Wahrscheinlichkeitstheorie, komplexe Mathematik, Freiheit und Diktatur, Wanderungen in den Bergen, Gespräche am Strand – und am Rande die Musik – begegnen sich in dem Werk. Oftmals in Form von Dialogen mit Bohr, Pauli, Weizsäcker, Fermi, Dirac, Einstein, Born, ... werden von Heisenberg Entdeckungen und mögliche Interpretationen vorgestellt, kritisch besprochen, diskutiert und eingeordnet. (...) Was haben wir von Heisenberg erfahren? Seine elementare Begeisterung für die Physik wird spürbar. Seine Fragen zum Sinn der mathematischen Gleichungen, sein Ringen um wissenschaftliche Anerkennung und verständliche Kommunikation, seine Sorge um das Leben, um die Gesellschaft, aber auch seine Unklarheiten in der Begegnung mit nahen Mitmenschen, all dies wird erkennbar. Sichtbar wird, dass die Physiker selbst beginnen, die mit den mathematischen Beziehungen verbundenen semantischen und philosophischen Fragen zu klären. Sie suchen, dieses Bild gefiel uns manchmal, wie Betrunkene einen verlorenen Hausschlüssel unter einer Laterne, da es dort hell ist. (...) Heisenberg, der die Unschärferelation in der Zeit, in der Bohr das Komplementärprinzip beschrieb, auf Helgoland erkannte, schwankte wohl, ob die Physik mit ihm revolutionär verändert oder aber ‚nur' klassisch abgeschlossen wird. So suchte er zu zeigen, dass die Energieerhaltung nicht im Einzelfall gültig und die Zeitrichtung nicht zwingend sei. Jedoch konnte zum Beispiel die strenge Gültigkeit der Impuls- und Energieerhaltung auf der Ebene der klassischen Elementarteilchen von Bothe, Geiger, Compton und Simon experimentell belegt werden. Auch kann die Bedeutung der Unschärferelation, die eine nach ihrem Verständnis unhintergehbare Mess- und Erkenntnisgrenze angibt, näher befragt werden. Heisenberg erklärt zu seinen Bemühungen zu den Grundlagen der Quantenphysik, dass er nachzuweisen versuchte, dass ein Mikroskop es „nicht gestatten würde, die durch die Unbestimmtheitsrelation gegebenen Grenzen" überschreiten zu können (Heisenberg 1981, S. 98). Schulz bemerkt hierzu: „In der Literatur über, unter und neben der Quantentheorie wird oft viel Aufhebens um die Orts-Impuls-Unschärferelation gemacht. (...) Sie war historisch von großem Wert. Heute können wir es besser" (Schulz, 1980 S. 255).Erstaunlich bleibt die Tatsache, dass die moderne Physik bei allen nebulösen Beziehungen und Gründen Elementar- und Strahlungsdaten sehr genau bestimmen und auch experimentell scharf ermitteln kann. Der ‚Quantensprung' verdeutlicht ein Wissen im virtuellen Erkenntnisraum. (...) Heisenberg gibt in seinem Buch vereinzelt auch theologische Hinweise, die jedoch systematisch nicht streng und präzise entfaltet werden. Nur an einer Stelle (S. 176) bezog er sich direkt auf das Neue Testament. Hierbei geht es auch um den Gesetzesbegriff der modernen Wissenschaften. Er erwähnt auch eine zentrale Ordnung (Kapitel 17), die unser Leben prägen und auch die subjektive Welt durchdringen soll. Hierbei folgt er wohl den Ideen der philosophischen Theologie (‚Gott der Philosophen'). (...) Nicht nur an dieser Stelle ergaben sich dann Fragen zur

Beziehung von Denken und Glauben und auch zum Grundselbstverständnis im jüdischen und im christlichen Glauben. Diese Aspekte führen dabei weit über den Text von Heisenberg hinaus und konnten oftmals nur angesprochen werden. (…) Die Verstrickung der modernen Wissenschaften mit militärischen Anliegen und die Tragik im Zusammenhang mit der Atombombenentwicklung werden von Heisenberg wiederholt erörtert. Er verweist auf Schiller: „Nur die Fülle führt zur Klarheit, und im Abgrund wohnt die Wahrheit" (S. 245).[4] Immer wieder wurden den Teilnehmern auch Textergänzungen zur Verfügung gestellt. Gerade die Kriegsforschung, aber auch die komplizierten Diskussionen mit Schrödinger interessierten einige Teilnehmer besonders.[5] Es wurde dazu dann immer eine Möglichkeit zur Verständigung gefunden.

B: Zu den philosophischen Gedankenexperimenten nach Bertram

Bertram hat 40 Gedankenexperimente vorgestellt. Hierbei führt er in die jeweilige Problematik kurz ein und stellt den Originaltext vor. Dieser Text wird näher betrachtet und interpretiert. Auch werden weitergehende Fragen und Probleme erörtert. Ziel war es, den Problemhorizont bzgl. der philosophischen Fragestellungen zu erweitern. Hierzu wurden aus dem Buch „Philosophische Gedankenexperimente" (Hrsg. Bertram, Reclam-Verlag) folgende „Experimente" besprochen: Die Wahrheitsproblematik nach **Gettier**, die „Herr und Knecht Beziehung" nach **Hegel**, „Epiphänomenale Qualia" (Mary) von **Jackson**, „Die Frauen von Stepford" (Der Mensch als sozialer Roboter) von **Levin**, „Gott ist tot" (Der tolle Mensch) von **Nietzsche**, die Wette auf Gott von **Pascal**, das „Höhlengleichnis" von **Platon**, „Gehirne im Tank" von **Putnam**, „Das chinesische Zimmer" von **Searle**, „Der bewusstlose Geiger" von **Thomson**, „Die private Sprache" von **Wittgenstein** und „Achilles und die Schildkröte" von **Zenon**.

Jeweils zwei Teilnehmer haben sich mit einem Gedankenexperiment beschäftigt und ihre Überlegungen im Lektürekreis vorgestellt.

C: Was weiß die Philosophie (tatsächlich) nach Schnädelbach[6]

Bleibt der Philosophie nur der Weg der Kritik? Wie kann dies vom Weltschmerz abgegrenzt werden? Oder gibt es doch positiv gesicherte Kenntnisse in der Philosophie? Hierzu haben wir das entsprechende Buch von Schnädelbach vollständig gelesen. (…) Besonders intensiv wurde der Zusammenhang von 'Logos, Nomos, Gesetz, deskriptiven und präskriptiven Aussagen, Vernunft und Formen der Aussagen' nach Schnädelbach besprochen. Die Verschränkung von ethischen, logischen, zeitlichen und erkenntnistheoretischen Facetten wurde vielfältig – auch mit Blick auf technische und politische Ereignisse – erörtert. Sichtbar wurde oftmals eine komplexe Begriffsgeschichte. (…) Schnädelbach selbst verdeutlicht einzelne Probleme und mögliche Auflösungen. Von ihm werden Einsichten genannt, die eine (gewisse) Gültigkeit innerhalb der philosophischen Denkwelt besitzen. So bemerkt er zum Beispiel im vierten Kapitel ('Das Urteil'): „Philosophen wissen, dass die Synthesistheorie des Urteils trotz ihrer erhabenen Herkunft in die Irre geht und dass sie mehr Probleme aufwirft als löst." (S. 62.) Und im siebten Kapitel ('Subjekt-Objekt') heißt es: „Die Philosophen können somit wirklich wissen, dass die Schemata 'Subjekt und Objekt' oder 'Bewusstsein und Gegenstand' irreführend und das Resultat einer Deutung von Erkenntnis auf der Grundlage von systematischen Vorurteilen sind, die sich in einer genaueren Analyse als uralte Irrtümer erweisen lassen." (S. 107.) Bemerkenswert ist, dass Schnädelbach einerseits die objektive Stellung der Vernunft betont, dann aber auch wieder ihre Begrenztheit deutlich sieht: „Was gut und was böse ist, werde nicht durch die Vernunft erfasst." (S. 154.) (…) Nicht alle Ausführungen von Schnädelbach überzeugten uns. So trennt er vehement zwischen deskriptiven (Wort-auf-Welt-Ausrichtung: Feststellungen) und präskriptiven (Welt-auf-Wort-Ausrichtung: Befehle und Aufforderungen) Aussagen. Doch diese Trennung entspricht nur bedingt den modernen Einsichten zur (dialektischen; strukturellen) Vermitteltheit der Begriffe und Konstruktionen. Bereits Wittgenstein hatte darauf hingewiesen, dass eine Verschränkung vorliegt: „Jede Vorschrift kann als Beschreibung, jede Beschreibung als Vorschrift aufgefasst werden." (Wittgenstein, Philosophische Bemerkungen, S. 59 (Nr. 14). Aber er siehe auch: "Erklären ist mehr als Beschreiben." Ib., S. 51 (Nr. 1).) Zu sehen ist hierbei, dass bereits der Bezug der Wörter zur Welt allemal nicht einfach geklärt ist. (…) Die Grundannahme der klassischen Philosophie, dass das Seiende, Wahre und Gute austauschbar, sogar dasselbe sind, wird im modernen Denken so nicht mehr geteilt. (Vgl. S. 174.) Der Wille ist, wie es Schelling in seiner Freiheitsschrift erkennt, nicht mehr automatisch der Vernunft unterworfen. Das empirische Subjekt kann sich seltsam und fremd verhalten. Und warum sollte jemand ein (subjektives) Interesse daran haben, den Kategorischen Imperativ (Kant-KpV) einzuhalten? (…) Mit Blick auf Freud führt Schnädelbach aus, dass „die Fassade des vernünftigen Ich vor dem tiefgreifenden Chaos des triebgesteuerten Unbewussten" (das Es) sehr dünn ist. (S. 200) So 'haben' wir (nur) die Vernunft. Sie ist aber oftmals zerbrechlich. Wohl öffnet sich so die Tür für soziologische Ansätze (Weber, Parsons, Habermas, Luhmann) und auch spieltheoretische Betrachtungen (Nash, Schelten) zur Rationalität des Verhaltens von Menschen (und Lebewesen). (…) An etlichen Stellen öffnet Schnädelbach Türen für weitergehende Verständigungen. So heißt es zum Beispiel auf S. 178: „Der Begriff 'Handlung' ist analysierbar, also kein einfacher Begriff." Er gibt dann eine (mögliche) Auflösung der Begriffsstruktur angelehnt an Überlegungen von Danto. Dem aufmerksamen Betrachter wird zum Beispiel ein Zeitkern im Geflecht der Handlungsabfolge sichtbar, der selten explizit dargelegt und in seinen Konsequenzen diskutiert wird. Wer oder was ist das handelnde Subjekt? (…) Nicht immer teilten die Teilnehmer die Schlussfolgerungen von Schnädelbach. Doch zugleich war bei vielen Teilnehmern ein Bedürfnis nach Schlussfolgerungen der Philosophen erkennbar.

D: Das „letzte Wort" nach Nagel

Denken, Sprache, Logik, Wissenschaft, Ethik, Evolution und Religion sind die Stichwörter, die die Erörterung im Buch von Nagel leiten. Eine zentrale Einsicht ist nach Nagel, dass die Grammatik der Logik folgt. Die „allgemeinsten Formen des Denkens" hängen nicht von einer Einzelsprache ab. Für ihn ist die „kontingente Einzelsprache, die man zufällig spricht, (…) im Wesentlichen ein Werkzeug des Denkens" (N-58). Mit der Überschätzung der Sprache verbindet sich für Nagel im 20. Jahrhundert eine Abwertung der Vernunft und eine Etablierung relativierender Einschätzungen. Nach Nagel wurde diese „Verfallserscheinung" in gewisser Hinsicht von der analytischen Philosophie selbst verursacht. Für Nagel droht mit der Überbewertung der Sprache „eine Art von Psychologismus" (N-57). Dies steht auch in Spannung zu seinen Sympathien für Frege (N-15).[7] (…) Nagel sieht in philosophischer Hinsicht in der Logik eine wesentliche (transzendentale) Grundgegebenheit für die Möglichkeit von (nicht nur) wissenschaftlicher Erkenntnis. Die aktuellen Diskussionen auch zum Wechselbezug zwischen

Logik, Soziologie und Psychologie streift er. „Durch Ethnologie", so Nagel, „lässt sich die Logik nicht verdrängen" (N-33). Er selbst folgt bei seinen Betrachtungen den Arbeiten von Kripke. (…) Bedeutsam ist nach Nagel „die Lücke" im Denken. Die Lücken zwischen Sein und Sollen (N-70), Denken und Welt (N-130) und Wünschen und Handlungen (N-160) kann das Denken aus sich heraus nicht auflösen.[8] (…) Nagel erinnert somit an ein Grundthema der alten Denker. Er zeigt die Problematik beispielhaft in Ethik, Wissenschaft und Evolutionstheorie auf. Zugleich betont er immer wieder die Bedeutung der Vernunft für unsere Weltbeschreibung: „Die Idee der Vernunft *entsteht aus* dem Versuch, das Subjektive vom Objektiven zu unterscheiden" (N-38). Und: „Wenn man das Denken global in Frage zu stellen versucht, führt es uns stets zurück zur Anwendung der uneingeschränkten Vernunft" (N-33). Jedoch können nach Nagel naturalistische Beschreibungen die Ratio nicht erklären. Auch kann die Intentionalität nicht naturalistisch aufgelöst werden (siehe N-59). Im Kern kann nach ihm, sofern dies der eigentliche Grund seiner Argumentation ist, die Unendlichkeit der Möglichkeiten, die zum Beispiel im Rahmen der Handlungsausrichtung abgewogen werden muss, nicht durch die begrenzte Rationalität eingefangen werden (vgl. N-64). (…) Relativismus und Subjektivismus prägen in all ihren Spielarten unser modernes Denken und unser Weltverständnis. In tieferer Hinsicht geht mit dem Subjektivismus die Idee einher, dass Zeit und Raum subjektive Erscheinungsformen sind. Dies ermöglichte die Relativitätstheorien von Einstein. (Vgl. N-37. Beachte K-B46ff.) Jedoch gibt – wohl bewusst von Nagel gegen Kant gesetzt – das „empirische Denken" nicht nur „über die phänomenale Welt Auskunft" (N-146).[9] (…) Dies führt zu Detailfragen (Bestimmung von unendlichen Ausdrücken usw.), die Nagel jedoch nicht erörtert. (Stellt dies dann auch die modernen Simulationsansätze in Frage?) Was kennzeichnet die Rationalität? Wie gelingt es uns, die Unendlichkeit im Dasein zu bewältigen? (Die Romantik spricht von der Angst und Sehnsucht.) Durch die Reduktion der Wahrheits- auf Behauptbarkeitsbedingungen im Denken werden nach Nagel die Probleme letztlich jedoch nicht gelöst (vgl. N-71). (…) (Kann durch ein anderes Rechenverständnis, wie es vielleicht in der Quantenphysik sichtbar wird, die Problematik besser gelöst werden? Wie rechnet die Natur? – Wie können verbesserte Algorithmen und Beschreibungszugriffe aussehen? Verlagert sich so die Problematik? Wird der philosophische Kern zum Gegenstand der mathematischen Vertiefung und Präzisierung? (…) Und so fragt Nagel, ob die Angst vor der Religion das atheistische Denkbedürfnis und Weltverständnis durchzieht (N-191)! Den Projektionsverdacht überträgt Nagel auf die Projektionstheorie. Insofern spielt er ‚das Spiel' der Wissenschaft gegen die Wissenschaft selbst. Es findet sich ein Anschluss an die Fragestellungen der modernen systematischen Theologie (Barth; Tillich; Küng etc.). (…) Bestimmten „normalen Aussagen oder Denkformen" billigt Nagel das „letzte Wort" zu (N-54). Jedoch verbinden sich für ihn damit nur sehr zurückhaltende Erwartungen. So versteht er die Vernunft – in Nähe zu Freud (?) – nur als eine leise Stimme. Erinnert sei an Schnädelbach, der bemerkt hat, dass es nicht vernünftig ist, „die Vernunft zu verachten". Jedoch sollte man sie nicht überfordern. (S-206.)

3 Resümee

1. Die Bemühungen der Philosophen und Physiker wurden in den Veranstaltungen deutlich. Die Grenzlinien zwischen Religion, Theologie, Philosophie,

Naturwissenschaften, Mathematik, Psychologie und Literatur konnten etwas besser eingeordnet werden.

2. Kant hat die Möglichkeit und das Vermögen der Vernunft näher untersucht. Was kann sie leisten? Eine Verknüpfung von objektiv tragenden Strukturen (Formen) und veränderbaren Inhalten wurde von ihm erkannt. Was ist wirklich gewiss? Welche Irrtümer sind vermeidbar? Wie sind Form und Inhalt, Struktur und Leben verknüpft? Was kann modelliert werden? Wie ist das Verhältnis von Denken, Wissen und Glauben zu bestimmen? Gibt es eine erkennbare Gewissheit? Oder verfällt alles der Beliebigkeit? Bleibt nur ein Weltschmerz (K-B884)? – Was kann ich wissen? Was soll ich tun? Was darf ich hoffen? Und letztlich: Was ist der Mensch?

3. Für viele Teilnehmer war es eine große Chance, die eigenen Vorstellungen zu äußern und zu verhandeln. Insgesamt waren es spannende Veranstaltungen und eine fruchtbare und anregende Verständigungszeit.[10]

4. Nachtrag: Die Veranstaltungsreihe wurde in den Jahren danach (2018-2025) fortgeführt. Der Grundtitel war einheitlich: Modelle der Welt. So z. B. 2019-2022: Modelle der Welt – Habermas (Erkenntnis und Interesse); 2022: Modelle der Welt – Leibniz (Monadologie); 2024-2025: Modelle der Welt – Quantenphysik und Denkvoraussetzungen; 2025 …: Freud und die Psychoanalyse. Besprochen wurden in diesem Zusammenhang Grundfragen zur Kantischen Philosophie und speziell zum Selbstverständnis der Aufklärung. In diesen Zusammenhängen wurden auch Betrachtung zu Brandom (Begründen und Begreifen) und speziell zu Fragestellungen der KI-Entwicklungen thematisiert. In den Blick kamen psychoanalytische Fragen. Die von Freud erörterten Krankungen und die Kränkungen durch die modernen IT-Welt wurden thematisiert.

Anmerkungen

1. Im Vorfeld gab es hierzu von mir mit dem Gemeindepastor und auch mit einigen Interessierten Gespräche, die letztlich zur Konzeption der Veranstaltung, die an sich nur über ein Jahr gehen sollte, führte. Das große Interesse der Teilnehmer führte jedoch zur Verlängerung und Ausweitung der Verständigungen.

2. Folgende Inhalte (Lektüren) haben wir im Arbeitskreis „Naturwissenschaft und Theologie" ((seit 2014) „Naturwissenschaften und Philosophie") in der St. Johannes-Gemeinde in Petersberg behandelt:

    1.   01 / 2011 – 12 / 2011: Denken und Glauben am Beispiel von W. Heisenberg
    2.   01 / 2012 – 11 / 2012: Was bedeutet das alles? (Nagel)
    3.   03 / 2013 – 11 / 2013: Philosophische Gedankenexperimente (Bertram)
    4.   06 / 2014 – 10 / 2015: Wissen – Was weiß die Philosophie? (Schnädelbach)
    5.   02 / 2016 – 03 / 2017: Ist die Welt gewiss? (Das letzte Wort. (Nagel))

3. Zum Teil zitiere ich meine Überlegungen aus den Nachbetrachtungen, die zum Teil nach Abschluss der Sitzungen im Johannesboten – ein Gemeindeblatt – veröffentlicht wurden, um so auch die Verständigungen im kirchlichen Rahmen zu verdeutlichen.

4. In einer Sitzung wurde im Jahr 2011 über die „Streuung von Licht an Licht" (Heisenberg, S. 191) gesprochen, die Heisenberg mit Euler um 1940 mathematisch näher diskutierte. Das CERN teilte im Februar 2017 mit, dass entsprechende Wechselwirkungen nun auch experimentell belegt wurden.

5. Siehe hierzu Heisenberg, S. 88-100.

6. Zum Auftakt dieser Veranstaltungslinie wurde von Bertold Brecht das Gedicht „Verwisch die Spuren" (Gedichte 1926-1933) besprochen. Welche Lebensspuren lassen wir im Leben zurück? Dürfen wir uns tarnen? Welche Welt erleben wir als Heimat? Was ist unser Geheimnis? In diesem Zusammenhang fragten wir uns, was wir von anderen Menschen wissen. Dieses Thema wurde orientiert an der Erzählung „Schweigen" aus der Sammlung „Tricks" von Alice Munro (Nobelpreis 2013) näher betrachtet.

7. In vielerlei Hinsicht basiert der Sprachrelativismus auf der Sapir-Whorf-Hypothese, die wohl Ausdruck eines Missverständnisses ist. Leider erörtert dies Nagel nicht im Detail. Nagel bemerkt, dass das Denken nicht von außen verstanden werden kann (N-22-56). Geht er nun jedoch davon aus, dass die Sprache von außen verstanden werden kann? Dem Leser werden so die Argumentationsgründe nicht deutlich, was angesichts der Relevanz der Einschätzung bedauerlich ist.

8. Die Lücke tritt bereits bei Pythagoras bei der Einsicht in die Irrationalität der Wurzel-2 auf. Der Wert ist vorhanden: Eine Diagonale existiert. Im rationalen Zahlenmodell (|Q) kann er jedoch nicht dargestellt werden. Die Zahl wird als irrationale Zahl eingeordnet. – All dies kann der vernünftige Verstand jedoch erkennen.)

9. Nagel sieht wohl in Orientierung an den Experimenten von Roger Shepard zur bildlichen Rotation von Gegenständen und den Überlegungen von Wilfrid Sellars zur Bedeutung des „logischen Raums der Gründe" für unsere Denkprozesse einen nicht empirisch erklärbaren Denkgrund. Es wirkt so, als ob über die Empirie die reine Vernunft gefunden bzw. gegen psychologisch-soziologische Nivellierungen gerettet werden kann. Dies wird jedoch von Nagel nicht näher diskutiert.

10. Bedanken möchte ich mich bei der evangelischen Kirchengemeinde St. Johannes Kirche in Petersberg / Fulda, die uns den Verständigungsraum zur Verfügung gestellt hat. Ein besonderer Dank geht an Herrn Pastor Pfeifer, der auch an vielen Veranstaltungen teilgenommen hat. Die Einladungstexte und Nachbetrachtungen konnten jeweils im Gemeindebrief veröffentlicht werden. Weiterhin geht ein Dank an viele Teilnehmer und Teilnehmerinnen, von denen ich einige erwähnen möchte: Herrn Baarske, Frau Bandlow, Herrn Fritz, Frau Graalmann, Herrn Dr. Hildmann, Herrn Dr. Horn, Frau Siebernik-Landmann, Herrn Dr. Marx, Herrn Sommer, Herrn Zander. Die Gespräche waren bereichernd und haben immer wieder unbekannte Räume und Landschaften geöffnet.

Ein Blick, ein Muster

Zur Problematik von Symmetrien und Symmetriebrüchen

Nachfolgend werden einige Hinweisen zur Symmetriethematik im Leben und in der Mathematik und hinsichtlich ihrer Verankerung im (schulischen) Lernen gegeben. Mit der Betrachtung von elementaren Gegebenheiten der Wahrscheinlichkeitsrechnung werden paradox anmutende Zusammenhänge in Form von ›Symmetriebrüchen‹ verdeutlicht, die eventuell in Spannung zu ›naiven‹ Vorstellungen und Erwartungen stehen. Die Bedeutung der Problematik der Symmetrie für die Mathematik und für das wissenschaftliche Denken wird abschließend kurz skizziert.

1 Zur Bedeutung der Thematik im Alltag

Mit den Aspekten der Ordnung und Symmetrie verbinden sich z. B. kognitive, kommunikative, logische und auch visuell-ästhetische Fähigkeiten bzw. Einsichten. Symmetrie, Asymmetrie, Symmetriebrechungen und -minderungen sind z. B. bedeutsam in den Fächern Deutsch (Kommunikationsregeln), Religion und Ethik (Handlungsnormen und Menschenbilder), Sport (Bewegungsmuster, Teambildungen und Spielweisen), Kunst (Bilder, Musik (Lieder und Kompositionen)), Mathematik und Naturwissenschaften. Hingewiesen wird in der Mathematik exemplarisch auch auf Blütenformen, Broschen, Buchstaben, Gartenanlagen, Graphiken, Kristalle, Ornamente, Vasen, Verkehrsschilder, Zahlen und Ziffern aus der alltäglichen Erfahrungswelt. Geometrisch werden die Aspekte der Spiegelung, Verschiebung und Drehung von Figuren aufgeführt. Mit den Symmetrien bei Figuren und Körpern verbinden viele Menschen ein Empfinden von Ordnung und zum Teil auch von Schönheit. So können Gebilde gemäß der Symmetrie gedreht werden und behalten ihr Aussehen. Z. B. kann eine Schneeflocke mit fünf ›Ecken‹ bzw. ›Armen‹ um $\varphi_n = n \cdot 72°$ (mit $n \in \{0, 1, 2, 3, 4\}$) gedreht werden und behält ihre ursprüngliche Form. Es existieren insofern fünf Symmetrien. Bei asymmetrischen Formen, Mustern und Körpern liegen entsprechende Möglichkeiten so nicht vor (Abb. 1). Elementar wird zwischen diskreten Symmetrien, zu denen die Spiegelungen gehören, und kontinuierlichen Symmetrien, zu denen die Drehungen zählen, unterschieden. Durch Beschädigungen an Körpern etc. können sich Symmetrien aufheben. Auch an Alltagsobjekten, Sitzplatzvariationen an Tischen und beim Wechselvorgang der Reifen bei einem Fahrzeug können beispielhaft die Beziehungen und operativen Aspekte verdeutlicht werden.

Viele Menschen verbinden punkt- $[f(x) = -f(-x)]$ und achsensymmetrische $[f(x) = f(-x)]$ Beziehungen mit der Konstruktion von Figuren und der Auflösung von Gleichungen. Hierbei zeigt sich, dass die graphischen Besonderheiten mit den Potenzen der Funktionsterme verknüpft sind. Bereits in der Antike wurden symmetrische Figuren und Körpern (Platonische Körper: Tetraeder, Würfel, Oktaeder, Dodekaeder, Ikosaeder) beschrieben. Mit einer Symmetrie verbindet sich in der Mathematik die Idee einer Invarianz, die eine systemische Unveränderbarkeit charakterisiert.

Abb. 1. Symmetrische und asymmetrische ›Gestaltungen‹

2 Ziehen von Zufallszahlen und die Parität ihrer Summe

Es liegt eine Menge M von natürlichen Zahlen vor. Die Anzahl der geraden und ungeraden Zahlen in M soll genau gleich sein. Die Gesamtanzahl n der Elemente von M besitzt somit eine gerade Parität. Es werden nacheinander zwei Zahlen (x und y) – ohne Zurücklegen – zufällig gezogen. Betrachtet wird nun die Summe s = x + y. Eine ungerade Summe ergibt sich aus der Addition von zwei Zahlen mit unterschiedlichen Paritäten. Eine gerade Summe aus der Addition von zwei Zahlen mit gleichen Paritäten. Die Gegebenheiten können mit einem Baumdiagramm übersichtlich dargestellt werden (Abb. 2). Für gerade bzw. ungerade Zahlen, die gezogen werden, werden die Buchstaben g und u verwendet. $p_u(g)$, $p_g(u)$, $p_g(g)$, $p_u(u)$ stehen jeweils für bedingte Wahrscheinlichkeiten: So bezeichnet $p_u(g)$ die Wahrscheinlichkeit für eine gerade Zahl (g) unter der Voraussetzung einer vorher gezogenen ungeraden Zahl (u).

1. Ziehebene (erste Stufe): $p(g) = p(u) = \frac{1}{2}$

2. Ziehebene (zweite Stufe): $p_g(g) = p_u(u) = \frac{(n/2) - 1}{n - 1} = \frac{n - 2}{2n - 2}$ und

$p_g(u) = p_u(g) = \frac{n}{2n - 2}$

Für die Wahrscheinlichkeitswerte der zweiten Ziehebene gilt:

$p_g(g) + p_g(u) = p_u(g) + p_u(u) = \frac{n-2}{2n-2} + \frac{n}{2n-2} = \frac{\frac{1}{2} \cdot ((n-2)+(n))}{n-1} = \frac{\frac{1}{2} \cdot (2n-2)}{n-1} = \frac{n-1}{n-1}$

Start (mit Gesamtzahl n)

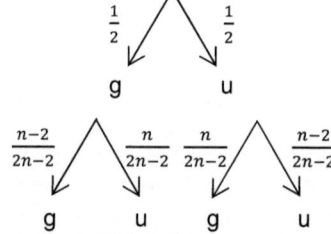

Abb. 2. Baumdiagrammdarstellung »Ziehen aus einer Urne (ohne Zurücklegen)«

Wir erhalten unter Beachtung der bedingten Wahrscheinlichkeiten folgende Wahrscheinlichkeiten (p)
(mit S-Gerade: Summe ist gerade; S-Ungerade: Summe ist ungerade):

$p(\text{S-Gerade}) = \frac{1}{2} \cdot \frac{n-2}{2n-2} + \frac{1}{2} \cdot \frac{n-2}{2n-2} = \frac{n-2}{2n-2} = \frac{1}{2} \cdot \frac{(n-1)-1}{n-1} =$

$= 0{,}5 \cdot (1 - \frac{1}{n-1}) \leq 0{,}5$

$$p(\text{S-Ungerade}) = \frac{1}{2} \cdot \frac{n}{2n-2} + \frac{1}{2} \cdot \frac{n}{2n-2} = \frac{n}{2n-2} = \frac{1}{2} \cdot \frac{n}{n-1} =$$
$$= 0,5 \cdot (1 + \frac{1}{n-1}) \geq 0,5$$

(Die Gleichheit ergibt sich jeweils für $n \to \infty$.)

Weiterhin gilt: $p(\text{S-Gerade}) + p(\text{S-Ungerade}) = 1$.

Beispielsweise ergibt sich für n = 100 mit 50 geraden und 50 ungeraden Zahlen $p(\text{S-Gerade}) = \frac{49}{99}$ und $p(\text{S-Ungerade}) = \frac{50}{99}$.

Wird nur eine Zahl gezogen, beträgt die Wahrscheinlichkeit dafür, dass eine gerade oder eine ungerade Zahl gezogen wird, jeweils genau $p(g) = p(u) = 0,5$. Es liegt insofern eine symmetrische Ausgangssituation vor. Mit Blick auf die Summen kommt es jedoch zu einem ›Symmetriebruch‹, da $p(\text{S-Gerade}) \neq p(\text{S-Ungerade})$ gilt. (Für $n \to \infty$ folgt $p(\text{S-Gerade}) = p(\text{S-Ungerade})$, da $p_g(u)$, $p_u(g)$, $p_g(g)$ und $p_u(u)$ jeweils gegen $p = 0,5$ konvergieren.)

3 Abfolgen beim Münzwurf

Wir betrachten eine Abfolge von Münzwürfen mit K für Kopf und Z für Zahl. Es liegen Laplace-Gegebenheiten vor. Somit gilt für einen einfachen Wurf: $p(K) = 0,5$ und $p(Z) = 0,5$. Bezüglich der Abfolge von zwei Würfen gilt: $p(KK) = p(KZ) = p(ZK) = p(ZZ) = 0,25$.

Dies kann mit einer zweistufigen Baumdiagrammdarstellung verdeutlicht werden. Wir betrachten nun bei einem Laplace-Experiment das (jeweils erstmalige) Auftreten der Abfolge ZZ (bzw. ZK).

Mit Blick auf fünf Entwicklungsstufen erhalten wir folgende Darstellung (Abb. 3) und die Ergebnisbetrachtung (Tab. 1) bzgl. ZZ.

(Quasi betrachten wir 2-Tupel.

ZZ steht für: Ergebnis auf der n-Ebene: Z; Ergebnis auf der (n+1)-Ebene: Z.

ZK steht für: Ergebnis auf der n-Ebene: Z; Ergebnis auf der (n+1)-Ebene: K.)

Die Anzahl ($\to z_i$) der ZZ-Abfolgen bestimmt sich bezüglich einer Ebene aus der Kenntnis der Werte der beiden vorherigen Ebenen: $z_{n+1} = z_n + z_{n-1}$. So gilt zum Beispiel: $z_1 = 1$ und $z_2 = 1$ folgt $z_3 = 2$.

(Vgl. hierzu die Darstellung unter Abbildung 7.)

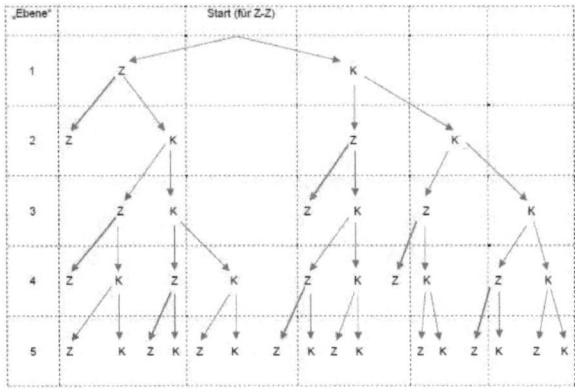

Abb. 3. Darstellung zur Abfolge ZZ

Ergebnisbetrachtung für „ZZ

Abfolge	ZZ	ZKZZ	ZKKZZ	KZZ	KZKZZ	KKZZ	KKKZZ	7 Möglichkeiten für ZZ
zugehöriger Wahrchein- lichkeitswert	1/4	1/16	1/32	1/8	1/32	1/16	1/32	Summe der sieben p-Werte = = 19/32 ≈ 0,594

Tab. 1. Ergebnisbetrachtung für ZZ

In gleicher Art kann eine Betrachtung für die Abfolge ZK vorgenommen werden. Mit Blick auf fünf Entwicklungsstufen erhalten wir folgende Darstellung (Abb. 4) und die Ergebnisbetrachtung (Tab. 2) bzgl. ZK.

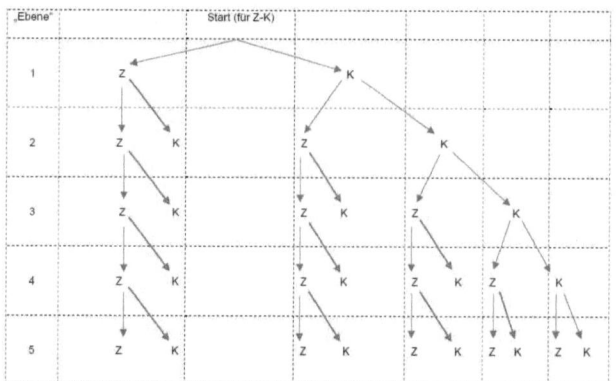

Abb. 4. Darstellung zur Abfolge ZK

Ergebnisbetrachtung für ZK

Abfolge	K	ZK	ZZK	ZZZK	KKZK	KZK	KZZK	ZK	ZZK	ZZZK
zugehöriger Wahrchein- lichkeitswert	1/4	1/8	1/16	1/32	1/32	1/16	1/32	1/8	1/16	1/32

Es ergeben sich 10 Möglichkeiten für ZK (Summe der zehn p-Werte = 26/32 ≈ 0,813).

Tab. 2. Ergebnisbetrachtung für ZK

Im Feld mit fünf gesonderten Stufen tritt unter Beachtung der Betrachtungsperspektive siebenmal die Abfolge ZZ und zehnmal die Abfolge ZK auf. Die Wahrscheinlichen für das Erzielen der jeweiligen Abfolgen bis inkl. der fünften Stufe betragen p(ZZ) ≈ 0,594 und p(ZK) ≈ 0,813. Gleich im Anschluss an eine ZZ-Abfolge ergibt sich sofort auch die Möglichkeit für eine ZK-Abfolge. Hinter einer ZK-Abfolge kann dagegen erst nach zwei ›Schritten‹ eine ZZ-Abfolge auftreten (Abb. 5).

Mit den einzelnen Abfolgen gehen unterschiedliche Gesetzmäßigkeiten bzgl. der Möglichkeiten der Abfolgen einher, die den ›Symmetriebruch‹ bestimmen. Die Differenzen können auch gut mit Automatenmodellen verdeutlicht werden. Siehe hierzu Kapitel 4. Eine Betrachtung zu einem n-stufigen Zufallsexperiment mit 2 ≤ n ≤ 12 führt zu folgenden Ergebnissen (Tab. 3 und Tab. 4). (Hinweis: Angegeben wird jeweils in der zweiten Zeile die Anzahl der Abfolgen mit Blick auf den zugehörigen n-Wert (n → erste Zeile in der Tabelle).)

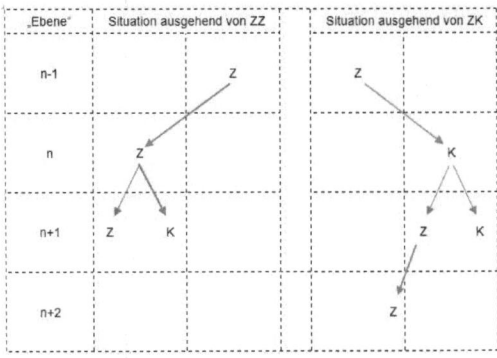

Abb. 5. Darstellung zu den Abfolgen ZZ und ZK

Für die Abfolge von ZZ ergeben sich folgende Daten für $2 \leq n \leq 12$:

n:	2	3	4	5	6	7	8	9	10	11	12
Anzahl:	1	1	2	3	5	8	13	21	34	55	89

Tab. 3. Anzahl der Abfolgen unter Beachtung von n für ZZ

Für die Abfolge ZK ergeben sich folgende Daten für $2 \leq n \leq 12$:

n:	2	3	4	5	6	7	8	9	10	11	12
Anzahl:	1	2	3	4	5	6	7	8	9	10	11

Tab. 4. Anzahl der Abfolgen unter Beachtung von n für ZK

Bei der Abfolge ZK tritt bei dem jeweiligen Wert n als Ergebnisse die Zahl n - 1 auf. Bei der Abfolge von ZZ ergibt sich eine Fibonacci-Gesetzmäßigkeit, da auf das erste Z in einer ZZ-Abfolge auch ein K folgt, auf das dann auch wieder ein ZZ folgt. Insofern gehen mit jeder ZZ-Abfolge jeweils zwingend zwei weitere ZZ-Abfolgen – einmal um eine Entwicklungsstufe und einmal um zwei Ebenen verschoben – einher. Für die einzelnen Abfolgen ergeben sich folgende Summierungen (Tab. 5) für $2 \leq n \leq 12$:

bis einschließlich n:	2	3	4	5	6	7	8	9	10	11	12
Summe der Anzahl von ZZ:	1	2	4	7	12	20	33	54	88	109	198
Summe der Anzahl von ZK:	1	3	6	10	15	21	28	36	45	55	66

Tab. 5. Summierung der einzelnen Daten für ZZ und ZK unter Beachtung von n

Bezüglich der Erwartungswerte ($E(...)$) ergeben sich ausgehend von den Daten der Tabelle 5 unter Beachtung der zugehörigen p-Werte folgende Werte (Abb. 6) für das Auftreten der entsprechenden Abfolgen. Diese Darstellung kann in Abhängigkeit vom ›Lerntyp‹ und hinsichtlich der Unterschiede in den Entwicklungen der ZZ- und ZK- Werte im Vergleich zu den zugehörigen Erwartungswerten hilfreich sein.

Bei unendlich vielen Würfen ($n \to \infty$) wird mit Sicherheit jeweils eine Abfolge ZZ und eine Abfolge ZK erreicht. Insofern konvergieren beide Verläufe für $n \to \infty$ gegen p = 1. Eine Betrachtung unter Verwendung von Tabellen zu Zufallsziffern führt beispielhaft zu folgenden Ergebnissen (Tab. 6):

n	$E(ZZ)$	$E(ZK)$
1	0	0
2	0,25	0,25
3	0,375	0,5
4	0,5	0,6875
5	0,59375	0,8125
6	0,671875	0,890625
7	0,734375	0,9375

n	$E(ZZ)$	$E(ZK)$
8	0,785156	0,964843
9	0,826178	0,980468
10	0,859375	0,989257
11	0,907958	0,996826
12	0,925537	0,9982910
(...)		
∞	$\to 1$	$\to 1$

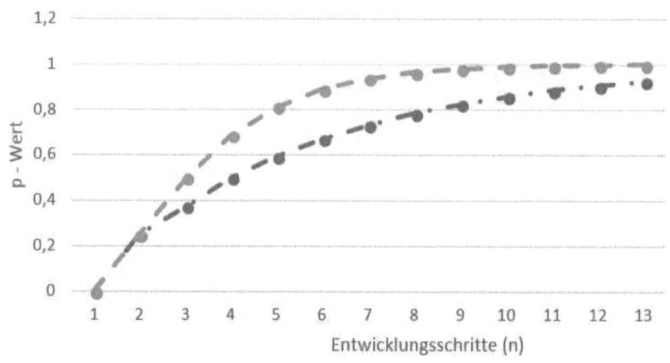

Erwartungswert-Entwicklung

(obere ›Linie‹ für ZK; untere ›Linie‹ für ZZ)

Abb. 6. Illustration der Abfolge der Erwartungswerte ($E(...)$) in Abhängigkeit von n

Nr.	Zufallszahlenfolge umgesetzt in Kopf (K) und Zahl (Z)	Anzahl		Abstand zur ersten Abfolge			
		Z	K	ZZ	ZK	KZ	KK
1	KZZZK ZZZKZ ZZZKK ZKKZK KKKKK	12	13	1	3	0	13
2	ZKZKZ KZKZK KKZKK ZZKZK KKKZK	10	15	15	0	1	9
3	KZZKK ZKKZZ KZZZK KZZZZ KZZZK	15	10	1	2	0	3
4	ZZKZK ZKZKZ KZKZK KKZZZ KKKZK	12	13	0	1	2	14
5	ZKKZK KZZKK KKZKZ KZZKK KZZZZ	12	13	6	0	2	1
Σ	125 Werte führen zu:	61	64	23	6	5	40
	Durchschnittswerte (der Abstände):			**4,6**	**1,2**	**1**	**8**

Tab. 6. Verschiedene Kopf-Zahl-Abfolgen (simuliert mit Zufallsziffern)

Hinweise: Gerade Zahlwerte in den Zufallsziffern stehen zum Beispiel für Z und ungerade für K. Die Daten orientieren sich an den üblichen Auflistungen in Schulbüchern. 12896 repräsentiert so zum Beispiel die Abfolge KZZKZ. Die Nummerierung (1 ... 5) in der Tabelle 7 dient zur besseren Übersicht.
In jeder Zeile tritt immer genau eine Null bei der Zählung der Abstände auf. Der Wert Eins muss dagegen nicht auftreten. Die kleinste Gesamtabstandssumme beträgt 6 Einheiten. (Siehe hierzu beispielhaft die Abfolge unter Nr. 3.) Für die Abfolge KKKKK KKKZK ZKKZK KKZKZ KZKKK ZKKZK KZZ ergeben sich folgende Abstände: ZZ → 31; ZK → 8; KZ → 7; KK → 0. Es können auch unendlich große Abstände auftreten. Obwohl die Abfolgen ZZ und ZK für sich selbst

betrachtet jeweils gleichwahrscheinlich sind, tritt doch in der Abfolge von Münzwürfen die Abfolge ZK deutlich eher auf. Mit Blick auf die ›isolierte Situation‹ in
einer zweistufigen Abfolge liegt eine paradox anmutende Situation vor. Mit Blick
auf die Gesamtgegebenheiten erklärt sich der ›Symmetriebruch‹. Er tritt auf, obwohl eine Gleichheit in der ursprünglichen Verteilung der Symbole (K, Z) vorliegt. (Siehe hierzu auch die Darstellung unter 4.) (Bei diesen Überlegungen
wurde die Gleichverteilung der Zahlen angenommen, die auch für die Gleichverteilung von Z und K bedeutsam ist. Interessant wäre es, unter Beachtung tat-
sächlicher Zahlverteilungen, die empirisch ermittelt wurden, diese Betrachtungen zu vertiefen. Vielleicht kann auch so das ›Benfordsche Gesetz‹ besser
verstanden und begründet werden.)

4 Vertiefung: Beschreibung mit Automatenmodellen

Die unter 3 behandelte Fragestellung kann auch mit Automatenmodellen gut beschrieben werden. Automatenmodelle, die besonders bei der Vernetzung von
Mathematik und Informatik in MINT-Kontexten Berücksichtigung finden können,
vereinfachen oftmals Baumdiagrammdarstellungen. In den Modellen symbolisieren Kreise Zustände. (Im Kreis stehen zum Beispiel die Zustände Z bzw. K
(Abb. 7).) Pfeile zeigen mögliche Übergänge auf und verdeutlichen somit Ent-
wicklungsrichtungen. Die beigefügten Zahlen geben die p-Werte der Über-
gangswahrscheinlichkeiten an. Bei START beginnt die Entwicklung, die mit
ENDE abgeschlossen wird. Wir betrachten die Gegebenheiten beim Automaten-
modell zur Abfolge ZZ. Deutlich wird, dass eine enge Beziehung zu kombinatori-
schen Betrachtungen vorliegt. Abgesehen von der ersten Abfolge (ZZ) tritt in der
weiteren Entwicklung jeweils abschließend die Abfolge KZZ auf. Bei den Ab-
folge-Elementen davor folgt auf jedes Z zwingend ein K. Die Anzahl (f_n) der
möglichen Kombinationen, bevor abschließend KZZ auftritt, berechnet sich über
(*) mit m = n – 2 unter Beachtung der Terme, für die (m – k) ≥ k gilt, wie folgt: (*)
$f_n = \sum_{k=0}^{n} \binom{m - k}{k}$.

Wir erhalten so zum Beispiel für n = 9 die möglichen Abfolgen KKKKKKKZZ,
(ZKKKKKKZZ, KZKKKKKZZ, KKZKKKKZZ, KKKZKKKZZ, KKKKZKKZZ,
KKKKKZKZZ), (ZKZKKKKZZ, ZKKZKKKZZ, ZKKKZKKZZ, ZKKKKZKZZ,
KZKZKKKZZ, KZKKZKKZZ, KZKKKZKZZ, KKZKZKKZZ, KKZKKZKZZ,
KKKZKZKZZ), (ZKZKZKKZZ, ZKZKKZKZZ, ZKKZKZKZZ, KZKZKZKZZ).
Die Anzahl beträgt: f_n = 1 + 6 + 10 + 4 = 21.
Mit (*) ergibt sich für n = 9: $f_n = \sum_{k=0}^{9} \binom{7 - k}{k} = \binom{7}{0} + \binom{6}{1} + \binom{5}{2} + \binom{4}{3} =$
$= 1 + 6 + 10 + 4 = 21$.
Die Fibonacci-Gegebenheiten ergeben sich aus Kombination von Daten aus
dem Pascalschen ›Dreieck‹, das aus didaktischen Gründen hier umgezeichnet
dargestellt wird (Abb. 8). Wir erhalten zum Beispiel für n - 2 = 7 folgende Werte:
$f_9 = \sum_{k=0}^{9} \binom{7 - k}{k} = \binom{7}{0} + \binom{6}{1} + \binom{5}{2} + \binom{4}{3} = 1 + 6 + 10 + 4 = 21$.

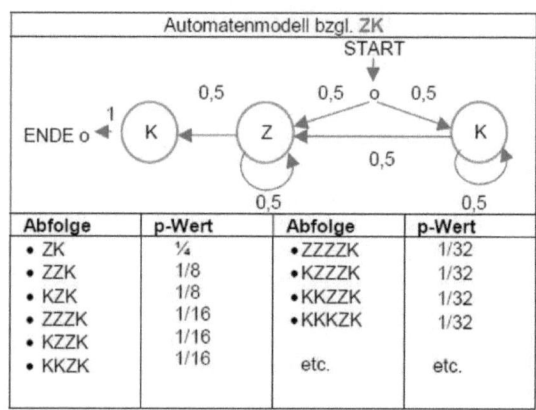

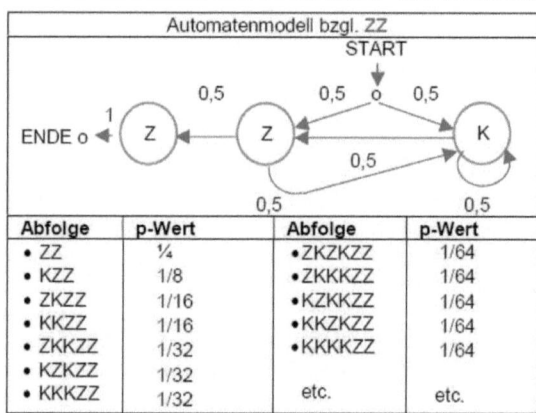

Abb. 7. Automatenmodelle(Beschreibung der Entwicklungen und Möglichkeiten)

Beispielhaft werden die zugehörigen Werte für f_6, f_7, f_8, f_9, f_{10}, f_{11} und f_{12} über die zugehörigen Farben in den entsprechenden Zellen der Tabelle in der Abbildung 8 dargestellt. Nacheinander können so alle Werte der Pascalschen Darstellung in die Fibonacci Beziehungen überführt werden. Mit der Beziehung unter (*) können die einzelnen Glieder der Fibonacci-Beziehung direkt berechnet werden. (Diese Betrachtungen sind zum Beispiel auch bedeutsam für Wegesuch-Bestimmungen (Routing-Verfahren) in (Rechner-)Netzen.)

5 Kommentar und Blicke über die elementare Mathematik hinaus

Die Einsichten zu den ZZ- und ZK-Abfolgen berühren auch empirisch orientierte Erkundungen mit Blick auf die Endungen von Primzahlen. Hierbei existieren bei größeren Zahlen die Endungen 1, 3, 7, 9. Bei einer zufälligen Verteilung wäre zu erwarten, dass jede Endziffer mit der Wahrscheinlichkeit von p = 0,25 auftreten würde. Tatsächlich treten jedoch zum Beispiel bis zur Größe von einer Billion erhebliche Abweichungen zu diesem Wert auf. Insgesamt gibt es für diesen Bereich 9,4 Milliarden Primzahlen mit der Endung 1. Nach einer 1 folgt zum Beispiel wieder eine 1 als Endzahl mit einer Wahrscheinlichkeit von p(1-1) = 0,1915 und eine 3 nach einer 1 mit der Wahrscheinlichkeit p(1-3) = 0,2872. Diese

n - 2	k:=	0	1	2	3	4	5	6	7	8	9
1		1									
2		1	1								
3		1	2	1							
4		1	3	3	1						
5		1	4	6	4	1					
6		1	5	10	10	5	1				
7		1	6	15	20	15	6	1			
8		1	7	21	35	35	21	7	1		
9		1	8	28	56	70	56	28	8	1	
10		1	9	36	84	125	126	84	36	9	1

Abb. 8. FIBONACCI Daten aus den Werten des PASCALSCHEN ›Dreiecks‹

Abweichung wird innerhalb der Zahlentheorie als nicht zufällige Verletzung der Erwartung der Gleichverteilung eingeschätzt. Tatsächlich gibt es dazu auch mit der Hardy-Littlewood-Vermutung einen Erklärungsansatz (siehe Drösser, 2016 und Sautoy, 2004). Die moderne Mathematik konnte auf der Basis von Primzahlen ein »Periodensystem der Symmetrie« entwickeln (Sautoy, 2011, S. 27). 26 Gruppen gehören zu diesem Periodensystem. Die größte Symmetriegruppe, die sogenannte Monstergruppe, besitzt ca. $8,08 \cdot 10^{53}$ Symmetrien. In der Wissenschaft werden kontinuierliche und diskrete, globale und lokale, dynamische und geometrische, empirische, halbempirische und mathematische Symmetrien unterschieden. Die Erhaltungssätze der Natur sind mit der kontinuierlichen Symmetrie klassischer Systeme verknüpft (erstes Theorem von Emmy Noether). Dies findet seinen Ausdruck in gruppentheoretischen Beschreibungen und hierbei speziell in der Lie-Theorie (Lie-Gruppe und -Algebra). Die unabhängigen Parameter einer Gruppe weisen auf Erhaltungssätze, die bei den Naturbeschreibungen eine zentrale Bedeutung einnehmen. Mit den mathematischen Gruppen finden die invarianten physikalischen Größen ihren Ausdruck. Dies ist eine bedeutsame Verknüpfung zwischen den mathematischen und physikalischen Betrachtungen und leitet die Bemühungen innerhalb der theoretischen Physik. Weizsäcker bemerkt: »Die Symmetriegruppen bezeichnen einen Typ von Gesetzmäßigkeit, der in der Tripel-Alternative von Morphologie, Kausalität und Finalität nicht eingeordnet werden kann, sondern eher auf einen möglichen gemeinsamen Ursprung dieser drei Formen deutet.« (Weizsäcker 1988, S. 245.) Die Betrachtungen zur Symmetrie können hilfreich sein, um ein Verständnis für ›sprungartige‹ bzw. ›symmetriebrechende‹ Übergänge entwickeln zu können, die von verschiedenen Disziplinen und Wissenschaften in ihren Gegenstandbereichen thematisiert werden. Beispielhaft sei auf ›Symmetriebrüche‹ hingewiesen, die in Physik (Quantenphänomene – vgl. zum Beispiel Heisenberg (1981, S. 271 und S. 280)) und Mathematik (Sautoy (2011, S. 322-327)) behandelt werden. In der Kosmologie wird darüber nachgedacht, ob der Aspekt der ›Symmetrieminderung‹ auf der Ebene der Elementarteilchen erst die Entstehung des Weltalls ermöglicht hat. Siehe hierzu die Überlegungen zur »Zweiteilung und Symmetrieminderung« bei Heisenberg (1981, S. 284). Er fragt mit Blick auf die Gültigkeit der Naturgesetze auch, ob der Kosmos »nicht symmetrisch zu sein braucht gegenüber den Operationen, unter denen Naturgesetze invariant« sind (Heisenberg 1981, S. 271). Der Symmetriebruch kann für die Entwicklung von Leben bedeutsam sein. Letztlich kann gefragt werden: »Warum gibt es überhaupt Symmetrien?« (Weizsäcker 1992, S. 275.)

Nachtrag

»„Das sind Röntgenbilder von Kristallgittern", sagte Agnes. „Die wirkliche Anordnungen der Atome. Ganz tief in allem ist Symmetrie." Ich gab ihr die Platten zurück. Sie trat ans Fenster und hielt sie einzeln gegen das Licht. „Das Geheimnisvolle ist die Leere in der Mitte", sagte sie, „das, was man nicht sieht, die Symmetrieachsen." (...) „Es ist die Asymmetrie, die das Leben überhaupt erst möglich macht."«
Stamm 2016, S.44f.

Gedichte – Leuchttürme im Leben

„Niemand weiß, was ein Gedicht ist." Matt 2018, S. 9.
„Jeder große Dichter dichtet nur aus einem einzigen Gedicht."
Heidegger (mit Blick auf Trakl), in Vettel 2014, S. 145.

Ein Gedicht ist kein Lied, keine Geschichte und auch keine praktische Handlungsanweisung. Es kann unter verschiedenen Gesichtspunkten - Anschaulichkeit, Originalität, Reimformen, Versgestaltung, Verständlichkeit - beurteilt werden. Es kann formal beschrieben werden. Es gibt den (lakonischen) Hinweis, dass ein Gedicht Zeilen bricht.

Ein Gedicht ist etwas, was dicht geschrieben ist. Das begriffliche Gerüst (Skelett) einer Wirklichkeit wird dargelegt. Es nennt charakteristische Bezugswörter. Die Übergänge bleiben oftmals ausgespart. Die Lücken kann der Leser selbst - psychologisch, kausal, emphatisch gewählt - ausfüllen. Ein Sinn-Bezug zur Realität ist kritisch-kreativ zu entdecken. Und das Wechselspiel von innerer und äußerer Welt, von subjektiven und objektiven Anteilen ist abzuwägen. Kann ein Subtext entdeckt werden? Ist die Rolle des Dichters verstellt? Abseits- und Fluchtorte wären zu thematisieren. (Siehe Mauser, 1981.) Begriffliche Präferenzen aus Kunst, Natur, Psychologie, Religion und Wissenschaft sind zu beachten. Existieren offensichtliche bzw. verborgene Schlüssel (bzw. Schicksale)? Mit welcher Färbung und Intensität werden Begriffe zur Beschreibung der abstrakten Struktur eingesetzt?

Insofern werden Leuchttürme genannt. Die Verbindungen und Bezüge dieser zur Umgebung bleiben offen. Deutungs- und Möglichkeitsräume existieren. Die diskreten Bestimmungen können gemäß der Fantasie zu einem (stetigen) Kontinuum erweitert werden.

Ein Gedicht berührt das Geheimnis der menschlichen Existenz.

Sie sind manchmal auch Kammern, in denen ein Verweilen, gar Überleben in unwirklichen Zeiten möglich wird.

Die Überlegung von Bobrowski (2010, S. 41)

„An Klopstock // Wenn ich das Wirkliche nicht / wollte, dieses: ich sag / Strom und Wald, / (...) / wie wollt ich / sagen deinen Namen"

bleibt dabei (durchaus regulativ) bedeutsam.
Drückt ein Satz wie # Ein Glück ist ein Glück ist ein Glück # etwas konkret und korrekt aus? Es berührt die logische Abbildfähigkeit der Begriffe. (Vgl. Egger 2008, S. 52.)
Der Sinn für Metaphern ist gefragt. Die Fähigkeit, die Dünen und das Gras im Raum zwischen den Türmen sehen zu können, wird ausgedrückt. Lesen, Deuten und Verstehen von Gedichten haben somit eine sozialisierende, lernpsychologische und (wohl auch volks-)pädagogische Bedeutung. Der Möglichkeitssinn trifft das Reale.
Die Begriffe bleiben nüchtern und karg. Manchmal wird eine ästhetisierte (erotische?) Schwebung spürbar. Eine Schwebung, die einen Zugang zur Welt sucht.
Peter von Matt weist darauf hin, dass Gedichte vollkommen sein sollen, so zumindest aus anthropologischer Sicht. Die Vollkommenheit verknüpft dabei die Schönheit mit der Wahrheit. Dies steht jedoch nach unserem kulturell-kritischen Verständnis zueinander in Spannung. Es wirkt so, als ob mit dem Gedicht das „Heilige" eingefangen werden soll, was nach Kant gemäß seiner nominalistischen Orientierung nicht direkt a priori möglich ist. Insofern symbolisiert das Bedürfnis nach einem vollkommenen Gedicht generell die Bemühungen in unserem Kulturraum: die Suche nach dem Vollkommenen im Diesseits. (Siehe Matt 2017, S, 11ff.) Dies ist, so drängt sich der Gedanke auf, selbst Ausdruck einer Hybris. Freud hat dazu ein sehr nüchternes Verständnis entwickelt. (Siehe Freud 1981b). In KI-Zeiten sucht man erneut nach dem vollkommenen Spiel, Gedicht usw. – also auf moderne Art nach dem „Heiligen".
(„Solange die Welt ist, wie sie ist, ähneln alle Bilder von Versöhnung, Frieden und Ruhe dem des Todes. Die kleinste Differenz zwischen dem Nichts und dem zur Ruhe Gelangten wäre die Zuflucht zur Hoffnung. Niemandsland zwischen den Grenzpfählen von Sein und Nichts" (Adorno 1982, S. 374).)

Ergänzung: Gedichte zum Glaubenskontext / zu Glaubenswelten

›Ewiges‹	glaube
Salzig weich	ungläubiger blick
Atome bindend	fassungslosigkeit
Durchdringend wie Licht	gestürzt ins fremde
Regentropfen aus der Ferne	
Erzählen von Wolken und Erde	gelehnt an die tür
Von Schönheit und endlicher Sicht	hält doch der rahmen
Fallen auf die Haut	
Nässe entbindet	
Bindet Leben	

vergeblich
der Tod protestiert ergebnislos
gegen die Liebe

fest zu weihnachten
ich habe immer hoffnung
keine gewissheit

Getrennt

Vielleicht
Hört
Feines
Fernes
Tastet
Nebel

Trennt

Welten

Entblößt
Glaubenstüren

Gewissheiten
Stürzen

Vielleicht

Regellos

Wir sind frei und ruhelos
Und treiben über Schwellen –
Wie Strandholz, heimatlos.

Wir hoffen auf stumme Gnade
Wie das Vakuum auf Licht.
Der Satz sucht sich die Gründe.

Mein Traum hört deine Schritte.
Seelenrufe lautlos im festen Takt:
Unfassbar leer bleibt mir deine Bitte.

Wir sind glaubensleer geeint
Wie Staub und Licht in Flocken.
Das Wahre ist vage gemeint.

Wir sind wie runde Steine,
Erfahren viele Zeiten.
Wir enthäuten uns.

Traum

Schatten im tanzenden Wind –
Gesten, gar Metall
Gelblich – schwebend, weit und fern.

Ist der Boden fest?
Nur die Klänge wissen es!
Und wer weiß um sie?
Ja, wohl nur er, der Eine!
Still sucht er Halt und fegt
Zärtlich den Saum der Zeit

Gib mir Deine Hand –
Ja, versprich mir Ewigkeit!
Du lachst? – Ach, ich weiß:
Es vergeht so ohne Grund.
Doch, lass uns hier sein!
Es webt und pulsiert gar bunt.

Gewitterschlag. Blitz.
Schattenspuren, nasses Licht.
Schritte und Türen:
Auf und zu und hin und her.
Zeit dreht sich geschwind.
Es scheint blau im Augenblick.

Rau es sehnt und pocht.
Stille Stube – Kaffee lau.
Vager Blick – oh Traum.

engelsturz

mit dem engelsturz starb nachts
als sich farben vermengten
klares pulverisierte
dieser glaube ans wissen
auch die sehnsucht und hoffnung

in den tagen der leere
wurde uns die welt so schwer
uns plagt eine ungeduld
für besondere gründe

mir bleibt mein leben
mein tun, mein gefühl
die rote rose

Rückfrage

Ist das Universum blau?
Fragende Blicke.
Hab' ich im All eine Bedeutung?
Vielleicht.
Aufgebrauchte Aufregung.
Schweigen kehrt ein.
Hat das Weltall einen Sinn?

„Wüsten"

„Siss dagegen steht da wie eine Eissäule. Doch langsam (…) taut das Kind auf und kehrt ins Leben zurück." Doris Lessing in Vesaas (2019), S. 196.

Sand-, Salz-, Stein-, Eiswüsten, industrielle, soziale und seelische Verwüstungen: Reale Orte und Geschehnisse, die, so zumindest die Fantasie, nicht behaglich bzw. nur bedingt erstrebenswert sind. Eine reduzierte Vegetation und eine lebensfeindliche Umgebung prägen Wüsten. Die Sahara ist mit 8.700.000 qkm eine der größten Wüsten erdenweit. In ihr leben, meistens mit einem Bezug zu einer Oase, immerhin ca. 2.500.000 Menschen. Zum Vergleich: Deutschland hat im Jahr 2025 eine Fläche von ca. 357.000 qkm, auf der in etwa 84.000.000 Millionen Menschen leben. Wüsten werden oftmals als trostlose Lebensorte verstanden. Dabei sind sie „weder leblos noch leer. Wüsten sind vielfältige Lebensräume und beherbergen erstaunlich vielfältige Bewohner: Menschen, Tiere und Pflanzen" (Klaschka Online-2025).

Oasen sind basierend auf Wasserquellen aktive Vegetationsflecken in der Wüste. Die Wüste führt als solches zu verschiedenen Lebensformen und auch zu einer ‚Lebensreduktion'. Zugleich ist sie ein Rückzugsort zum Schutz (auch natürlicher Ressourcen) und zur Besinnung. Kant hat mit den Wüsten und speziell mit der Sahara die Erhabenheit verbunden.

Wanderungen in der Wüste führen zu einer Stille und dann einer Wahrnehmung seltsamer Töne und Klänge, Lichter und Farben. Man selbst entwickelt eine besondere Aufmerksamkeit, ja Achtsamkeit – auch sich selbst gegenüber. Im Rückzug erobert man sich unbekannte Ideen, Lebensbezüge und Perspektiven. Die Anforderungen der Umwelt (Hitze, Kälte, Einsamkeit …) verdeutlichen das Gefährdet-Sein des Lebens.

Im jüdisch-christlichen Kontext verbindet sich mit der Wüste der Gedanke der Versuchung von Jesus von Nazareth durch den Teufel. Nach seiner Taufe zog es Jesus zum Fasten für vierzig Tage in die Wüste. Dem ‚Spiel der Versuchung und Infragestellung' im Geflecht von ‚Teufel und Gott' widerstand Jesus.[1] Besonders Nietzsche hat das Motiv der Wüste aufgenommen: „Die Wüste wächst: weh dem, der Wüste birgt…". Hierbei geht es um den Verlust eines sinnhaften Bezugs zum Leben. Die Wüste symbolisiert für ihn den Nihilismus in Folge des Verlustes einer lebendigen Nähe zu Gott. Der „Tolle Mensch" verkündet, dass die Menschen Gott entziffert und entwertet haben. In gewisser Hinsicht beschreibt er eine ‚gottlose Religion'. Dieses Ereignis ist nach ihm bisher unverstanden. Es wird uns jedoch die kommenden Jahrhunderte grundlegend prägen.[2]

Etwa 50 Jahre nach Nietzsche wurde von Saint-Exupéry das Motiv der Wüste in der Geschichte „Der Kleine Prinz" eingeführt. So hat der Pilot gleich im zweiten Kapitel einen Unfall mit seinem Flugzeug und landet in der Wüste. Auch hier spielt sich eine existentielle Gegebenheit ab: „So geschah es, dass ich allein lebte und niemanden hatte, mit dem ich mich wirklich unterhalten konnte, bis ich vor sechs Jahren in der Sahara einen Unfall hatte. (…) Es ging für mich um Leben oder Tod, denn ich hatte Trinkwasser für nur acht Tage." Im 18. Kapitel (‚Die Blume in der Wüste') und im 24. (‚Die Schönheit der Wüste') wird das gefährdete Leben in der Wüste thematisiert. Zusammen mit dem Prinzen sucht der Pilot Trinkwasser. Es entspannt sich ein mystisch anmutender Dialog. Letztlich erkennt der Pilot: „Als der kleine Prinz einschlief, nahm ich ihn auf meine Arme und setzte den Weg fort. Ich war bewegt. Es schien mir, als trüge ich ein zerbrechliches Juwel. Es schien mir, als gäbe es nichts Zerbrechlicheres auf der

Erde." Ich „sagte mir: ‚Was ich hier sehe, ist nur eine Hülle. Das Eigentliche ist unsichtbar ...' ". Im 25. Kapitel (‚Der singende Wüstenbrunnen') heißt es: „Der Brunnen erscheint dem Piloten wie ein Wunder (...) mitten in der Sahara: (...) Gemeinsam haben sie das Wasser des Lebens gefunden."

All dies kann jeweils als reales und als symbolischen – innerpsychisches – Geschehen verstanden werden. Bereits im AT wurde am Beispiel von der Frau von Lot die Erstarrung zu einer Salzsäule thematisiert. Die Verwüstungen im Lebens- und Bewusstseinshaushalt der (heutigen) Menschen, die eventuell durch die modernen IT-Geräte und die zugehörigen Medienwelten verstärkt werden, werden von Philosophen und Sozialpsychologen beklagt. Der Rückzug auf einen ‚Ort der Wüste', auf einen Ort im Abseits, kann aber vielleicht auch die Überlebensfähigkeit der Individuen angesichts der Über- und Desinformierung in den modernen Gesellschaften ermöglichen. „Manchmal hört man von (...) Gemeinden der Vergangenheit, bevor sie von Flugzeugen und Zügen und Autos und Touristen und Radio und Fernsehen zersetzt wurden, und dann kommen sie einem vor wie ein Organismus, in dem jeder Mensch eine Rolle spielt, eine Funktion übernimmt" (Lessing, a.a.O., S. 195). Erstarrung und Rettung verbinden sich so zugleich mit einem „Ort der Wüste". Peter Brückner hat mit Blick auf die politische Kultur in der Zeit von 1933 bis 1945 in Deutschland das Abseits als „sicheren Ort" thematisiert (Brückner 2019). Und im Beschreiben einer vereisten Welt verdeutlicht Vesaas (2023) das Geflecht von menschlicher Einsamkeit und Sprachlosigkeit und die Sehnsucht nach menschlichen Begegnungen, Verständigungen und letztlich nach Nähe und Identität.

Anmerkungen

1 Siehe Mk 1,12ff. Vgl. Mt und Lk jeweils Kapitel 4. Siehe die Darstellung zum ‚Wett-Spiel' zwischen Gott und dem Teufel im Hiob-Text im Alten Testament (AT). Wie sind Gott und Teufel (und ihre Bezogenheit und Verschränkung) innerpsychisch zu verstehen? Leben und Verführung, Kontrolle und Reglementierung hängen wie zusammen?
2 Aphorismen 124 und 125 in der „Fröhlichen Wissenschaft" von Nietzsche (1981b).

Ausblick

Jesus – Alles hat seine Zeit(?)[1]

„Wie immer wir die Gretchenfrage nach der Religion beantworten: Wir tun dies stets aus einem bestimmten religionskulturellen Kontext heraus" (Schnabel 2008, S. 15).
„Ein gläubiger Christ vereinigt sich mit Gott nicht unmittelbar, sondern erst durch die Vermittlung Christi" (Žižek 2020, S. 31).
„Jesus war bei mir viel früher" (Dutschke)[2].

Jesus von Nazareth, geboren um 5 v. Chr., gestorben um 30 n. Chr. am Kreuz.[3] Die Quellenlage ist ungesichert. Von ihm selbst sind keine schriftlichen Darstellungen überliefert. Die Evangelien (Ev) sind erst 60 bzw. 70 n. Chr. entstanden.[4] Auch die Paulusbriefe wurden erst um 50 bis 60 n. Chr. geschrieben. Jesus wirkte als Wanderprediger. Für seine Titel – Christus, Messias, Gottessohn, Sohn Davids, Menschensohn – gibt es gemäß der historisch-kritischen Untersuchungen keine gesicherten und allgemein anerkann-en exegetischen Einschätzungen. Jedoch verweist Bloch darauf, dass im Neuen Testament „das Wort Menschensohn fast ausschließlich als Aussage Jesu selber über sich selbst" vorkommt. „Menschensohn ben-adam bedeutet schließlich Sohn des himmlischen Urmenschen, des göttlichen Adam" (Bloch 1980, S. 191f.). Er wurde gemäß Joh. 8, 41 in seiner Zeit als uneheliches (vaterloses) Kind verstanden. Jesus beanspruchte für sich, dass er die Wahrheit sagt, die ihm von Gott, als seinem (geistigen) Vater, mitgeteilt wurde. Dabei ist die gesamte Geschichte von Israel und von Jesus stets im Kontext „der Befreiung", die auf Mose zurückgeht, zu verstehen (Goldmann 1981, S. 6). Jesus hat oftmals Wundergeschichten und inspirierende Gleichnisse erzählt und auch Wunder und Heilungen vollbracht (siehe z. B. Mk 5,21ff. und Mt 15,21ff.). Seine Worte berühren weiterhin Überlegungen und Fragen im (philosophischen) Kontext von Wahrheit, Glaube und Zeichen. Von elementarer Bedeutsamkeit ist die Bergpredigt (Mt 5), in der Jesus u. a. die Seligpreisungen vorgetragen hat. Mit hoher Autorität („ich (aber) sage euch …") hat er überlieferte Vorschriften aufgehoben bzw. neu interpretiert. Manche Ausführungen wirken auch wundersam: Siehe z. B. Lk 23, 29 („Selig sind die Unfruchtbaren und die Leiber, die nicht geboren haben, und die Brüste, die nicht genährt haben"). Kritische Betrachtungen haben vielfältige Hintergründe und Bedingungen im Geflecht von ökonomischen, politischen und sozialen Gegebenheiten erkannt.[5] Eine apokalyptische Grunderwartung prägte die damalige Zeit. Die letzte Aussage am Kreuz von Jesus lautet im ältesten Evangelium: „Mein Gott, mein Gott, warum hast Du mich verlassen?" (Mk 15, 34). Insofern kommt das Problem des Vaters und seiner Verlässlichkeit in den Blick.[6] Die Kreuzigung (Karfreitag) führte – in Übereinstimmung mit den biblischen Darlegungen – im Sinne der gängigen Kirchenlehre zur Auferstehung (Ostern). Jedoch ist zu sehen, dass das Grab entgegen den Erwartung leer war (siehe Mk 16). Dies führt(e) auch zu Spekulation, dass er zum Beispiel nach Indien bzw. Kaschmir ausgewandert sei.[7] Mit Jesus wird der Übergang vom Alten zum Neuen Testament (NT) verbunden.[8] Im Alten Testament (AT) wurde die „Unaussprechlichkeit des Namens Gottes" gesehen. Eine komplexe Beziehung prägt das Verhältnis vom AT zum NT und somit vom jüdischen zum christlichen Denken. U. a. m Rahmen der systematischen Theologie werden vielfältige Deutungen und Modellbeschreibungen thematisiert (Schleiermacher, Barth, Tillich etc.).[9]

Bezüge / Hinweise

1: Altes Testament, Der Prediger Salomo (Pred. 3).

2: Studentenführer zur Zeit der außerparlamentarischen Opposition in Westdeutschland in den 1960er Jahren und Mitbegründer der „Grünen". Siehe Dutschke-Klotz 1980, S. 29ff.

3: Eventuell hat er die Kreuzigung auch überlebt. So z. B. die „Ohnmachtstheorie". Im jüdischen Denken wird ausgeführt, dass Jesus (als Prophet) am Kreuz starb. Eine Auferstehung wird dabei nicht akzeptiert. Der Islam nimmt an, dass nicht Jesus, sondern ein Doppelgänger gestorben sei.

4: Das Markus-Ev ist wahrscheinlich das älteste Ev. Folgende Bezugsdaten werden heutzutage angenommen. Das erste Ev (Matthäus: Mat) um ca. 80-90 n. Chr.; das zweite Ev (Markus: Mk) um ca. 60 (bis 70) n. Chr. (alternativ 45-60 n. Chr.); das dritte Ev (Lukas: Lk) um ca. 70-90 n. Chr. und das vierte Ev (Johannes: Joh) um ca. 150 n. Chr. (Das Kindheitsevangelium nach Thomas gehört zu den apokryphen Schriften.)

5: So wurden gemäß Bultmann die Wunder etc. entmythologisiert. Bonhoeffer bemerkte dazu, dass die religiösen Begriffe (auch Glaube und Gott etc.) schlechthin zu entmythologisieren wären. Siehe Bonhoeffer 1978, S. 136 (5.5.44). Zur Einbettung der Geschichten in die damaligen Lebensgegebenheiten siehe z. B. Sölle 2004, S. 101-104 (eine Interpretation zu „Der verlorene Sohn"). Die ökonomischen Betrachtungen in der Bibel folgen den jeweils zeitgenössischen Überlegungen zum Verhältnis von Arbeit, Geld und Lohn.

6: Es kann spekuliert werden, ob Jesus angesichts dieser Erfahrung seine eigene Geschichte und ‚Lehre' verändert interpretiert hätte.

7: Die großen Geschichten (Odysseus, Ödipus, Ikarus) thematisieren auf ihre Art die Aspekte von Vertreibung, Flucht, Familie und Vatersuche, Weisheit und Eroberung.

8: Mit Jesus verbindet sich im christlichen Glauben der Übergang vom AT zum NT. Jesus war Jude, worauf Bonhoeffer explizit hingewiesen hat (siehe Bonhoeffer 1978, S. 86ff (2. Advent 1943)). (Bei Paulus wurden zwischen den Judenchristen und Heidenchristen unterschieden.) Die komplizierte Struktur zwischen Gott dem Schöpfer und Erlöser, Jesus seinem Sohn, dem Heiligen Geist (‚die heilige Geist'), Mutter Maria usw. wurde erst über einen sehr langen Zeitraum bedacht. Auf dem Konzil von Nicäa (325 n. Chr.) wurde verbindlich bestimmt, was den christlichen Glauben auszeichnet. (Zur Christus-Figur siehe auch Freud (1981b).)

9: Nach Hegel ist das Absolute (Einleitung in Hegel 1973, S. 56) immer schon da. Nur, wie ist die Beziehung des Absoluten zu Gott, zur Religion etc.? Hegel selbst hat eine dynamische Dialektik gedacht. Das Absolute wird positiv gewiss (‚wahr', ‚starr') gesetzt. Adorno fragt in der Negativen Dialektik (1982), wie es aussieht, wenn der Bezugsrahmen (das Absolute) selbst variant wird. So bleibt ihm (nur) ein Denken in Modellen. Dies ist die redliche Situation im modernen Denken. Theologen unterliegen diesen Rahmenbedingungen. Der Glaube wird formuliert und insofern gedacht. Jeder Laie, jeder Priester steht vor dem Problem, seine Glaubenssätze bedenken und interpretieren zu müssen. Auch evolutionäre und kritische Theorien bleiben in diesem Geflecht.

# # # # # # # # # # # #

Man sollte das „Christentum-im-Werden betrachten und seine Aufmerksamkeit darauf richten, was für ein fremdartiges Scheusal und ungeheuerliches Monstrum Christus als solcher in den Augen des jüdisch-weltanschaulichen Establishments gewesen sein muss."
Žižek 2020, S. 49.

Nietzsche

„Mit Hegel hat sich der Hauptstrom der westlichen Philosophie erschöpft. (…)
Metaphysisch gesprochen, kommt die Veränderung durch die Tatsache
zum Ausdruck, dass das Wesen des Seins nicht mehr
als Logos aufgefasst wird." (Marcuse 1980, S. 118f.).[1]
„Alles geht, alles kommt zurück; ewig rollt das Rad des Seins. (…)
Krumm ist der Pfad der Ewigkeit." (Nietzsche 1981a).

Relevante Denker haben sich interessiert mit den Einsichten von Nietzsche beschäftigt. So zum Beispiel Adorno, Freud, Habermas, Heidegger und Tillich.
Er entstammte einem evangelischen Pfarrhaushalt und lebte von 1844 bis 1900
im heutigen Sachsen-Anhalt (Röcken (Lützen), Naumburg, Pforta). Beschäftigt
hatte er sich bereits in jungen Jahren mit musikalischen, lyrischen und philosophischen Themen. Schopenhauer war für ihn sehr früh bedeutsam. Er studierte
Philologie und würde 1869 – ohne Promotion – Professor für klassische Philologie in Basel. Ab 1889 traten bei ihm psychische Krankheitsbilder auf, die zur
geistigen Umnachtung führten. Befreundet war er unter anderem mit Franz
Overbeck, Paul Rée und Lou Andreas-Salomé. Wagner und seine Frau kannte
er persönlich ab etwa 1870. In gewisser Weise ähneln seine philosophische und
kulturkritischen Schriften aufgrund des gewählten aphoristischen Stils den
Schriften von Pascal und Lichtenberg. Mit seiner Kritik an den traditionellen Mo-
ral-, Erkenntnis- und Wahrheitsvorstellungen unseres Kulturkreises ebnete er einen Weg zu lebensphilosophischen und postmodernen Konzeptionen. Wahrheit
ist für ihn in gewisser Hinsicht eine favorisierte Lüge (im jeweiligen Lebenswelt-
und Kulturbezug). Mit ihm verbinden sich bedeutende Leitbegriffe der modernen
Philosophie: Die Idee vom Übermenschen (- wohl als Mensch im Übergang -),
die Vorstellung von der ewigen Wiederkehr unter Beachtung der Unendlichkeit
der Zeit bei einer begrenzten Weltmaterialität und die Einsicht in den Willen zur
Macht (bei lebenden Wesen). ‚Die Geburt der Tragödie aus dem Geiste der Musik', Fröhliche Wissenschaft', ‚Götzendämmerung' und ‚Also sprach Zarathustra'
sind bekannte Veröffentlichungen. Nietzsche thematisierte aus der Sicht eines
Beobachters mit Blick auf den christlichen Glauben den „Tod Gottes". Dieser
Tod, über den auch Hegel bereits nachdachte, ist in gewisser Weise im christlichen Glauben selbst angedacht. Der ‚tolle Mensch' hat ihn am Vormittag mit an-
gezündeter Laterne auf dem Marktplatz verkündet: „Ich suche Gott! (…) Wir haben ihn getötet (…) Wir alle sind seine Mörder! (…) Gibt es noch ein oben und
ein Unten? Irren wir nicht durch ein unendliches Nichts? (…) auch Götter verwesen." (Nietzsche 1981a, Aph. 125). Damit einher gehen Fragen zur Rolle und
Begründbarkeit der Metaphysik. In gewisser Hinsicht öffnet sich mit dem ‚Ende
der Metaphysik' ein nihilistischer Blick in einen Abgrund. Heidegger bemerkt
grundsätzlich in ‚Holzwege': „Der Nihilismus ist, in seinem Wesen gedacht, vielmehr die Grundbewegung der Geschichte des Abendlandes" (Heidegger 1980,
S. 214). Das Christentum ist nach seiner Analyse „selbst eine Folge und Ausfor-
mung des Nihilismus" (Ib., S. 217).

Hatte Freud Abweichungen und Auffälligkeiten vorrangig auf der individuellen
Ebene untersucht, so hat Nietzsche den kulturellen Rahmen in seiner Gesamtheit in ähnlicher Art betrachtet. Siehe dazu bei Habermas (1985, S. 332-364) die
entsprechenden Hinweise zur Erfassung von Erkenntnissen in Abhängigkeit von
Interessen.[2,3]

Angelehnt an Nietzsche verweist Heidegger darauf, „dass der Mensch plötzlich
in die Un-Ruhe kam, dass er keine Zeit mehr hat. Dieser Augenblick ist der Beginn der Neuzeit" (Heidegger, 1992, S. 62). Die Rache ist dabei, so Heidegger,

„für Nietzsche des Willens Widerwille gegen die Zeit" (Ib., S. 64). Mit diesem Nachdenken über „den Geist der Rache und der Erlösung von der Rache" erfasst Nietzsche Spuren, die auf das „Sein des Seienden" verweisen (Ib.). All dies führt für Heidegger zum Bedenken Zeitlichkeit des Seins und des Wesen „der modernen Technik" (Ib., S. 71). Für Heidegger hat dies zur Folge, dass unsere Zeit durch vielfältige Ismen geprägt ist. Dies ist nach ihm nicht zufällig. Es ist ein Geschehen, dass im Kern durch die „Seinsverlassenheit des Seienden" geprägt ist, die zu einer Heimatlosigkeit als Weltschicksal führt (siehe Heidegger 1975a, S. 86f.). Und in diesem Kontext hat sich die Technik entwickelt, wobei sich das „Wesen des Materialismus (…) im Wesen der Technik" verbirgt (Ib., S. 88). Damit geht einher, dass der Mensch, ausgestoßen aus der Wahrheit des Seins, um sich selbst als das animale rationale" kreist (Ib., S. 89). Heidegger verweist hierbei auf das alte griechische Denken: „Diese ‚vorwissenschaftlichen' Denker, kannten „weder eine ‚Logik', noch eine ‚Ethik', noch die ‚Physik'. Dennoch ist ihr Denken weder unlogisch, noch unmoralisch. Die ‚Physis' aber dachten sie in einer Tiefe und Weite, die alle spätere ‚Physik' nie mehr zu erreichen vermochte" (Ib. S. 106). (Ein Befund, der von den Einsichten Nietzsches getragen wird, der zu vielfältigen kritischen Rückfragen führt.)[4]
Sichtbar wird, dass philosophische und psychoanalytische Bemühungen eingebunden sind in einen komplexen Kultur- und Wissenschaftsbetrieb, der in seiner Gesamtheit unter Beachtung der gesellschaftlichen Rahmenbedingungen betrachtet werden kann.

Exkurs: Letzter Mensch, Übermensch und die „Lost Generation"

(Mit einem Bezug zu ‚Fiesta' von Ernest Hemingway)
Der „letzte Mensch" ist nach Nietzsche ein sicherheitsorientierter, kleiner Mensch, der sich ohne Ideale im Alltag eingefunden hat. Er beobachtet die Welt mit einem ironischen Blick und ist eher müde, bequem und ohne leidenschaftliche Überzeugungen. Der „Übermensch" nimmt die gesellschaftlich-kulturellen Auflösungsprozesse an und versteht das Leben jenseits der überlieferten Moral- und Wertevorstellungen als etwas, dass er aus sich heraus aktiv gestalten muss. Er nimmt keine externe (fremde) Sinndeutung an. Er bestimmt sein Handeln und seine Orientierungen selbstständig. (In gewisser Hinsicht ästhetisiert und stilisiert er sein Leben.)
Mit den Ereignissen des ersten Weltkrieges wurde die Fragwürdigkeit der überlieferten Wertorientierungen den Kriegsteilnehmern und allgemein der jungen Generation sichtbar. Getrude Stein spricht in diesem Zusammenhang von der hoffnungslosen Generation („Lost Generation"). In dem Buch ‚Fiesta' hat Hemingway diese Gegebenheiten näher dargestellt. Die Kriegsüberlebenden hatten ihre Hoffnungen, Glaubensorientierungen und -gewissheiten verloren. Es traten posttraumatische Phänomene auf. Drogen wurden genommen und exzessive Ablenkungen – auch durch Kunst, Sex, Reisen, Spiele und Gewalt – gesucht. In diesem Kontext thematisiert er auch die Heimat- und Orientierungslosigkeit und Entfremdung der verlorenen Generation.[5] Speziell hat Hemingway dabei das Geflecht von Kriegsverletzungen und männlicher Impotenz und deren Auswirkungen auf das Leben von Menschen in Beziehungen erörtert. Er hat dies mit den Vorstellungen zur Männlichkeit in unserer Kultur konfrontiert. Hierzu betrachtet er den Stierkämpfer Romero: „Bei Romero gab es keine Verzerrungen, es war immer alles gerade, rein und natürlich in der Linie" (Hemingway 1977, S. 136). Dies steht im Gegensatz zur Brüchigkeit des normalen Mannes

im Sinne des letzten Menschen (von Nietzsche). Die immanente Ambivalenz der Männlichkeitsbilder wird von Hemingway am Beispiel von Jake, Robert und Mike aufgezeigt. Eine Betrachtungsperspektive, die das gesamte 20. Jahrhundert – zumindest in den westlich orientierten Gesellschaften – geprägt hat.

Hinweise

1 Hingewiesen sei hierbei auf die Überlegungen von Schelling in der Schrift „Über das Wesen der menschlichen Freiheit" (Schelling 1984). Schelling hat ausgehend von Kant und Hegel die grundlegende Abgründigkeit der menschlichen Freiheit und ihren Bezug zum Bösen erkannt. Das Böse bleibt nach ihm immer „die eigne Wahl des Menschen: das Böse, als solches, kann der Grund nicht machen, und jede Kreatur fällt durch eigene Schuld" (Ib., S. 74). Das bewusste Ich ist dabei für Schelling „nur eine Form der Ordnung und der Vernunft unter anderen" (Schulz, Walter: „Freiheit und Geschichte in Schellings Philosophie" (einführender Text in Schelling 1984, S. 12)). Schelling ebnete mit seinen Betrachtungen den Weg zu Kierkegaard und Marx und letztlich zu Nietzsche, Freud und zum modernen Existenzialismus (Sartre etc.).

2 Bemerkt sei, dass Lou Salomé sowohl Nietzsche als auch Freud kannte. Zwischen beiden gab es jedoch nie eine persönliche Begegnung. Auch hat Lou Salomé keine (therapeutische) Verständigung, wie sie Irvin D. Yalom (2009) in dem Buch "Und Nietzsche weinte" beschreibt, zwischen Nietzsche und Freund thematisiert bzw. veranlasst.

3 Weitere Aspekte, die Nietzsche u. a. thematisierte, lauten: ‚Vernunft als Krankheit' (in seiner Auseinandersetzung mit Sokrates), die ‚Umwertung aller Werte' als Notwendigkeit für eine gesündere Kultur und den ‚Willen zur Macht' bei allen lebenden Wesen.

4 Weizsäcker führt aus: „Im Unterschied zum empfindlichen kausalen Gewissen von Aristoteles und der Scholastiker, die nach einer Erklärung des Weiterfliegens eines frei gewordenen Körpers suchten, hat die Neuzeit gegenüber der Trägheitsbewegung auf eine solche Erklärung schlicht verzichtet. Dieser Verzicht (…) ist nichts als die Kapitulation vor einem ungelösten Problem" (Weizsäcker 1988, S. 235).

5 Kulturell geht dies zum Beispiel mit den Einsichten aus der Psychoanalyse und der modernen Physik (Relativitätstheorien und Quantenphysik) einher, die wesentliche Annahmen der Tradition als illusionäre Einschätzungen erkannt haben.

# # # # # # # # #

„Nie kann sich der Mensch an die Stelle Gottes setzen, weil das Wesen des Menschen den Wesensbereich Gottes nie erreicht. (…) Die Stelle. Die, metaphysisch gedacht, Gott eignet, ist der Ort der verursachenden Bewirkung und Erhaltung des Seienden als eines Geschaffenen. Dieser Ort kann leer bleiben."
Heidegger 1980, S. 250f.

"Der Mensch ist nicht der Herr des Seienden. Der Mensch ist der Hirt des Seins"
Heidegger 1975a, S. 119.

„Es ist an der Zeit. Dass man sich dessen entwöhnt, die Philosophie zu überschätzen und die deshalb zu überfordern. Nötig ist in der jetzigen Weltnot: weniger Philosophie, aber mehr Achtsamkeit des Denkens; weniger Literatur, aber mehr Pflege des Buchstabens"
Ib., S. 119.

„Kant stellt die existentia als die Wirklichkeit vor im Sinne der Objektivität der Erfahrung. Hegel bestimmt die existentia als die sich selbst wissende Idee der absoluten Subjektivität. Nietzsche erfasst die existentia als die ewige Wiederkehr des Gleichen."
Ib., S. 69.

# # # # # # # # #

Der ‚analoge Computer' der Antike:
Der Antikythera-Mechanismus

„Goldene Räder setzte an ihrem Boden er an, damit sie von selbst sich bewegten."
Bezug: Homer (Ilias, 18. Gesang, Verse 468-608.
„Unsere Schiffe brauchen keinen Steuermann; sie kennen die Städte und Felder aller Menschen
und wissen die Gedanken der Männer." (Paraphrase nach Odyssee 8, 556–563)
Die Phaiaken „setzten den schlafenden Odysseus ans Ufer", nachdem das Schiff ohne
menschliche Führung den Weg gefunden hatte. (Paraphrase nach Odyssee 13, 70–95)

Im Jahr 1900 n. Chr. entdeckte eine Schiffsbesatzung ein Schiffswrack vor Antikythera, einer griechischen Insel. Im Wesentlichen wurden Münzen und Figuren (Bronzestatuen) aus ca. 42 m Tiefe geborgen, die in etwa auf die Zeit 70 v. Chr. datiert werden konnten. Auch wurden u. a. verschiedene Gesteinsklumpen aus Bronze geborgen, die jedoch zunächst nicht näher untersucht wurden. Insgesamt wurden etwa 80 Bruchstücke gefunden.

Bruchstücke

1902 wurde ein erstes Zahnrad identifiziert. Aber erst um 1975 begann eine detaillierte Analyse der Klumpen, die aus korrodierten Metallteilen bestanden. Zahnräder wurden entdeckt, die in komplizierter Art miteinander verknüpft waren. Mit diesen werden die Mond-Erde-Merkur-Venus-Mars-Jupiter-Saturn-Sonne-Stellungen abgebildet. Das Gebilde erfasst die Bewegungen der Himmelskörper und konnte dabei auch Bewegungsanomalien und zum Beispiel die Termine für die Olympiaden bestimmen. Mondphasen und Sonnenstände und - finsternisse ließen sich damit auf Jahre hinweg im Voraus berechnen. Computertomographische Untersuchung zu Beginn des 21. Jahrhunderts führten zur Bestimmung von insgesamt 30 bis 40 Zahnrädern, die u.a. 24, 32 … 137 und 223 Zähne enthielten. (223 verweist auf 223 synodischen Monaten in ca. 18 Jahren.) Weiterhin fanden sich Drehplatten mit 234 bzw. 235 Löchern und Spiralen mit fünf Windungen. Die Zahl 235 steht in enger Beziehung zu den Gegebenheiten des griechischen Mondkalenders, der auf Korinth verwendet wurde. Ein 19-jähriger Zyklus besteht aus ca. 235 Mondphasen. Die Zähne der Zahnräder hatten eine Länge von ca. 1,5 mm. Die Abweichungen lagen bei 0,02 mm. Die Herstellung von entsprechenden Zahnrädern und Spiralen war seit etwa 300 v. Chr. eine beherrschbare Technik in der antiken Welt. Die entsprechende Präzision wurde in Europa im Handwerk erst um etwa 1.500 n. Chr. erreicht. Spekuliert wird, ob dieser analoge Computer mit einer Größe von ca. 16,6 x 30,6 x 12,5 cm (im Umkreis) von Archimedes berechnet und unter Verwendung von Bronzeplatten mit einer Dicke von ca. ein bis zwei mm auch realisiert wurde. Das Gerät trug im Innern und auf seiner Rückseite eine detaillierte Anleitung für seinen Einsatz. Verschiedene Berechnungsparameter konnten variiert werden.

Hierzu wurden Bolzen manuell gesetzt. Das Gerät wurde wohl für astronomische Berechnungen eingesetzt.

Modell vom ‚Computer'

Spekulativ ist es, ob es auch auf Schiffen zur Navigation und Steuerung eingesetzt wurde. Hierzu gibt es bei Homer (Ilias), Aristoteles und Cicero Textbezüge, die von einigen Interpreten entsprechend ausgelegt werden. Das notwendige Zusammenspiel von mathematischen und astronomischen Kenntnissen und handwerklichen Fähigkeiten hat unser Verständnis von den technisch-wissenschaftlichen Möglichkeiten und Befähigungen in der antiken Welt grundlegend verändert.

(Die Fotos wurden von Rathgeber auf einer Ausstellung vom Liebig-Museum in Frankfurt/M im Januar 2024 zum Thema „Maschinenraum der Götter. Wie unsere Zukunft erfunden wurde" gemacht.
Zu den Aspekten Ilias und Odysseus gab es im Jahr 2026 eine instruktive Verständigung mit der KI unter Bing, um Textstellen abzugleichen.)

Denken in Modellen

„Die Forderung nach Verbindlichkeit ohne System ist die nach Denkmodellen."
Adorno 1973, S. 39.
„Das Bild ist ein Modell der Wirklichkeit." Wittgenstein 1983 (Satz 2.063).
Die Grenzen von Verstand, Sprache und Vernunft werden von uns im Rahmen der (kritischen) Philosophie ausgelotet. Sie limitieren unsere Möglichkeiten, die Welt erfassen zu können. Dazu kommen sinnliche und experimentelle Einschränkungen. Ein naiver Schluss vom Gedachten auf eine ontologisch-transzendente Realität bleibt uns (nach Kant) verwehrt. Zugleich kann die Bedeutung von Sätzen, Formeln und Modellen ohne einen Bezug auf eine gemeinte Realität nicht eingelöst werden. Bedeutungen, so Putnam, sind nicht einfach nur im Kopf. (Bertram 2013, S. 298.)

Absolute Lichtgeschwindigkeit und Relativität

„Zeit ist, was Uhren messen." Einstein 1889 erkannte die Physik, dass die Geschwindigkeit des Lichts (c) unabhängig von der Geschwindigkeit seines Trägers ist. Die entsprechende Veröffentlichung in den „Annalen der Physik" im Jahr 1905 trug den Titel: „Zur Elektrodynamik bewegter Körper". Eine Absurdität im Verständnis der traditionellen Physik. Einstein fand mit der Speziellen Relativitätstheorie eine konsistente Deutung, die jedoch ungewöhnliche Konsequenzen beinhaltet. So wird die Idee der Gleichzeitigkeit problematisch. Dazu kommt die Einsicht, dass die Zeit auf bewegten Körpern langsamer abläuft und dass Distanzen nicht feststehend sind. Mit der Allgemeinen Relativitätstheorie konnte Einstein die von der Gravitationstheorie

Newtons nicht erklärbare Bewegungsdifferenz Merkurs um die Sonne „von 41 Winkelsekunden im Jahrhundert" erklären. Unsere ‚erdbezogenen' Erklärungen und Deutungen werden fragwürdig (Russel, 1974, S. 100). In diesem Zusammenhang wurde die Eigenzeit bewegter Körper bedacht. Dazu kam die von Einstein hervorgehobene diskrete Struktur von Energie und Materie, die ihren Ausgangspunkt in der Einsicht von Planck zur gequantelte Wärmestrahlung hatte. In der Physik kam es in der Folge zu einem Bedenken von Modellen. Damit geht die Einsicht einher, dass wir mit der Verbesserung unserer logischen Fähigkeiten immer weniger beanspruchen können, Tatsachen beweisen zu können. Und es bleibt für die Physik das Problem, ein Inertialsystem zu finden, das allgemeine Gültigkeit beanspruchen kann (Einstein 1966, S. 141f.).

Einstein, Kafka, die Zeit und der ‚Zeitgeist'

Einstein hatte um 1911 eine Professur für theoretische Physik in Prag. Zur gleichen Zeit lebte Kafka dort. Durch die Teilnahme von Kafka an Vorlesungen von Einstein und durch Hopf, der als Assistent bei Einstein tätig und zugleich gut mit Brod und Kafka befreundet war, gab es Berührungspunkte. Dazu kommt, dass Kafka und Einstein Teilnehmer der Gesprächsrunden im Salon von Bertha Fanta waren. Das Problem der Zeit hat Kafka in den Jahren um 1912 mehrfach in seinen Schriften thematisiert. (Kafka 1982 – z. B.: „Eine alltägliche Verwirrung", „Gibs auf!".) Beide kämpften damals gegen die Tradition. Einstein gegen Euklid und Newton, Kafka gegen Aristoteles. Der Aspekt der ‚Relativierung' wurde in der damaligen Kultur vielfältig positiv aufgenommen. Wobei es auch Widerstände aus dem Bereich der ‚Deutschen Physik' gab. Öffentlich wollte Einstein seine Überlegungen ‚Theorie des Absoluten' nennen. c ist in der Physik mit 300.000 km/h eine absolute Größe. Unter Beachtung des ‚Zeitgeistes' kam es zur Bezeichnung ‚Spezielle Relativitätstheorie'. Dies trug wohl dazu bei, die Stellung von Meinungen gegenüber der Dimension der Wahrheit zu befördern. In der Philosophie ging dies mit der Einsicht, dass die „Dialektik (...) das konsequente Bewusstsein von Nichtidentität" ist, einher (Adorno 1973, S. 17).

Sprache und Welt

„Die Grenzen meiner Sprache sind die Grenzen meiner Welt." Wittgenstein 1983 (5.6).
„Die Sprache ist das Haus des Seins." Heidegger 1975a, S. 53.
„Richtig und falsch ist, was Menschen sagen; und in der Sprache stimmen die Menschen überein. Dies ist keine Übereinstimmung der Meinungen, sondern der Lebensform." Wittgenstein 1971 (241).

Wir leben in sprachlich vermittelten Zusammenhängen. Idealität und sinnlich ermittelbare Daten sind abzugleichen. Wir kreieren Modelle zur Weltbeschreibung. Welt, Unendlichkeit, Chaos, Ordnung, Entropie, Energie, Kausalität, Glück, Sinn, Gesetze, Vollkommenheit und Gott sind nicht beliebige Begriffe zur Verständigung über Tatsachen, Sachverhalte und Perspektiven. Mit Gott verbinden die Menschen (in unserem Kulturkreis) spezifische Zuschreibungen und Erwartungen. In der Figur des ontologischen Gottesbeweises wird die Existenz Gottes als notwendiger und zwingender Bestandteil der Vollkommenheit, die Gott als elementares Attribut zugeordnet wird, zugewiesen. Das Bild von den modellartigen Beschreibungen ist dabei auch selbst ein Modell.

Zwischenschritt – Gott in der Tradition

In der Tradition wurde Gott – zumindest teilweise – als (personale) Größe verstanden, die alle Widersprüche in sich glättet und vereint.

Um 600 v. Chr.: „Anaximandros (…) hat als Urgrund und Element der Dinge das Unendliche angenommen". (Aristoteles)
Um 550 v. Chr.: „Wenn aber die Gottheit das Mächtigste von allem ist, dann kann sie nur eine einzige sein". (Xenophanes)
Um 400 v. Chr.: „Demokrit glaubt, dass mit dem übrigen Feuer der Höhe Götter entstanden seien." (Tertullian)
Um 200 n. Chr.: „Von den unsichtbaren und von den vergänglichen Dingen haben sichere Erkenntnis nur die Götter; den Menschen aber ist nur vergönnt (unmaßgebliche) Schlüsse zu ziehen." (Capelle 1968, S. 81, 124, 418, 112.)

Beweisfigur für Gott bei Descartes

Descartes nahm an, dass mit der Vorstellung von Gott und seiner Vollkommenheit und Allmacht auch die Annahme einer realen Existenz einhergeht. Ein Gott, der nicht existiert, würde dem Prinzip der angenommenen Vollkommenheit nicht entsprechen. Insofern gäbe es etwas, dass dann vollkommener wäre. Ausgehend von diesem Widerspruch folgt logisch, dass mit dem Gedanken des Vollkommenen seine Existenz zwangsläufig einhergeht: „Als Gott bezeichne ich eine unendliche, unabhängige, allweise, allmächtige Substanz (…) dass Gott notwendig existiere (Descartes, 1983, S. 6). Diese Beweisfigur wird als ontologischer Gottesbeweis bezeichnet, der im Kern – so Kant – die Struktur aller (philosophischen) Gottesbeweise erfasst. ‚Etwas' wird – ausgehend von der Sprache – als absolut notwendige und existierende Größe beweisen. Über die Beachtung weiterer Attribute (bzw. über prädikative Zuschreibungen) kann das Absolute näher charakterisiert werden. Wobei die Festlegung der jeweiligen Attribute und der Akt der Zuschreibung wieder zu bedenken wäre.

Zwischenschritt – Prädikate

Folgende Grundbeziehung wird im Rahmen der modernen philosophischen Theorie angenommen: Nominator → Prädikator → Objekt. In den älteren Beschreibungen wird dagegen wie folgt formuliert: Subjekt → Prädikat (Attribut) → Objekt. In diesem Falle dürfen die Begriffe ‚Subjekt' und ‚Prädikat' nicht mit den gleichlautenden grammatischen Kategorien verwechselt werden. (…) Die Unterscheidung zwischen Substantiven, Adjektiven und Verben wird also auf der elementarsten Stufe der Prädikationstheorie nicht vorgenommen." (Detel, 2011, Bd. 1, S. 27.) Die Existenz (existentia (Dasein)) steht für etwas, das ist. Die Essenz (essentia (Wesen)) für das, was dieses etwas ist. Die Essenz setzt insofern die Existenz voraus. Die Existenz wäre im Sinne der Prädikatenlogik ein Prädikat 2. Stufe; insofern ist es „ein logisches und kein reales Prädikat" (Mittelstraß (2004, Bd. 3, S. 311). Auch ist zu sehen, dass in der antiken Philosophie das Subjekt nicht der aktive Anteil war; es war der Gegenstand objektiver Aktivitäten. Erst mit der modernen Subjekt-Objekt-Trennung wurde der Aktivitätsaspekt eindeutig auf das Subjekt verlagert. In der modernen Physik wird auch bzgl. der Objekte (Quanten) die deterministische und lokal-nahe Zuordnung aufgehoben.

Kant gegen Descartes

In der Kritik der reinen Vernunft (KrV) hat Kant die „Unmöglichkeit eines ontologischen Beweises vom Dasein Gottes" näher dargelegt. „Hundert wirkliche Taler enthalten nicht mehr als hundert mögliche Taler." Mit diesem Satz fasst Kant seine Kritik an den ontologischen Gottesbeweise prägnant zusammen. Die Vernunft „fängt nicht von Begriffen, sondern von der gemeinen Erfahrung an, und legt also etwas Existierendes zum Grunde." „Der Begriff eines Wesens von der höchsten Realität würde sich also unter allen Begriffen möglicher Dinge zu dem Begriffe eines unbedingt notwendigen Wesens am besten schicken." „Die unbedingte Notwendigkeit der Urteile" ist nach ihm aber „keine absolute Notwendigkeit der Sachen." Der entsprechende Beweis beruht auf einer Illusion, der „Verwechslung eines logischen Prädikats mir einem realen". Wenn „ich das Prädikat eines Urteils zusamt dem Subjekte aufhebe, niemals ein innerer Widerspruch entspringen könne". „Sein ist offenbar kein reales Prädikat". (Kant, 1976, B: 627, 612, 614, 621, 623, 626.) Der „Gottesbegriff (…) mag nun ein vollkommenes Wesen präjudizieren, (…) er bleibt doch immer ein Begriff, (…) (ein) erst von uns hergestelltes Gebilde. (…) Deshalb kann aus reinen Begriffen (…) nichts (über die Existenz) gefolgert werden" (Adorno, 1979, Bd. 1, S. 106f.).

Später hat Adorno geäußert: „(…), dass in Kant ontologische Momente enthalten sind und dass Kant alles eher als einfach so ein Subjektivist war; aber zunächst hat Kant ja eben absolut verbindliche Aussagen über Sein, über Gott,, Freiheit und Unsterblichkeit (…) verwehrt." (Adorno, 2008, S. 17.) (In gewisser Hinsicht nahm die überlieferte Philosophie ausgehend von den Wahrnehmungen an, dass die Dinge an sich in entsprechender Art existieren. Kant hingegen erkennt, dass unser Wahrnehmungs- und Erkenntnisapparat die Welt besonders erfasst. Dieses Vermögen im Sinne der Bedingungen der Möglichkeit von Erkenntnis gewinnt die Qualität einer ontologischen Scharnierstelle.) Kant hatte das Ding der Erscheinungswelt, das der Verstand (naiv und wissenschaftlich - unter Beachtung der Kategorien und Anschauungsformen (Raum und Zeit)) erfassen kann, getrennt vom Ding an sich, über das der Verstand grundsätzlich nichts sagen kann. Es entzieht sich der verstandesorientierten Beschreibung. Jedoch ist zu sehen, dass der Verstand diese Unterscheidung immerhin treffen kann. Insofern weiß der Verstand etwas über das Ding an sich – seine Unerkennbarkeit. Damit leuchten Spuren auf, die auf das Absolute hinweisen. Der transzendentale Erkenntnisapparat, der als solches realer Ausdruck der Bedingungen der Möglichkeit für Erkenntnis ist, ersetzt die metaphysischen Beschreibungen der Tradition. Er selbst steht in gewisser Hinsicht auf der Grenze zwischen empirischer (schmutziger) und idealer Welt. Insofern verbindet sich die Lücke zwischen Begriff und erfahrbarer Welt mit dem transzendentalen Vermögen. Genau dies ist dann das Scharnier, das nach Hegel dafür steht, dass das Absolute schon irgendwie da sein muss (Phänomenologie des Geistes, Vorrede). Der ontologische Schimmer verbindet sich mit dem Gedanken, dass Sprache – und damit auch Grammatik und Logik - durchaus etwas mit der beschreibbaren Welt zu tun haben.

Schleiermacher und Freud

Die Einsicht Kants war bedeutsam für die philosophischen und theologischen Denkbemühungen. So hat Schleiermacher mit Blick auf den religiösen Glauben die Distanz zwischen der Logik (der Sprache) und der Realität mittels des Glaubens überbrücken. Gott wurde von ihm ausgehend vom Gefühl der Unendlichkeit bestimmt. Nach Schleiermacher gehört die Religiosität zum Menschen wie Logik, Sprache, Verstand, Vernunft und das (moralische) Handeln.[15] In der Schrift „Das Unbehagen in der Kultur" hat Freud das Gefühl des Unbegrenzten, Schrankenlosen, gleichsam „Ozeanischem", das als „Quelle der religiösen Energie" verstanden wird, kritisch betrachtet. Er könne dies Gefühl bei sich nicht entdecken. Und er fragt sich, ob diese Gefühl von anderen, bei denen es auftritt, richtig gedeutet wird. Es hat für mich „eher den Charakter einer intellektuellen Einsicht", die analytisch auflösbar ist. (Freud, 1981b, Kap. 1, S. 66). Die von Schleiermacher bedachte Lösung für die Begründung der religiösen Sphäre wirkt wie ein Rettungsversuch, der philosophisch und psychoanalytisch gesehen nicht überzeugt. All dies führte wohl zum Bedenken des Zusammenhangs von Symbolik und religiösen Aspekten. Besonders Tillich hat sich darum bemüht: Problematisch ist nur, dass die Symbole valide Platzhalter sind, die beliebig ausgedeutet werden können. Tillich führt jedoch aus: „Das, was den Menschen unbedingt angeht, verlangt Symbole. Nur die Symbolsprache ist imstande, das Unbedingte zum Ausdruck zu bringen" (Tillich, 1975, S.53).

Besinnung: Ferreiro – Zur Bedeutung von Prädikaten im Urteil

„Es ist nämlich Sein." (Parmenides) Heidegger 1975a, S. 80.
„Der reale Grund von Existenz ist undurchdringlich." Hegel 1830, S. 337.

Eine nähere Betrachtung zum Kantischen Verständnis der Prädikate hat in unserer Zeit Ferreiro vorgenommen: „Kant behauptet", dass das „Dasein kein reales Prädikat ist." Das Problem ist aber, dass, wenn „das Dasein nicht zu den Prädikaten gehört, die den Inhalt eines Begriffs bestimmen" (Ferreiro, S. 24), „nichts ein reales Prädikat sein kann". Ein Prädikat verändert, so Ferreiro in Anlehnung an Barnes, Bennett und Oppy, ‚immer' das Subjekt. Insofern würde ‚jedes' Prädikat kein reales sein. Prädikate können gar nicht den behaupteten Gegenstand betreffen. Damit würde die prädikative Ausdeutung eines Gegenstands obsolet werden. „Kants Argument für den nicht-prädikativen Charakter des Daseins erweist sich auf den ersten Blick also als implausibel." (Ib., S. 25) Wie kann das denkende Subjekt also eine Übereinstimmung zwischen dem Begriff mit einer tatsächlichen Welt behaupten? Dies berührt die Frage, inwiefern ein Denkakt des Menschen die tatsächliche Welt berührt. Dies wäre, so Ferreiro, für Kant nur dann möglich, wenn ein „gedachter Begriff und wirkliches Ding ‚prinzipiell' auf eine abstrakte allgemeine Weise miteinander übereinstimmen" (Ib.). Letztlich hätte dies jedoch zur Folge, dass nach Kant – so Ferreiro - „überhaupt kein Prädikat ein reales Prädikat" sein kann. (Ib., S. 26). Jedoch ist zu sehen, dass ein Prädikat in der Logik eine zugesprochene Größe zu einem Subjekt (bzw. Substrat) ist. Auch wird von einem Begriffswert gesprochen. ‚Der Tisch ist rot': ‚Der Tisch' wäre das Subjekt; ‚rot' wäre das Prädikat. Im Urteil, die Mauer ist rot', verändert das Prädikat ‚rot' den Begriff ‚Mauer'", so Ferreiro. (Ib., S. 24.) Bei Ferreiro liegt eine Zuspitzung vor. Nach ihm kann man gemäß Kant nie das Wirkliche erfassen. In gewisser Hinsicht nimmt er die Kritik von Hegel an Kant auf. Für Hegel wird der Begriff durch die Selbstrealisierung wahr. Bei Kant bleiben die Begriffe leer. Erst durch die Anschauung kann es eine Füllung geben. Die Unterscheidung zwischen realen Prädikaten und der Existenzaussage als Setzung wird von Ferreiro nicht beachtet. Nach ihm hat für Kant das Wort keinerlei Realitätsbezug. Er liest Kant so, als ob Kant sagen würde: Der Begriff hat keinerlei Bezug zur Realität. Nach Kant bestimmt der Begriff jedoch das Mögliche. Durch die Anschauung (empirischen Data) wird das Reale bestimmt.

Aktuelle Einsichten

Speziell von Logikern hat es in den letzten Jahren Bemühungen gegeben, Gott zu beweisen. So von Frege und Gödel. Der Beweis von Gödel wurde von der Freien Universität in Berlin und der TU in Wien mit Computern überprüft. Ausgehend von fünf Annahmen (Axiome), drei Theoremen und drei Definitionen konnten – zur Überraschung der Wissenschaftler – Theorem-Beweiser (LEO-II,

Isabelle/HOL und Coq) auf der Basis von Formulierungen in höherstufiger Modal- logik den Beweis von Gödel in einer Version von Scott (*1932; Informatiker, Logiker, Mathematiker, Philosoph - Turing Award (1976)) bestätigen. Scott hat das dritte Axiom („Göttlich ist eine positive Eigenschaft") mit einem Korollar (Schlussfolgerung: „Möglicherweise existiert ein göttliches Wesen.") ergänzt.

Im Rahmen der **Modallogik** werden zum Beispiel die Aspekte ‚möglich', ‚notwendig', ‚unmöglich' und ‚zufällig' beachtet und die zugehörigen Schlussweisen thematisiert. 1963 konnte Kripke die unterschiedlichen Ansätze im Bereich der Modallogik vereinheitlichen. Siehe Stegmüller (1986, S. 147-220 u. S. 312-344) und Kripke (1993). Kripke konnte u.a. zeigen, dass die Gleichsetzung von a priori und notwendig unzulässig ist. Notwendig gehört in den Bereich der Metaphysik; a priori in den Bereich der Erkenntnistheorie (siehe Stegmüller 1986, S. 314). Weiterhin konnte er die Zusammenhänge zwischen Modallogik und Quantengrammatik und -logik näher aufschlüsseln.

Zur **Symbolik** bzw. **Notation**: Individuen: x, y, z: e; Eigenschaften: φ, ψ: e → o; Modaloperatoren: ◊, □; Prädikat für Positivität: $P(\varphi)$; ∧: log. Und; ¬: log. Negation; ∀ für alle; ∃ existiert genau ein; ◊ p: es ist möglich, dass p; □ p: es ist notwendig, dass p; ◊ p ∧ ◊ ¬ p: ist kontingent.

Gedankenfolge bei Gödel / Scott (A: Axiom; T: Theorem; K: Korollar; D: Definition)
(Nur exemplarisch werden für einige Ausführungen nachfolgend die modallogischen Formulierung aufgeführt. Die Scott-Ausführungen sind dabei noch aufwändiger.)
A-1: Entweder eine Eigenschaft oder ihre Negation ist positiv: ∀ φ (P ¬ φ) → ¬ P(φ)).
A-2: Eine aus einer positiven Eigenschaft notwendigerweise folgende Eigenschaft ist
    positiv: ∀φ∀ψ (P(φ) ∧ □ ∀x (φ(x) → ψ(x)) → P(ψ)).
T-1: Positive Eigenschaften kommen möglicherweise einem Wesen zu.
    [∀φ(P(φ) → ◊∃x φ(x))]
D-1: (Gotttähnlich) Göttlich ist ein Wesen, falls es alle positiven Eigenschaften besitzt.
    [G(x) ↔ ∀φ (P(φ) → φ(x))]
A-3: Göttlich ist eine positive Eigenschaft: P(G). [◊ ∃x G(x)]
K: Möglicherweise existiert ein göttliches Wesen.
A-4: Positive Eigenschaften sind notwendigerweise positiv: ∀φ (P(φ) → □ P(φ)).
D-2: (Essenz) Eine Eigenschaft eines Wesens ist essentiell, falls diese alle seine
    Eigenschaften notwendigerweise impliziert. [φ ist als Eigenschaft eine Essenz von x;
    Ess(φ, x) ↔ φ(x) ∧ ∀ψ(ψ(x) → □ ∀y(φ(y) → ψ(y)))]
T-2: Göttlich ist eine essentielle Eigenschaft jedes göttlichen Wesens.
    [∀x (G(x) → Ess(G,x))]
D-3: (Notwendige Existenz) Ein Wesen ist notwendigerweise existent, falls es all seine
    essentiellen Eigenschaften notwendigerweise erfüllt.
    [NE(x) ↔ ∀φ(Ess(φ,x) → □ ∃yφ(x))]
A-5: Notwendige Existenz ist eine positive Eigenschaft: P(NE).
T-3: Ein göttliches Wesen existiert notwendigerweise: □ ∃x G(x).

Erläuterungen von **Scott**:[1]
(Explizite Nicht-Trivialität): ∃φ P(φ)
(Typisierung – saubere) P beschreibt ausschließlich Eigenschafts-Prädikate

Zu den **Ausführungen im Beweis**: Positiv meint hierbei eine logische Eigenschaft. Eine notwendige Existenz ist positiv. Aus einer positiven Eigenschaft kann nur Positives folgen. Essenz wird als Eigenschaft verstanden, mit der alle anderen Eigenschaften eines Wesens einhergehen. Aus der Möglichkeit Gottes folgt seine Notwendigkeit. Letztlich erfolgt der Schluss: Notwendig ist die Existenz Gottes.[2]

Der Beweis ist maschinentechnisch (mathematisch-algorithmisch-logisch) konsistent. Er zeigt unabhängig vom konkreten Inhalt, dass metaphysische

Einsichten formalisiert verarbeitet werden können. Insofern wurde eine zwingende Schlussfolgerung für die Existenz Gottes gegeben – jedoch nur hinsichtlich der gewählten Axiome. Doch die gewählten Axiome sind strittig. Auch die Vorstellung von ‚positiven Eigenschaften" wird in der Zuordnung auf Gott als problematisch eingestuft, da sie metaphysisch unklar sind. Weiterhin wird der Beweisprozess von der gewählten Variante der Modal-Logik bestimmt. Grundlegend problematisch an dem Beweis ist die Ausführung $\varphi \rightarrow \Box\, \varphi$ (alle wahren Aussagen sind notwendigerweise wahr), da diese den Kern der modallogischen Konzeption unterläuft, weil die differenzierten Unterscheidungen von möglich, zufällig etc. aufgehoben werden. Dies berührt speziell auch den Aspekt der Freiheit. Inzwischen wird versucht, dies in seiner Abhängigkeit von positiven Zuschreibungen und den gewählten modallogischen Betrachtungen zum Verhältnis von Möglichkeiten zu Notwendigkeiten präziser zu bestimmen. Die Arbeiten, an denen Anderson, Fitting und Sobel beteiligt sind, sind unabgeschlossen. Das Geflecht von theoretisch-philosophischen Einsichten, beweislogischen Möglichkeiten und subjektiven Gegebenheiten („Was ist der Mensch?" - Kant) kann so schrittweise näher identifiziert werden. Insofern würde es ein Interesse geben, die positiven Eigenschaften Gottes in der Verständigung mit Theologien und Religionswissenschaften zu klären. Dazu könnten auch Betrachtungen zu den (subjektiven) Vorstellungen der Gläubigen gehören. Im Geflecht von subjektnahen Gedanken und Erfahrungen und formallogischen Betrachtungen könnten eventuell ontologisch einordbare Spuren fernab theoretischer (transzendentaler bzw. metaphysischer) Konzeptionen und Modellvorstellungen geortet werden. Die Sprachspiele und lebenspraktischen Bezugsfelder der Menschen wären insofern zu erkunden und zu bewerten.

Letztlich liegt jedoch grundsätzlich in der Philosophie die Einschätzung vor, dass mit dem Beweis in gewisser Hinsicht ‚nur' die **Existenz einer absoluten Größe in ontologischer Orientierung** und **kein vollkommenes Wesen** nachgewiesen wird. Es wird weder ein Schöpfer noch ein moralischer oder konkreter Gott bewiesen. Es wird bestenfalls ein abstraktes Logik-Wesen bewiesen.

Theorien können durch die technische Analyse einer strengen Konsistenz-Kontrolle unterworfen werden. Es ebnet möglicherweise einen neuartigen Verifikationsansatz. (Zur Theorie der Wissenschaft(en) und ihrer Dynamik siehe Lorenzen 1978, Stegmüller 1979 und Weizsäcker 1988.)

Anmerkungen

1 Zum Theorem-Beweis bzgl. Gödel gab es von mir 2025/26 speziell mit Blick auf die Ausführungen von Dana S. Scott eine instruktive KI-orientierte-Verständigung.
2 Die Frage nach der Positivität ist philosophisch ungeklärt. Auch im theologischen Denken ist die Zuweisung der Positivität problematisch. So stellt sich das Positive aus der Sicht des Schöpfers anders dar als aus der Sicht des Erlösers. Vgl. Noel 1973, S. 19f.: „Der, der die Welt erschaffen hat, nur ein Gesetz hat er dem lebendigen Wesen gegeben: »Friss«, und was dasselbe ist: »Um zu fressen, töte.« (...) Der die Menschen erlöst hat, offenbarte ihnen ein anderes Gesetz: »Liebe." Und: „Wenn ich Böses tue, bin ich nie sicher, dass es böse ist. Wenn ich Gutes tue, bin ich nie sicher, dass es gut ist" (Ib., S. 84f.). Žižek bemerkt ausgehend von psychoanalytischen Betrachtungen gemäß Lacan zu theologisch-philosophischen Aspekten:»In Lacans Formel der Sexualisierung bezeichnet das Nicht-Alles die weibliche Position, ein nicht totalisiertes Feld, weil ihm die Ausnahme, der Herren-Signifikant, fehlt. Auf das Christentum übertragen bedeutet dies, dass der Heilige Geist weiblich ist, eine Gemeinschaft, die sich nicht auf den Führer gründet. Die Verlagerung auf das Weibliche geschieht schon in Christus, der keine männliche Gestalt ist;

wie von vielen aufmerksamen Lesern bemerkt, ist seine merkwürdig passive Haltung die der Feminisierung, nicht der männlichen Intervention. Seine Ungerührtheit verweist somit auf die Feminisierung Gottes; ... " Und ergänzen in der zugeordneten Fußnote: „Paulus' Beziehung zu Christus ähnelt ein wenig der von Platon zu Sokrates. Wie dieser offenbart Christus keine Doktrin, sondern ist ein Provokateur, der eine Lebenseinstellung durch pragmatische Paradoxien performativ vorführt; wie Platon überführt dann Paulus diese Provokationen in eine konsistente Lehre (Žižek 2016, S. 159f.). Hier leuchtet eine Komplexität auf, die in der Tradition verhandelt wurde, die nur bedingt in den modernen Ansätzen erfasst und reflektiert wird. Nach Žižek haben wir die Lücke, die uns vom Absoluten trennt, als etwas zu verstehen, dass in das Absolute selbst zu überführen ist (Žižek 2020, S. 29). Er sucht hierbei die Beziehung zu Hegel und ergänzt dies mit Überlegungen aus der modernen Physik und Philosophie. Nach Žižek geht mit dem „apokalyptischen ‚christlichen Materialismus' (…) die Ablehnung der göttlichen Andersheit" einher (Žižek 2016, S. 310). Vgl. hierzu auch insgesamt Bloch (1980 - Atheismus im Christentum). Letztlich bemerkt Žižek, dass nach Lacan mit der symbolischen Ordnung durch die Sprache, die das „Eindringen des Signifikanten" verursacht, „welches das ‚Tier Mensch' aus dem Gleichgewicht bringt, eine Lücke in ihm entstehen lässt und einen patho-logischen Exzess des ‚untoten' Lebens über das bloße biologische Leben erzeugt" (Žižek 2016, S. 769).

Gott – Mensch / Religion – Glaube # # # #

„Das Manifest der 93 Intellektuellen" – der Kriegsaufruf des deutschen Kaisers (4.8.1914) – „manifestierte den Zusammenbruch des bürgerlich-idealistischen Denkens des 19. Jahrhunderts." Zahrnt 1980, S. 14.

„»Wir sollen als Theologen von Gott reden. Wirr sind aber Menschen und können als solche nicht von Gott reden. (…) Das ist unsere Bedrängnis. Alles Andere ist daneben Kinderspiel«" (Barth) (Ib., S. 16).

„Der Gott der überlieferten Theologie war der Vertreter alles Wahren, Guten und Schönen in der Welt, der höchste Gedanke … Von dem Gott Barths dagegen wurden die Frage, der Riss, der Widerspruch, die durch alles menschliche Leben gehen, bis zum Unerträglichen offengehalten." Ib. „„ 24f.

„Das fruchtbare Gespräch über die Bibel fängt erst jenseits der Einsicht in ihren menschlichen, historisch-psychologischen Charakter an, …" Ib., S. 20.

„Gottes Offenbarung ist die Krisis der Welt." Ib., S. 25.

„Die Wahrheit Gottes lässt sich nie in einem menschlichen Wort ausdrücken, sondern immer nur in Satz und Gegensatz." Ib., S. 29.

„Die Religion bildet den äußersten Gegensatz zum Glauben." Ib., S. 35.

„So enthüllt sich der »Atheismus« als das eigentliche Wesen der Kirche. Das gilt nicht nur von dieser oder jener Kirche, sondern gilt von jeder." Ib. S. 37.

„Darum kann man niemandem Religion wünschen." Ib., S. 36

„(…) kurzum das »ganz Andere«, das keinem irdisch-menschlichen Wesen vergleichbar ist." (Rudolf Otto) Ib., S. 51.

„Und so ist er (Barth) von der Erkenntnis der Göttlichkeit Gottes zur Erkenntnis der Menschlichkeit Gottes gelangt". Ib. S. 91.

# # # # #

„Moderne" Denk- und Forschungsbemühungen

Sapere aude! (Kant)[1]

Kant hat mit seinen Fragen, Analysen und Antworten, Auseinandersetzungen und Bemühungen inspiriert, die unter anderem die in den Antinomien genannten Probleme vertieft betrachtet haben und bis in unsere Tage grundlegend wirken. So wurden einerseits die Bedingungen und Hintergründe im Bereich der Logik und Theorie und andererseits ausgehend von Forschungen im ‚empirisch-tatsächlichen' Bereich grundlegende Einsichten gewonnen.

A: Über Frege[2], Russel, Gödel, Wittgenstein, Apel, Lorenzen und weiteren Denkern wurden die formalen, logischen[3] und sprachanalytischen Zusammenhänge vertieft aufgelöst.[4] Die Beziehungen zwischen analytischen und synthetischen Urteilen , a priori- und a posterori-Größen, reinen Anschauungsformen und den verschiedenen Logikkonzepten etc. können sprachlogisch näher entfaltet werden.

B: Dazu kamen in der Mathematik mit Euler, Gauß, Abel, Riemann, Kron-ecker, Dedekind, Cantor, Poincaré, Weierstraß, Hilbert, Hausdorff usw. vielfältige Einsichten zur (komplexen) Analysis, zum Verständnis der Zahlen und zur Unendlichkeit. Über Husserl wurde ein präzisierter Einblick in transzendentale Bedingungen der Möglichkeit von Erkenntnissen erlangt. (Im Rahmen des „Wissenschaftlichen Rechnens" werden aktuell Einsichten in die Begrenztheit mathematischer Vermutungen (neu) entdeckt. [Siehe hierzu Borwein-Integrale etc.])

C: Speziell über Maxwell, Planck, Einstein, Bohr, Heisenberg, Schrödinger, Dirac, Neumann, Feynman eröffneten sich Blicke in die Problematik von Strahlung und Quanten, von atomaren und kernphysikalischen Gegebenheiten und in das geometrische Geflecht von Raum und Zeit, die zu nuklearen und kosmologischen Erforschungen und Technologien führten.[5]

Einschub - Zeit und Frequenz: Das Wachs einer Kerze verbrennt mit der Zeit. Dabei wird Energie in Form von Licht abgestrahlt. Die Betrachtung des Lichts nach einem Prisma-Durchgang zeigt spezifische Frequenzen auf. Licht wird so gemäß Newton in sein Spektrum zerlegt. Die Frequenz-Anteile (Linien) sind charakteristisch für die beteiligten (verbrannten) Stoffe bzw. für die Stoffanteile (Atome, Moleküle), die sich im Bereich der Flamme befinden. Dies hat Frauenhofer näher beschrieben. Im Licht unserer Sonne sind ca. 30.000 Linien zu erkennen, über die jene Stoffe identifiziert werden können, die sich in der Sonne und ihrer Atmosphäre befinden. Frequenz und zeitlichen Wellenvorgänge sind durch $f = 1/T$ (T: Periodendauer einer Schwingung) verknüpft. Mathematisch hatte Fourier die Beziehung zwischen den zeitlichen Vorgängen und den Frequenzen im Spektrum mit Reihenentwicklungen und speziell mit einer Integralbeziehung (Fourier-Integral; Fourier-Transformation)) beschrieben. Zur Bestimmung von Drehzeigerdarstellungen für nicht periodische Signale wird die Fourier-Transformation eingesetzt:

$X(f) = \int_{-\infty}^{\infty} x(t) \cdot \exp(-j2\pi ft) \cdot dt$ (t: Zeit; f: Frequenz; X(f): komplexe spektrale Amplituden-dichte (auch Spektrum)). Für die Rücktransformation gilt: $x(t) = \int_{-\infty}^{\infty} X(f) \cdot \exp(j2\pi ft) \cdot df$.

Diese inverse Fourier-Transformierte wird auch Zeitfunktion f(t) genannt. Die Transformation überführt die Betrachtungen in einen komplexen Raum. Die Beziehung zwischen dem zeitlichen Signal und dem Spektrum wird in der Physik und Nachrichtentechnik durch x(t) o—• X(f) dargestellt. Einem zeitlichen Signalentspricht ein charakteristisches (komplexes) Frequenzmuster (Linienmuster). Es gilt bzgl. der zeitlichen Breite des Zeitsignals (T) und der Bandbreite der Frequenz (B): $B \cdot T = 1$. (Insofern wird hier eine Zeit-Frequenz-Beziehung angegeben, die letztlich bedeutsam im Kontext der Unschärfebetrachtungen ist.) (Dies drückt sich in den Unschärferelationen der Physik (Heisenberg: $\Delta x \cdot \Delta p \geq h/2\pi$; $\Delta E \cdot \Delta t \geq h/2\pi$) und der Nachrichtentechnik aus. Unter Beachtung der Fourier-Beziehungen, der Mittelwerte der Signale und der möglichen Streubreite der Signale ergibt sich folgende

Beziehung: $D_t \cdot D_\omega \geq 0{,}5$. ($D_t$: Zeitausdehnung des Signals; D_ω: Frequenzausdehnung des Signals.) Bzgl. des Produkts von Zeit- und Frequenzausdehnung spricht man in der Nachrichtentechnik auch von einem Zeit-Bandbreiten-Produkt.) Bei der Beschreibung der atomaren Strahlungsvorgänge wurden Beziehungen zwischen zeitlichen Abläufen der Elektronen auf ihren ‚Kreisbahnen' um den Kern (Wellen) und die Frequenzen des abgestrahlten Lichts betrachtet. Hierbei ergab sich, dass die atomaren Strahlungs-Phänomene gemäß der Fourier-Betrachtungen nur begrenzt im Sinne einer ‚realistischen Philosophie' verstanden werden können.[6] Dies führte zu Wahrscheinlichkeitsdeutungen der ‚Wellenbahnen der Elektronen'. (Siehe Heisenberg 1977, S. 15ff.) Für Heisenberg sind „die Unstetigkeiten (…) ein echter Zug der Wirklichkeit" (Heisenberg 1981, S. 90). In der Denktradition des Abendlandes liegt jedoch die Überzeugung vor, dass es „in der Welt weder Lücke noch Sprung" gibt (Glockner 1980, S. 517). Für sind dagegen die Quantensprünge Unsinn (siehe Ib., S. 92). Er bezweifelte die Existenz der Quantensprünge, da diese gemäß der Fourier-Transformationen ein kontinuierliches Spektrum zur Folge hätten. Auch nach Schulz gilt: „Das Märchen vom ‚Quantensprung' ist eine weitere dieser gängigen Lügen" (Schulz 2006, S. 318). Nach ihm ist die Dirac-Funktion $\delta(x)$ bloß als eine Idealisierung zu verstehen (Ib., S. 135f.). Es ergeben sich komplexe mathematische Beschreibungen der sogenannten quantenmechanischen Phänomene und philosophischen Deutungen, die bisher nicht abgeschlossen sind. Sie berühren in grundlegender Art unser Realitätsverständnis. Zugleich haben sie technologische neuartige Möglichkeiten (Halbleitertechnik, Reaktorphysik, Quantenrechner, KI-Möglichkeiten) eröffnet. Weiterhin gibt es grundlegenden Betrachtungen in der Physik zur Stringtheorie, zum Verhältnis von Zeit, Geometrie und Entropie und auch zur Verknüpfung von stochastischen (informationstechnischen) Betrachtungen mit physikalischen Gleichungen und Modellen.

Trotz der relativierenden Aspekte (Zeitbeschreibungen im Rahmen der Relativitätstheorien und der Unschärfebeziehungen) ist es doch gelungen, ‚absolute' Gesetzmäßigkeiten und Beziehungen zu finden. So konnten über 3 Kelvin-Strahlung der ‚Beginn' des Weltalls mit 13,8 Mrd. Jahren ermittelt und über Quantenphänomene Grundgleichungen (von Klitzing-Effekt (Quantenhalleffekt)) der Realität beschrieben werden.

D: Mit Darwin, Freud[7], Piaget[8], Kandel (2009) konnten biologisch-evolutionäre und psychologisch-psychoanalytische Gegebenheiten entdeckt und einer Beschreibung zugeführt werden. Zugleich öffneten sich Zugänge zur Erforschung der realen Gegebenheiten in sozialen und familiären Kontexten. So wurden der Narzissmus und die Borderline-Phänomene u.a. in Abhängigkeit von familiären Kontexten von Kernberg, Kohut, Rohde-Dachser … untersucht.[9]

E: Horkheimer, Marcuse, Adorno, Kahnemann etc. haben die Begriffe Vernunft und Denken näher betrachtet und präzisiert. Horkheimer arbeitete dabei das Wesen der instrumentellen Vernunft heraus. In diesem Kontext wurde die Theorie als Teil der praktischen Welt erkannt. Die betraf zuerst die ökonomisch-soziologischen Beschreibungen der Realität. Dabei wurde die Welt in ihrer Gesamtheit zum Gegenstand der Erörterungen (‚Nord-Süd-Dialog' etc.). Die politische Bewegung (‚Provokation') wurde im Rahmen der Aktivitäten der ‚Neuen Linken' (Rudi Dutschke etc.) zum Erkenntnis- und zugleich zum Veränderungsinstrument. Heutzutage werden im Rahmen der ökologischen Betrachtungen die Weltverhältnisse in ihrer Gesamtheit thematisiert. Dazu gehören auch die modernen KI-orientierten Betrachtungen. Auch in der Astronomie-Forschung wird die Erde in ihrer Gesamtheit als ‚Instrument' der Beobachtung verwendet. In vergleichbarer Art kam es weltweit zu einem Aufbruch im kirchlich-theologischen Bereich. Erinnert sei an die Bewegung ‚Kirche von unten' und die theologischen Bemühungen bei einzelnen Theologen (Gollwitzer, Sölle, …) und Regionen (lateinamerikanische Theologie etc.). Und die Aspekte der Sicherheits-, Rüstungs-

und Kriegsrealität wurden einer wissenschaftlichen Beschreibung und Bewertung („Spielmodelle", Risikoerfassungen) zugeführt (siehe hierzu Afheldt (1979 und 1987)).

F: Ausgehend von Kuhn wurden die wissenschaftstheoretischen Orientierungen durch historisch-soziologische Betrachtungen konkretisiert. Kuhn, ein theoretischer Physiker, hatte mit Überraschung erkennen müssen, dass in der Gemeinschaft der Sozialwissenschaftler erhebliche „Meinungsverschiedenheiten (…) über das Wesen der sinnvollen wissenschaftlichen Probleme" und hinsichtlich der der Methodenproblematik vorliegen, während in der Gemeinschaft der Naturwissenschaftler ähnliche Problematisierungen kaum auffindbar sind. Dabei bezweifelt Kuhn, dass die Naturwissenschaftler in letzter Konsequenz auf die entsprechenden Fragen „solidere oder bleibendere Antworten" besitzen würden.[10] Die Vorstellung, dass in den Naturwissenschaften der Erkenntnisfortschritt in kontinuierlich-stetiger Art erfolgen würde, ist nach ihm korrekturbedürftig. Auch erkannte er willkürliche Momente, die die Ausdifferenzierung beeinflussen. Er unterscheidet zwischen einer normalen und einer revolutionären Wissenschaft. Die nach ihm ‚eigentliche', die revolutionäre Wissenschaft begründet ein neues Paradigma. Darunter versteht Kuhn einerseits eine „ganze Konstellation von Meinungen, Werten, Methoden usw., die von den Mitgliedern einer gegebenen Gemeinschaft geteilt werden." Und andererseits „konkrete Problemlösungen", die in vorbildhafter Art und Weise Regeln für die sonstigen Problemlösungen aufzeigen.[11] Ein Paradigma ist für eine wissenschaftliche Gemeinschaft von konstitutiver Bedeutung. Bemerkenswert ist, dass die Forschungsgemeinschaft nach Kuhn nur solche Probleme anerkennt, die innerhalb des gegebenen Rahmens mit Erfolg behandelt werden können. Insofern liegen selbststabilisierende Strukturprozesse vor. Probleme, die nicht gelöst werden können, wer-den „archiviert". Die „Übergänge" zwischen den Paradigmen ergeben sich in revolutionärer Art. Die Vorstellung Poppers, dass naturwissenschaftliche Theorien zwar nicht verifiziert, aber doch falsifiziert werden können, kritisiert Kuhn grundsätzlich.[12] Nach Kuhn werden Theorien nicht widerlegt, sondern im realen Forschungsprozess zunehmend verdrängt. Der Wettstreit zwischen Paradigmata" kann dabei „nicht durch Beweise entscheiden werden".[13] Wesentlich ist, dass durch eine wissenschaftliche Revolution mehr geschieht, als dass nur eine „neue Interpretation einzelner und stabiler Daten" erfolgt. Das gesamte Weltbild ändert sich: der Wissenschaftler „arbeitet danach in einer anderen Welt".[14] Diese Zusammenhänge werden im Rahmen der analytischen Philosophie näher betrachtet. Bedeutsam sind hierbei die Arbeit von Stegmüller und seinen „Schülern". Nach Stegmüller[15] liegen bzgl. der naturwissenschaftlichen Arbeit (Methoden / Kriterien) folgende Bewertungen vor:

Zuordnungen	Induktiv	Nicht-induktiv
Rational	Carnap	Popper
Nicht-rational	Hume	Kuhn

Im Zusammenhang mit Begründungsfragen (von Theorien) und der Betrachtung von Mehrdeutigkeiten gibt es Überlegungen im Rahmen der ‚Informellen Logik' und Erörterungen, z. B. bzgl. der Intentionalität, des Selbstwissens, der ‚mentalen Behauptungen' und zum Inferentialismus, bei Sellars und Brandom. Brandom thematisiert dabei das Verhältnis von Inferenz und Referenz und versucht, im Rückbezug zu Hegel und den Einsichten zum Spiel die „normative Feinstruktur der Rationalität" zu erfassen (Brandom 2016).

G: Über Zuse, Neumann, Shannon wurde ein Zugriff auf die informationstechnischen Theorien und Techniken gewonnen, der aktuell zu den Möglichkeiten und Realisierungen der KI-Gegebenheiten (Deep Learning, Quantenrechner) geführt hat. Die Auswirkungen sind derzeit noch nicht absehbar. Shannon fand eine Beschreibung für die Information, die sich in Systemen der Daten und Codierungen verbirgt. Dies war grundlegend bedeutsam für Radartechniken, Funk, Telegraphie und Datenübertragungen, Mustererkennungen und Signalverarbeitungen. Zugleich öffnete es einen Zugang zur Verbindung der Datenverarbeitung mit thermodynamischen Betrachtungen. Information wird von Shannon als Entropie-Ausdruck verstanden, der eng gebunden ist an stochastische Betrachtungen. Dies ermöglicht neuartige technische Gestaltungen und Optimierungen (Datennetze, Internet) und Möglichkeiten zur Interpretation der Natur (Physik). Zugleich öffneten sich die Interpretationen für soziale und kommunikative Gegebenheiten. Insofern werden systemische Interpretationen befördert.[16]

H: (Ästhetik, Musik, KI …) Mit Bezug auf ästhetische Fragestellungen sei auf die Bemühungen zur Aufnahme formaler und abstrakter Modellansätze und moderner Techniken im Bereich der Malerei und Musik hingewiesen. So wurden elektronische und informationstechnische Konzepte und Instrumente im Rahmen der Popmusik und auch im Bereich klassisch Gestaltungen aufgenommen. So hat Boulez antiphonale Aspekte mit Répons verarbeitet. Er hat hierbei das Kammerorchester mit ausgelagerten Instrumenten und zusätzlich mit im Raum eingefügten Lautsprechern ergänzt. Dies hat zur Konsequenz, dass jeder Zuhörer ein anderes Stück hört. Durch die externen Beiträge wird ein Dialog mit dem Orchester erzeugt. Zugleich werden KI-orientierte (adaptive) Gestaltungen integriert. Dies betrifft speziell auch die medialen Gestaltungen. KI's erzeugen gemäß der Fragestellungen unterschiedliche Darstellungen. Sie sind hervorragend geeignet, große Datensätze zu analysieren und Korrelationen und Muster zu erkennen. Die Herausforderung im Hintergrund bestimmt sich durch die Frage, ob neuronale Struktur eine eigenständige (originär-schöpferische) Intelligenz herausbilden können. Mit Bezug auf deep-learning Ansätze ist es gelungen, Maschinen zu konstruieren, die sich zum Beispiel das Spielen von Schach und Go selbstständig (in vier Stunden) in den 2010er Jahren auf einem Niveau beigebracht haben, so dass sie die menschlichen Weltmeister besiegen konnten. Diese Entwicklungen sind unabgeschlossen und nicht ausgelotet. Im Jahr 2024 wurde von Deep-Mind vorgeschlagen, einen Mediator zur Lösung von menschlich-sozialen Konflikten auf der Basis von KI-Maschinen als „Habermas-Maschine" einzuführen. Nach Habermas ist dies jedoch nicht möglich, da nach ihm eine entsprechende Leistung nur auf der Basis einer ‚ersten Person' erfüllt werden kann. Eine KI hat kein inneres Erleben und keine Gefühlswelt. Auf der Basis von statistischen Erfassungen werden sprachliche Muster mitgeteilt. Dennoch kann die Maschine auf dieser Basis Argumente vergleichen und gewichten. Untersuchungen an konkreten Beispielen zeigen, dass KI-generierte Konfliktlösungen von 56 % der Teilnehmer akzeptiert werden. Lösungen von Menschen werden von 44 % der Teilnehmer favorisiert.

I - Energie, Strahlung, Wellen und Materie: Nach Einstein gilt folgende Grundbeziehung zwischen Materie (Masse – m) und Energie (E): $E = m \cdot c^2$. (Diese Beziehung ergibt sich aus den relativistischen Beziehungen.) Auch können Wellen- und Strahlungsvorgänge ineinander umgerechnet und ‚überführt' werden. Bei der Analyse der Bewegung von Sternen (Sonne) in Galaxien ergab sich, dass die Bewegungen nur durch die Annahme einer ‚dunklen Masse' erklärt werden kann. Diese Materie wechselwirkt nicht direkt mit anderen Materie; sie wirkt sich jedoch gravitativ aus. Bei der Analyse der Fluchtbewegungen von Galaxien im All wurde erkannt, dass sich die Fluchtgeschwindigkeiten erhöht haben. Dies ist (aktuell) nur erklärbar durch die Annahme einer ‚dunklen Energie‘. Über das Wesen dieser Energie kann die Physik derzeit keine Aussagen machen. Insgesamt ergeben sich folgende Anteile am Gesamtuniversum:

‚Dunkle Energie‘: ca. 60 bis 72 %	‚Normale Energie‘: (?) ca. 3 %
‚Dunkle Materie‘: ca. 25 - 30 %	‚Normale Materie‘: ca. 2 %

(In der Geschichte des Weltalls waren diese Anteile wahrscheinlich unterschiedlich groß.) Nur die ‚normalen Energie und Materieanteile‘ können wir direkt messen und ‚identifizieren‘. Im Weltall gibt es ausgeprägte Galaxiencluster und -strukturen, die nur durch die Annahme der dunklen Energie erklärt werden können. Auch die Leere im *Boötes Void* (Durchmesser ca. 330 Mio. Lichtjahre) wird mit dem Wirken der ‚dunklen Energie‘ in Verbindung gebracht. All diese Zusammenhänge sind unaufgeklärt.

J – Logischer Raum: In der Philosophie wird ein Möglichkeitsraum von denkbaren logischen Folgerungen und Beziehungen bedacht. Die Formulierung orientiert sich an der Feststellung von Wittgenstein, dass die Welt nicht aus Dingen, sondern aus Tatsachen besteht (Wittgenstein 1983). Dazu treten Überlegungen aus dem Kontext moderner logischer und kognitiver Konzepte (Modallogik …), in denen mögliche Welten etc. untersucht werden. Systemisch gesehen kann gefragt werden, ob philosophische Theorien jeweils einzelne Aspekte des logischen Raums darstellen. Weiterhin können unterschiedliche Theorien vielleicht als strukturell vergleichbare Ausdrücke in diesem Raum verstanden werden.

Anmerkungen

1. Habe Mut, dich deines eigenen Verstandes zu bedienen. Wahlspruch von Kant in zur Beantwortung der Frage: Was ist Aufklärung? (5.12.1783).
2. Frege ging es darum, die Herrschaft der Wörter über den menschlichen Geist aufzuheben. In diesem Zusammenhang ist nach ihm das Logische strikt vom Psychologischen zu trennen. Die Wortbedeutung erschließt sich über den Satzzusammenhang: Kontext-Prinzip nach Frege. Dabei ist die Kantische Trennung von Wort (Begriff) und Gegenstand zu beachten. (Siehe Frege 1978, S. 23.) Frege trennt Sinn und Bedeutung: „Die Bedeutung eines Eigennamen ist der Gegenstand selbst, den wir damit bezeichnen; die Vorstellung, welche wir dabei haben, ist ganz subjektiv; dazwischen liegt der Sinn, der zwar nicht mehr subjektiv wie die Vorstellung, aber doch auch nicht der Gegenstand selbst ist" (Frege 1892, S. 30). Er bemühte sich, mathematische Beweise minutiös zu zergliedern, um verborgene Abhängigkeiten zu erkennen.
3. „Logisch: Was ist ein Sachverhalt? Diese Frage kann nicht mehr ohne Rückgang auf die Meinungen über das Sein behandelt werden. Sie zeigt die Unvermeidlichkeit der Ontologie in der Begründung der Logik" (Weizsäcker 1981b, S, 92f.). Insofern wird bzgl. der Logik sichtbar, dass ein Rekurs auf ontologisch-metaphysische Aspekte notwendig wird, um die Bedeutung des Apriori für die Ausformulierung der einzelnen Theorien verstehen und auch das Wesen des Apriori aufklären zu können.
4. "Die Linguistik ist eine heute aufblühende Wissenschaft. Sie entdeckt auf ihre Weise das Apriori in der Gestalt derjenigen Regeln, ohne die gar nicht sinnvoll gesprochen werden könnte" (Weizsäcker 1980, S. 223).
5. Bedeutende physikalische Entdeckungen / Modelle: Faraday/Maxwell (Feldvorstellung-Antennen: Stromfluss im Kondensator, Äther); Frauenhofersche Linien im Spektrum; Fourier-Beschreibungen; Atomzerfall, Radioaktivität und Zufall; Leere im Atom; c als Grenzgeschwindigkeit; foto-elektrischer Effekt; Licht im Doppelspalt; Selbstinterferenz des Photons; Unschärferelation; Stern-Gerlach-Versuch (Spin); Tunnelphänomen;

Symmetriebruch; Teilchen-Antiteilchen; Bell'sche Ungleichung; Quantisierungen; Supralei-
tungen. Bemerkt sei. Dass Weizsäcker eine Ur(e)-Theorie zur Beschreibungen der modernen Physik entwickelt hat. Ein Nukleon (Proton; Neutron) besteht aus 10^{40} Ure. Ihm gelang es, über diesen Ansatz kosmologische und subatomare Phänomene zu verknüpfen.
Siehe Weizsäcker 1988 und 1992. Vgl. dazu Heisenberg 1972, S. 284ff.
Zum Stern-Gerlach-Versuch sei bemerkt. Ursprünglich wurde ein Strahl aus Silberatomen
durch ein inhomogenes Magnetfeld geschickt. Es bildeten sich nach dem Durchgang zwei
klar voneinander getrennte Teilstrahlen. Die Interpretation führte zur Annahme eines
Spins des äußersten Elektrons in der Hülle der Silber-Atome. Doch es ist unklar, was ein
Spin tatsächlich sein soll. Spätere Untersuchungen, mit denen zum Beispiel die Teilstrahlen noch einmal in einer gleicher bzw. in einer senkrechter Richtung zur ursprünglichen
Magnetfeldrichtung untersucht wurden (sog. „aufeinanderfolgende Spinmessungen"
(Friebe et al. (2018), S. 3 - 41)), zeigten Befunde, die quantenmechanisch nur schwer eindeutig aufzulösen und / bzw. ontologisch zu interpretieren sind.
6. An sich geht nach Fourier mit einem Quantensprung (Zeitfunktion $\delta(t)$) ein kontinuierliches Spektrum bei t = 0 einher. Bzw. bei t $\neq$ 0 würde sich ein spektraler Verlauf gemäß einer Cosinus-Kurve ergeben. Dies liegt jedoch nicht vor. Schrödinger entwickelte eine par-
tielle Differenzialgleichung, mit der die Spektren im nicht-relativistischen Fall zumindest
beim Wasserstoffatom korrekt bestimmt werden können.
7. „Ich frage mich", sinnierte Nietzsche, „ob nicht unsere Träume dichter bei dem siedeln,
wer wir sind, als Verstand oder Gefühl" (Yalom 2009, S. 498.) Über die Träume fand
Freud einen Einblick in eine Realität und Sprachwelt, die anders gestaltet ist, als die übli-
che vernünftige Realität. Hunger und Liebe …. Konstruktion der Realität als Subjektleis-
tung (des Kindes). Komplexität der Triebwelt: Aggressionen, Todestreib, Libido, Narzissmus, Borderline, … Illusionen, Pflicht,
8. Ausgehend von der Betrachtung von Mollusken hat Piaget unter Beachtung von Assimi-
lations- und Akkommodationsprozessen eine Theorie der Äquilibration entwickelt und eine
genetische Epistemologie formuliert. Vielfältige Aspekte der Theorie wurden von ihm mit
empirisch untersucht. Die Herausbildung der menschlichen Intelligenz ausgehend von der
Koordination von Handlungen wurde zu einem besonderen Thema. Die Illusionen und die
Weisheit der Philosophie hat er erörtert. Zentrale Themen der Philosophie wurde von ihm
empirisch orientiert untersucht. Er kam zur Einsicht, dass die Gründe der Anpassung und
Kreativität des Lebens „bis auf die Erbfaktoren und ihre unbekannten Wurzeln" zurückzu-
führen sind (Piaget 1975, S. 98).
9. Weizsäcker weist mit Blick auf das „Phänomen Macht" darauf hin, dass die gerade die
Familienforschung erkannt hat, „dass Machtbedürfnisse kompensatorische Krücken sein
können, die in widerspruchsgesättigten psychosozialen Systemen auftreten können, wenn
es den Individuen nicht mehr gelingt, ihr Selbstwertgefühl aus gemeinsamen Wertestruk-
turen, Institutionen und Identifikationsobjekten zu beziehen" (Weizsäcker 1980, S. 217).
Zur komplexen Verschränkung von Kognition und Emotion siehe Ciompi (1982). Bezüglich
der evolutionären Ansätze mit ihren Aspekten von Selektion, Mutation, Anpassung, Zufall
etc. gibt es mathematische Beschreibungsansätze. Zum Zusammenspiel von Genetik,
Evolution, Erdgeschichte, Klimaentwicklung etc. siehe Krause (2024). Zu den erkenntnistheoretischen Einsichten der Evolutionstheorie siehe Lorenz (1984). Hinzuweisen ist auch
auf Vollmer (1975). Vollmer hat an die sechzig Fachdisziplinen identifiziert, die durch die
Einsichten der evolutionären Theorie beeinflusst werden. Hingewiesen sei auf Nagel
(1999): Nach ihm können naturalistische Beschreibungen die Ratio nicht erklären. Auch
kann die Intentionalität nicht naturalistisch aufgelöst werden (Ib., S. 59). Im Kern kann
nach ihm die Unendlichkeit der Möglichkeiten, die zum Beispiel im Rahmen der Handlungsausrichtung abgewogen werden müssen, nicht mittels einer begrenzten Rationalität
geklärt werden (vgl. Ib., S. 64). Auch kann durch „die Ethnologie (…) die Logik nicht" verdrängt werden (Ib., S. 33).
10. Kuhn 1986, S. 9 und 10.
11. Ib., S. 186.
12. Ib., S. 157. Beachte Ib., S. 155-170.
13. Ib., S. 158.
14. Ib., S. 133.

15. Nach Stegmüller bestätigt Kuhn die Kantische „These vom Primat der praktischen (...)
gegenüber der theoretischen Vernunft". Stegmüller 1979, S. 125.
16. Siehe hierzu Rathgeber (2009 und 2010).

# # # # #

„Die Schicksalsfrage der Menschenart scheint mir zu sein, ob und in welchem Maße es
ihrer Kulturentwicklung gelingen wird, die Störung des Zusammenlebens durch den
menschlichen Aggressions- und Selbstvernichtungstrieb Herr zu werden. Die Menschen
haben es (...) so weit gebracht, dass sie es (...) leicht haben, einander"
auszurotten.
Freud 1981b, S. 128.

# # # # #

Die Zeit ist eine vielgestaltete.
Wir hören manchmal von der Zeit,
und tun das Ewige und Alte;
wir wissen, dass uns Gott umwallte
groß wie ein Bart und wie ein Kleid.
Wir sind wie Adern im Basalte
In Gottes harter Herrlichkeit.
Rainer Maria Rilke, 1875-1926.

# # # # #

„Was wir anstelle einer Lösung des Induktionsproblems" brauchen, ist eine Betrachtung
der Wissenschaft, die nicht darüber staunt, dass es sich bei ihr um ein „von Werten ab-
hängiges Unternehmen handelt."
Rorty 1984, S, 371.

# # # # #

„Der ganzen modernen Weltanschauung liegt die Täuschung zugrunde, dass die sogenannten Naturgesetze die Erklärungen der Naturerscheinungen seien. So bleiben sie bei
den Naturgesetzen als bei etwas Unantastbarem stehen, wie die älteren bei Gott und
Schicksal. Und sie haben ja beide Recht, und Unrecht. Die Alten sind allerdings insofern
klarer, als sie einen klaren Abschluss anerkennen, während es bei dem neuen System
scheinen soll, als sei alles erklärt."
Wittgenstein 1983, S. 110, Sätze 6.371 und 6.372.

Lichterschein

Epilog

„Ich musste also das Wissen aufheben, um zum Glauben Platz zu bekommen (...)."
Kant 1976, B XXX (Vorrede).

Die Philosophie im 20. Jahrhundert bemühte sich, die unklaren Aspekte der Tradition zu klären. Dies betraf einerseits konkrete Facetten. Weiterhin ergab sich ein Ringen, über eine veränderte Basis (Sprache und Logik) einen neuen, grundlegenderen und sicheren Zugang zur ‚Welterfassung' zu finden. Diese Arbeiten führten u.a. zur Prädikatenlogik und zu spezifischen Modellen von Algorithmen und Maschinen, die zur KI-Realisierungen führten. Insofern liegen hier bemerkenswerte intellektuellen Entwicklungen, begrifflichen Präzisierungen und (technologische) Gestaltungen vor.

Bei Wittgenstein, Heidegger und Adorno gibt es vorsichtige und (wohl) resignative Einschätzung. Adorno bemerkt mit Blick auf Hegel, dass die Philosophie, „nach dem geschichtlichen Stande, ihr wahres Interesse dort (findet), wo Hegel, einig mit der Tradition, sein Desinteresse meint" bekunden zu müssen: „beim Begriffslosen, Einzelnen und Besonderen: bei dem, was seit Platon als vergänglich und unerheblich abgefertigt wurde" (Adorno 1982, S. 19f.).
Für Adorno ist in diesem Sinn Dialektik als „das konsequente Bewusstsein von Nichtidentität" zu verstehen (Ib., S. 17). Entsprechend bemerkt Adorno: Die Richtung der Begrifflichkeit zu ändern, sie dem Nichtidentischen zuzukehren, ist das Scharnier negativer Dialektik" (Adorno 1982, S. 24). Zugleich fragt er sich, ob nicht ein „solcher Begriff (...) Zweifel an seiner Möglichkeit" weckt (Ib., S. 21). Stimmig geht damit die Einsicht einher, dass dem „Markt (...) keine Theorie mehr entgeht" (Ib., S. 16).
Der Aspekt der selbstkritischen Betrachtung begleitet auch die Bemühungen bei Heidegger zum zeitlichen Kern des Seins und besonders seine späteren Betrachtungen zu den Ismen, die das Denken in der Moderne prägen (Heidegger 1975a). Heidegger fordert „weniger Philosophie, aber mehr Achtsamkeit des Denkens" (Ib., S. 119). Die Philosophie ist für ihn am Ende (Heidegger 1976, S. 209); ihren Platz nimmt die Kybernetik ein (Ib., S. 212).
Wittgenstein spricht von einer grundsätzlichen Täuschung des Denkens der Moderne: „Der ganzen modernen Weltanschauung liegt die Täuschung zugrunde, dass die sogenannten Naturgesetze die Erklärungen der Naturerscheinungen seien. So bleiben sie bei den Naturgesetzen als bei etwas Unantastbarem stehen, wie die älteren bei Gott und Schicksal. Und sie haben ja beide Recht, und Unrecht. Die Alten sind allerdings insofern klarer, als sie einen klaren Abschluss anerkennen, während es bei dem neuen System scheinen soll, als sei alles erklärt" (Wittgenstein 1983, S. 110 - Sätze 6.371 und 6.372).

Mit diesen Einsichten geht folgerichtig eine Besinnung auf die Differenz und das Besondere einher. Es kommt zu einer Verschiebung der Aufmerksamkeit (im Denken). Jedoch ist zu fragen, ob damit nicht einfach nur eine umkehrende Transformation vorgenommen wird, die in letzter Konsequenz ihren Grund auch nicht erkennen kann. Das Denken feiert eine Umkehrung, die jedoch im Kern auch ungesichert bleibt. Zugleich gewinnt die spezifische Meinung den Status einer Wahrheit, die als solche jedoch im klassischen Sinne suspendiert wird.

Im Sinne einer Frage und Anregung kann überlegt werden, ob die Ideen der Götter bzw. eines Gottes eine tröstende Bedeutung für die Menschen in anthropologisch-psychologischer Hinsicht haben. Die Vorstellung kann die Brüchigkeit der Welt, ihre Lücken und Leeren überbrücken bzw. eventuell sogar heilen.[1] Die

Dogmatisierung des Glaubens wird da problematisch, wo die Gestaltungs- und Selbstbestimmungsfreiheit des Menschen eingeschränkt wird. Die Begrenzungen ergeben sich aus der Einsicht in den Gedanken, dass der einzelne Mensch nur in der Gemeinschaft von Menschen leben kann. Dies ist ein Aspekt, der im Sinne von Kooperation und Kommunikation unhintergehbar ist. Der Glaube kann so eine spielerische Qualität einnehmen. Er ist aber kein naives Spiel.

Die Bedeutung von Wahrheit und Realität wären in der KI-Welt verstärkt zu klären. Die Besinnung auf das Ungeklärte, die Fragen und Zweifel gehören zur Vernunft und zum Glauben selbst. Der wissenschaftliche Erkundungsprozess, der unsere Zeit prägt, wäre in diesem Sinne ein sinnvoller Prozess, der zu bejahen ist. (Vielleicht sogar im Sinne der „Fröhlichen Wissenschaft" (Nietzsche).)

So bleibt die Suche nach einer Sinngebung angesichts der Unaufgeklärtheit des Sinns. Das mag wenig sein. Vielleicht ist uns aber nicht mehr gegeben und somit nicht mehr möglich.

# # # # #

„Wir treffen eine instinktive Entscheidung und bauen uns dann eine Infrastruktur von Argumenten auf, um diese Entscheidung zu rechtfertigen. Und das Ergebnis nennen wir gesunden Menschenverstand."
Barnes 2013, S. 68.

„Welchem evolutionären Zweck könnte Nostalgie wohl dienen?"
Ib. S. 103.

# # # # #

Mit wechselndem Schlüssel

Mit wechselndem Schlüssel
schließt du das Haus auf, darin
der Schnee des Verschwiegenen treibt.
Je nach dem Blut, das dir quillt
aus Aug oder Mund oder Ohr,
wechselt dein Schlüssel.
Wechselt dein Schlüssel, wechselt das Wort,
das treiben darf mit den Flocken.
Je nach dem Wind, der dich fortstößt,
ballt um das Wort sich der Schnee.

Celan 1978, S. 36.

# # # # #

Orientierungen: Zur Geschichte der Denker / der Entdeckungen / der Einsichten

Jahr(e)	Person / Stichwort zum Inhalt
580 v. C.	Mathematiker / Beweise für geometrische Sätze
570-480	Pythagoras / Mathematiker; $c^2 = a^2 + b^2$ (im rechtwinkligen Dreieck (auf der Ebene))
300 v. C.	Euklid / Mathematiker: „Elemente"
469-399	Sokrates / Philosoph
428-348	Platon / Philosoph
384-322	Aristoteles / Philosoph
0(1)-33	Jesus Christus / religiös-theologischer Denker / Prediger
354-430	Augustinus von Hippe / Kirchenvater, Bekenntnisse
1225-1274	Thomas von Aquin / Philosoph
1400-1468	J. Guttenberg / Buchdruck, Gutenberg-Bibel
1451-1506	C. Kolumbus / Seefahrer – Seeweg nach Amerika
1452-1519	Leonardo da Vinci / Architekt, Maler, Bildhauer, Ingenieur, Philosoph – Mona Lisa
1483-1546	M. Luther / Theologe, Reformator, Lutherbibel
1564-1616	W. Shakespeare / Dichter, Schauspieler, Theater-Unternehmer – Viel Lärm u. Nichts
1600	Galileo Galilei / Fallende Körper; schiefe Ebene
1632-1677	B. de Spinoza / Ethik, nach geometrischer Methode dargestellt; Gott - Pantheismus
1636 / 37	P. de Fermat; R. Descartes / Analytische Geometrie (Vektorrechnung)
1654	B. Pascal; P. de Fermat / Grundlagen der Wahrscheinlichkeitslehre
1643-1727	I. Newton / um 1664/66: Infinitesimalrechnung; Spektrale Zerlegung des Sonnenlichts
1644-1710	Ole Römer (Dänemark) / 1675/76: Erste Bestimmung der Lichtgeschwindigkeit (Jupitermond) - (Erste Hinweise zur Endlichkeit der Lichtgeschwindigkeit bei Empedokles.)
1646-1716	G. W. Leibniz / (1675-86): Grundkonzepte der Infinitesimalrechnung; Konzept für eine intellektuelle Maschine. 1703: Schrift zum dualen Zahlensystem; Überlegungen zu einem Konzept der „Möglichen Welten" (→ Modallogik); Monadenlehre
1685-1750	J. S. Bach / Komponist, Musiker
1685-1759	G. F. Händel / Komponist
1707-1783	Euler / u.a. Beiträge zur Graphentheorie u. zur Beschreibung von Netzen
1724-1804	I. Kant / Kritische (Selbst-)Beschreibung der Vernunft. Formulierung eines transzendentalen Philosophiesystems. Bestimmung der Grenzen reiner Verstandeserkenntnis
1729-1781	G. E. Lessing / Dichter, Aufklärer: Fabeln, Minna von Barnhelm, Nathan der Weise
1731-1810	Henry Cavendish / 1797: Torsionsbalkenexperiment (Bestimmung der Gravitationskonstante und der Erdmasse)
1749-1832	J. W. v. Goethe / Geheimrat, Dichter, Naturkunder – Faust, Werther
1756-1791	W. A. Mozart / Musiker, Komponist
1759-1805	F. Schiller / Dichter, Arzt, Philosoph – Die Räuber, Wilhelm Tell
1762-1814	J. G. Fichte / Philosoph
1768-1834	Schleiermacher / „Die Weihnachtsfeier. Ein Gespräch"
1770-1831	G.W.F. Hegel / Umfassender Systemansatz: 'Wissenschaft der Logik'
1773-1829	Thomas Young / 1800: Interferenznachweis bei Licht (→ Licht als Welle; Doppelspaltversuch); Versuchsdurchführung durch Augustin Jean Fresnel im Jahr 1822
1775-1854	F. W. Schelling / Philosoph
1786-1853	François Arago / 1812: Polarisiertes Licht kann interferieren; Nachweis der Lichtbeugung (Experiment in Folge von Überlegungen von Poisson (1781-1840))
1788-1827	Augustin Jean Fresnel / 1817/22 - Nachweis des transversalen Charakters der Lichtwellen (in Folge zu Überlegungen von Arago)
1788-1860	A. Schopenhauer / Philosoph
1791-1867	Faraday / Elektromagnetische Induktion (Rotation (Motor)); Magnetismus u. Licht
1792-1871	Babbage / 1833: erster Lochkarten-Rechner
1796 ff.	C. F. Gauß / „Fürst" der Mathematik; Konstruktion eines regulären 17-Eck, Fundamentalsatz der Algebra etc.
1802-1829	N. H. Abel / Mathematiker
1804-1872	Feuerbach / Philosoph
1805-1865	W. R. Hamilton / Mathematiker
1809-1882	J. Liouville / Mathematiker
1809-1882	Ch. Darwin / Naturforscher - Evolutionstheorie
1809-1877	H. Graßmann / Mathematiker
1811-1832	E. G. Galois / Abstrakte Theorie zu algebraischen Gleichungen (Gruppenbegriff)
1813-1855	S. Kierkegaard / Entweder – Oder, Furcht und Zittern, Der Begriff Angst
1813-1883	R. Wagner / Komponist, Musikdramen

Orientierungen: Zur Geschichte der Denker / der Entdeckungen / der Einsichten

Jahr(e)	Person / Stichwort zum Inhalt
1815-1869	G. Boole / Begründung der Boolschen Algebra (Logik): Digitale Schaltungen
1818-1883	K. Marx / Philosoph
1819	Hans Christian Orsted / bewegter elektrischer Strom erzeugt ein Magnetfeld
1819-1868	J.B.L. Foucault / 1851 Rotationsbestimmung der Erde mit dem Foucaultschen Pendel
1821-1895	A. Cayley / Mathematiker: Beschreibung von Netzen
1823-1891	L. Kronecker / Mathematiker: Intuitionistischen Richtung in der Mathematik und Logik
1826-1866	B. Riemann. / Mathematiker
1831-1879	Maxwell / Maxwellsche Gleichungen
1832-1903	R. Lipschütz, R. / Mathematiker
1839-1914	C. S. Peirce / Überlegungen zur Logik (Peirce-Funktion = NOR-Funktion)
1840-1893	P. I. Tschaikowski / Komponist
1842-1899	S. Lie / Entwicklung der Lie-Gruppe
1843-1910	R. Koch / Mediziner, Mikrobiologe – Entdeckung des Erregers der Tuberkulose
1844-1900	F. Nietzsche / „Der Antichrist", „Fröhliche Wissenschaft"
1845-1918	G. Cantor / 1874: Begründung der Mengenlehre
1848-1925	G. Frege / Ansätze zur formalen Beschreibung der Sprache und der Logik (erste Ansätze zur Prädikatenlogik) („Begriffsschrift")
1849	H. Fizeau / Erste irdische Bestimmung der Lichtgeschwindigkeit
1850-1918	(1873/74): Ferdinand Braun / Halbleitereffekt; Kathodenstrahlröhre (Braunsche Röhre)
1851-1854	B. Riemann / Funktionstheorie; Zetafunktion; Theorie d. nichteuklidischen Geometrie
1852-1908	Alexandre E. Becquerel / Photoelektrischer Effekt
1854-1912	H. Poincaré / Grundlegende Arbeiten zur Funktionentheorie; 1885: Topologie
1856-1939	S. Freud / Psychoanalyse, „Die Traumdeutungen"
ab 1856	K. Weierstraß / Theorie der analytischen Funktionen
1856-1922	A. Markow (Markoff): Zahlentheorie; Wahrscheinlichkeitslehre; Algorithmentheorie
1857-1894	Heinrich Hertz / 1887: Wellencharakter elektromagnetischer Strahlung
1858-1932	G. Peano / 1889: Axiomatische Begründung der natürlichen Zahlen
1859-1938	E. Husserl / Begründung d. „Philosophie als reine Wissenschaft" gemäß Bretano
1862-1943	D. Hilbert / 1899ff.: Axiomatisierung der Geometrie; Metamathematik (Logik)
1864-1909	H. Minkowski / Mathematiker
1867-1956	E. Nolde / Maler (Expressionismus)
1868-1942	F. Hausdorff / Beschreibung der Hausdorffschen Mengen
1868-1953	Robert A Millikan / 1910: Öltröpfchenexperiment zur Ermittlung v. Elementarladungen
1870-1938	E. Barlach / Schriftsteller, Bildhauer, Zeichner – Der singende Mann, Der Bettler, …
1870-1937	A. Adler / Psychotherapeut, Individualpsychologe
1872	R. Dedekind (1831-1916) / Dedekindsche Schnitte (IR)
1872	F. Klein / Erlangener Programm
1872-1970	B. Russel mit Whitehead / Typenlehre in der Logik („Principia Mathematica")
1874-1951	A. Schönberg / Zwölftonmusik
1874-1958	K. Heim / „Glaube und Denken"
1875-1961	C. G. Jung / Analytische Psychologie, aktive Imaginationen, Archetypen, Symbole
1878-1965	M. Buber / Ich und Du, Chassisismus, Zwei Glaubensweisen, Das dialogische Prinzip
1878-1929	Karl Küpmüller / Systemtheorie in der Nachrichtentheorie (1924)
1879-1940	P. Klee / Maler, Grafiker
1881-1973	P. Picasso / Bildhauer, Maler – Guernica, …
1883-1924	F. Kafka / Schriftsteller – Die Verwandlung, Das Urteil, In der Strafkolonie
1885-1977	Ernst Bloch / „Das Prinzip Hoffnung", „Atheismus im Christentum"
1886-1965	P. Tillich / „Wesen und Wandel des Glaubens", Methode der Korrelation
1886-1968	K. Barth / „der Römerbrief", Dialektische Theologie
1887	A. Michelson (1852 – 1931), E. W. Morley (1838 – 1923) / Äther; Lichtgeschwindigkeit
1887-1914	A. Macke / Maler, Soldat
1889-1976	Harry Nyquist / Beschreibung des Abtasttheorems
1889-1976	M. Heidegger / „Sein und Zeit", „Holzwege", „Brief über den Humanismus
1892	Foucault / Bestimmung der Lichtausbreitungsgeschwindigkeit in Medien
1893-1980	A. P. Weber / Maler, Zeichner – Das Gerücht,
1885-1962	N. Bohr / Atommodell
1886-1929	F. Rosenzweig / Atheistische Theologie; Der Stern der Erlösung
1889-1953	E.P. Hubble / Astronom – Hubble-Konstante

Orientierungen: Zur Geschichte der Denker / der Entdeckungen / der Einsichten

Jahr(e)	Person / Stichwort zum Inhalt
1890-1935	K. Tucholsky / Dichter, Schriftsteller: Rheinsberg, Schloß Gripsholm
1892-1962	Arthur Compton / 1922/23: Streuung von Photonen an Elektronen (Lichtquanten-Natur)
1894-1964	Norbert Wiener / Begründer der mathematischen Kybernetik; Fourier-Transformation
1889-1951	Wittgenstein / Umfassendes Konzept zur sprachlogischen Beschreibung der Realität
1891-1970	Rudolf Carnap / Analyse von philosophischen Scheinsätzen; (Modal-)Logik
1895-1973	M. Horkheimer / „Traditionelle u. kritische Theorie", „Kritik d. instrumentellen Vernunft"
1896	Antoine Henri Becquerel / Radioaktivität; 1898: Marie Curie und Pierre Curie
1897	J.J. Thomson / Entdeckung des Elektrons
1898-1980	Jean Piaget / Genetische Epistemologie; empirische Untersuchungen zu menschlichen Erkenntnis-, Moral-, Denk- und Logik-Strukturen
1899/1900	Max Planck / Gequantelte Energieübertragung mit $E = h \cdot f$; $h = 6{,}62606891 \cdot 10^{-34}$ Js
1900-1944	A. de Exupéry / Pilot, Schriftsteller - Der kleine Prinz
1900-1958	W. Pauli / (P: Das Gewissen in der Physik), Pauli-Prinzip in der Atomphysik
1901-1981	J. Lacan / Das Imaginäre. Das Symbolische. Das Imaginäre.
1901-1983	A. Tarski / Arbeiten zum Verhältnis von Semantik und Wahrheit („semantische Wahrheitsdefinition") und zur Zylinderalgebra
1902-1984	P.A.M. Dirac / Quantenmechanik-Transformationstheorie, Dirac-Funktion
1902-1974	Ch. A. Lindbergh / Pilot, Flugpionier, Schriftsteller ...
1903-1957	J. v. Neumann / Rechnerarchitektur; Flussdiagramme für die Programmierentwicklung; Erste Arbeiten zur Quantenlogik (Wahrscheinlichkeitslogik)
1903-1969	Th. W. Adorno / „Negative Dialektik" mit M. Horkheimer „Dialektik der Aufklärung"
1903-1989	K. Lorenz / „Die acht Todsünden der zivil. Menschheit", „Die Rückseite des Spiegels"
1903	A. Church, A. / Grenzen z. Lösung logischer Probleme durch mechanische Verfahren
1905	Albert Einstein / Photoelektrischer Effekt; Brownsche Molekularbewegung; Spezielle Relativitätstheorie (u.a.: c ist konstant; $E = m \cdot c^2$)
1906-1945	D. Bonhoeffer / „Widerstand und Ergebung"
1908-1993	H. Gollwitzer / „Krummes Holz, aufrechter Gang"
1908-2001	W. v. O. Quine / Arbeiten zur Prädikatenlogik und besonders zum λ-Kalkül
1909-1994	S.C. Kleene / Arbeiten zur Theorie der rekursiven Funktionen
1910-1995	Konrad Zuse / Erster elektronisch realisierter Rechner
1911-2007	C. F. v. Weizsäcker / Atomphysiker, Philosophie – 1995: „Zeit und Wissen"
1911	Hans Geiger, Ernest Marsden Ernest Rutherford / Atomkernbestimmung
1912-1954	A.M. Turing / Turingmaschine u. -tests zur Ermittlung der Intelligenz einer Maschine
1913	H. Weyl / Riemannsche Fläche
1915	A. Einstein / Allgemeine Relativitätstheorie: $R_{\mu\nu} - \frac{1}{2} \cdot g_{\mu\nu} \cdot R = 8\pi G T_{\mu\nu}/c^4$; $R_{\mu\nu}$: Ricci Krümmungstensor
1915-1994	P. Lorenzen / „Dialogische Logik"
1916-2001	C.E. Shannon / Mathematische Konzeption der Information über d. Begriff d. Entropie
1917-1981	John L. Mackie / Empirische Untersuchungen zur Geltung des Normativen
1918-1988	R. Feynman / QED-Theorie (Physik), Quantenfeldtheorie
1919	F. Hausdorff / Hausdorff-Dimension
1919	Eddington; Dyson / Nachweis der Lichtablenkung im Schwerefeld der Sonne
1919	Theodor Kaluza / Idee einer vierten Raumdimension
1917-1985	H. Böll / Schriftsteller – Irisches Tagebuch, Billard um halbzehn, Die Ehre der K. Blum
1920	E. Noether / Idealtheorie
1921-2017	Lofti Asker Zadeh / Arbeiten zur Fuzzy-Logik
1922-2017	K.O. Apel / „Das Apriori der Kommunikationsgesellschaft"
1922	Otto Stern; Gerlach, Walther / Stern-Gerlach-Versuch: Richtungsquantelung von Drehimpulsen
1923-2011	Loriot (B.-V. Bülow) / Humorist – Die Steinlaus
1923-1991	W. Stegmüller / Probleme und Resultate der Wissenschaftstheorie
1925	Erwin Schrödinger / Wellengleichung
1926	Oskar Klein / Quantifizierung d. räumlichen Zusatzdimension (Kaluza, 1919): 10^{-33} cm
1926-2018	Wilson / Physiker: kosmische Hintergrundstrahlung (CMB): mit A. Penzias (1933-2024)
1926-2014	S. Lenz / Schriftsteller – So zärtlich war Suleyken, Die Deutschstunde
1927-2015	G. Grass / Schriftsteller – Danziger Trilogie (Die Blechtrommel, ...)
1927-2022	Papst Benedikt (J.A. Ratzinger) / Theologe, Professor, Papst
1927-1998	N. Luhmann / „Soziale Systeme"
1927	Werner Heisenberg / Unschärferelation: $\Delta x \cdot \Delta p \geq h/2\pi$; $\Delta E \cdot \Delta t \geq h/2\pi$

Orientierungen: Zur Geschichte der Denker / der Entdeckungen / der Einsichten

Jahr(e)	Person / Stichwort zum Inhalt
1928-1990	John Stewart Bell / 1964: Bellsche Ungleichung
1928-2014	A. Grothendieck / Mathematiker (Fields-Preisträger; Arbeiten zur Topologie etc.)
1928-2021	H. Küng / „Existiert Gott"
1929-2026	J. Habermas / Erkenntnis und Interesse", „Die Theorie des kommunikativen Handels"
*1929	Rudolf Mößbauer / 1958: rückstoßfreie Kernresonanzabsorption (Mößbauereffekt)
*1930	Claus Jönsson, Claus / 1959/61: Interferenz von Elektronen (Doppelspaltexperiment)
1930	B.L. Waerden / Moderne Algebra
1930 - 1971	Montague, R. / Zur Theorie der natürlichen Grammatik
1931	K. Gödel / Unvollständigkeitssätze
1931-2025	P. Benacerraf / Philosophie der Mathematik - seit 1973 erneute und vertiefte Frage nach der Wahrheit mathematischer Sätze
*1932	G. Richter / Kunstmaler – Fotobilder ...
*1932	John R. Searle / Begründung einer Sprechakttheorie
1933	A.N. Kolmogorow / Wahrscheinlichkeitslehre
1933-2021	S. Weinberger / Physiker – SU(2): elektr.-mag. Theorie + schwache Wechselwirkung
1938-2020	J.D. Sneed / Umfassender strukturtheoretischer Beschreibungsansatz zur Erfassung der wissenschaftlichen Qualität von Theorien („rationale Rekonstruktion")
1940-2022	Saul A Kripke / Überlegungen zur Modallogik (Fortführung von Ideen von Leibniz)
*1943	Klaus von Klitzing / 1980: Quantenhalleffekt
*1950	Robert Brandom (* 1950) / „Expressive Vernunft": Rekonstruktion zu Kant u. Hegel
*1951	F. Wilczek / Physiker – Quarks, Asymptotische Freiheit, Zeitkristall
1957	Chien-S. Wu / Links-Rechts-Asymmetrieverletzung beim Betazerfall von Kobalt-60
1975	B. Mandelbrot / Fraktale
1981	G. Binnig *1947, H. Rohrer *1933 / Tunnelrasterelektronenmikroskop
1982	Alain Aspect, *1947 / Nachweis der Verletzung der Bellschen Ungleichung bei verschränkten Photonen (QM nicht als lokale Theorie verborgener Parameter verstehbar, bei gleichzeitiger Annahme eines überlieferten Realismus Verständnisses)
1993	A. Wiles / Beweis: Großer Fermatscher Satz
2002	G. Perelmann / Beweis der Poincaréschen Vermutung
2016/2020	Slavoj Žižek (* 1949) / (u.a.) „Sex und das verfehlte Absolute" - Rekonstruktion und Interpretation von Hegel, Freud/Lacan, moderner Physik, moderner Mathematik
2024	John Hinton; Geoffrey Hopfield / Forschung zum Maschinellen Lernen mit künstlichen neuronalen Netzen (→ Hopfield-Netz)
2024 (Chemie)	Auch der Chemie-Nobelpreis an D. Baker, J. Jumper, J., D. Hassabis, wurde für Arbeiten zur Proteinentschlüsselung unter Verwendung von KI-Instrumenten vergeben.
2026	G. Faltings: Abel-Preis (Beweis der Mordellsche Vermutung 1983; Fields-Medaillie 1986/87)

Glänzend

Literatur / Bezüge, Nachweise, Referenzen

1. Adorno, Th. W. (1983). Ästhetische Theorie
2. Adorno, Th. W. (1974a): Drei Studien zu Hegel
3. Adorno, Th. W., (2008): Ontologie und Dialektik
4. Adorno, Th. W. (1982): Negative Dialektik
5. Adorno, Th. W. (1979): Philosophische Terminologie, Bd. 1
6. Adorno, Th. W. (1974b): Philosophische Terminologie, Bd. 2
7. Adorno, Th. W. (o. J.): Vorlesung zur Einleitung in die Erkenntnistheorie
8. Afheldt, H. (1987): Atomkrieg
9. Afheldt, H. (1979): Verteidigung und Frieden
10. Barnes, J. (2013): Vom Ende einer Geschichte
11. Bateson, G. (1988): Ökologie des Geistes
12. Beland, H. (1996): Nachwort. In: Freud 1996, S. 629-654
13. Benjamin, W. (1977): Ursprung des deutschen Trauerspiels
14. Bertram, G. (2013): Philosophische Gedankenexperimente
15. Beuth, P. (2022): Der erfundene Patient. In DER SPIEGEL, H. 30 (23.7.22), S. 67-68
16. Bibel: 1. Korintherbrief, Römerbrief
17. Biemel (1981): Heidegger
18. Binmore, K. (2013): Spieltheorie
19. Bloch, E. (1980): Atheismus im Christentum
20. Bloch, E. (1985): Das Materialismusproblem, seine Geschichte und Substanz
21. Bloch, E. (1980): Das Prinzip Hoffnung (3 Bd.)
22. Bloch, E., 1977: Vorlesungen zur Philosophie der Renaissance
23. Bobrowski, J. (2010): Nachbarschaft
24. Bonhoeffer, D. (1978): Widerstand und Ergebung
25. Brandom, R. B. (2026): Begründen und Begreifen
26. Brecht, B. (1981): Die Gedichte
27. Brockmann, J. (Hrsg.) (2016): Welche wissenschaftliche Idee ist reif für den Ruhestand?
28. Brückner, P. (2019): Das Abseits als sicherer Ort
29. Buhr, M., Klaus, G. [Hg.] (1976): Philosophisches Wörterbuch
30. Burckhardt, M. (2000): Unter Strom. In: Krämer [Hg.] (2000). Medien, Computer, Realität, S. 27-54
31. Capelle, W. (Hg.) (1968), Die Vorsokratiker
32. Celan, P., (1978): Von Schwelle zu Schwelle
33. Chatelet, F. (Hrsg.) (1974): Geschichte der Philosophie. Band V – Philosophie und Geschichte
34. Ciompi, L. (1982): Affektlogik: über die Struktur der Psyche und ihre Entwicklung
35. Conrady, K. O. (1987): Goethe – Leben und Werk
36. Derrida, J. (2004): Vom Geist – Heidegger und die Frage
37. Descartes, R. (1982): Abhandlung über die Methode des richtigen Vernunftgebrauchs
38. Descartes, R. (1983): Meditationen über die Erste Philosophie
39. Descartes, R. (1960): Meditationen über die Grundlagen der Philosophie (Phil. Bibliothek)
40. Detel, W. (2011a): Logik (Grundkurs Philosophie, Band 1)
41. Detel, W. (2011b): Philosophie des Geistes und der Sprache (Grundkurs Philosophie, Band 3)
42. Deutsch, David (2016): Quantensprünge. In: Brockmann (2016), S. 106-108
43. Dietrich, W. (1975): Provokation der Person – Nikolai Berdjajew in den Impulsen seines Denkens; Nikolai Berdjajew – Partner des Denkens I – Provokation der Person
44. Drösser, C. (2016): Warum die 1 die 3 liebt. In: DIE ZEIT, 13
45. Dutschke-Klotz, G., Gollwitzer, H., Miermeister, J. [Hg.] (1980): Rudi Dutschke – Mein langer Marsch
46. Egger, O. (2008): Diskrete Stetigkeit – Poesie und Mathematik
47. Ehrhardt, W. E. (1984): Die Naturphilosophie und die Philosophie der Offenbarung. Zur Kritik materialistischer Schelling-Forschung
48. Ehrhardt, W. E. (1967): Philosophiegeschichte und geschichtlicher Skeptizismus
49. Einstein, A., Infeld, L. (1966): Die Evolution der Physik. Von Newton bis zur Quantentheorie
50. Eisler, R. (1979): Kant Lexikon
51. Esfeld, M. (Hrsg.) (2012): Philosophie der Physik
52. Fäßler, A., Jönsson, C. (Hrsg.) (2005): Die Top Ten der schönsten physikalischen Experimente
53. Feuerbach, L. (1988): Das Wesen des Christentums
54. Feynman, R. P. (2006): Physikalische Fingerübungen für Fortgeschrittene
55. Feynman, R. P. (2020): QED
56. Fölsing, A. (1995): Albert Einstein
57. Frege, G. (1978): Die Arithmetik
58. Frege, G. (1892): Über Sinn und Bedeutung
59. Freud, S. (1981a): Abriss der Psychoanalyse
60. Freud, S. (1981b): Das Unbehagen in der Kultur

61. Freud, S. (1996): Die Traumdeutung
62. Friebe C. et al. (2018): Philosophie der Quantenphysik
63. Goethe, J. W. v. (1985): Das Leiden des jungen Werther
64. Goethe, J. W. v. (1962): Die Natur (Fragment) in: Goethes Werke, Bd. XIII)
65. Goethe, J. W. v. (1986): Die Wahlverwandtschaften
66. Goethe, J. W. v. (1948): Gedenkausgabe der Werke (Hrsg.: Beutler, E.)
67. Goldmann, Ch. (1981): Ursprungssituationen biblischen Glaubens
68. Glockner, H. (1980): Die europäische Philosophie von den Anfängen bis zur Gegenwart
69. Gómez, J. (2017): Nichteuklidische Geometrie
70. Graumann, C. F. (1980): Verhalten und Handeln. In: Schluchter 1980, S. 16-31
71. Gumbrecht, H. U., Harrison, R. P., Hendrickson, M., R., Laughlin, R. B. (2008): Geist und Materie – Was ist Leben?
72. Habermas, J. (1996): Die Neue Unübersichtlichkeit
73. Habermas (1973): Erkenntnis und Interesse
74. Harari, Yuval Noah (2017): Homo Deus
75. Hegel, G. W. F. (1830): Enzyklopädie der philosophischen Wissenschaften
76. Hegel, G. W. F. (1973): Phänomenologie des Geistes
77. Heidegger, M. (1975a): Brief über den „Humanismus"
78. Heidegger, M. (1984): Die Frage nach dem Ding
79. Heidegger, M. (1985): Die Frage nach der Technik
80. Heidegger, M. (1980): Holzwege
81. Heidegger, M. (1976): „Nur ein Gott kann uns noch retten", DER SPIEGEL Nr. 23 (31.05.1976), S. 193-219
82. Heidegger, M. (1975b): Platons Lehre von der Wahrheit
83. Heidegger, M. (1979): Sein und Zeit
84. Heidegger, M. (1992): Was heißt Denken?
85. Heisenberg, W. (1981): Der Teil und das Ganze – Gespräche im Umkreis der Atomphysik
86. Heisenberg (1989): Ordnung der Wirklichkeit
87. Heisenberg (1977): Physik und Philosophie
88. Hemingway, E. (1977): Fiesta
89. Henrich, D. (1971): Hegel im Kontext
90. Hentschel, K. (2017): Lichtquanten
91. Hölderlin, F. (1981): Gedichte
92. Horkheimer, M. (1985): Zur Kritik der instrumentellen Vernunft
93. Hübl., P. (2017): Der Untergrund des Denkens. Eine Philosophie des Unbewussten
94. Hübscher, A. (1973): Denker gegen den Strom
95. Husserl, E. (1992): Die Krise d. europäischen Wissenschaften u. d. transzendentalen Phänomeno-logie
96. Jaspers, K. (1955): Schelling – Größe und Verhängnis
97. Jaspers, K. (1983): Vom Ursprung und Ziel der Geschichte
98. Jonas, H. (1993): Rückschau und Vorschau am Ende des Jahrhunderts
99. Jouvet, M. (1995): Das Schloss der Träume
100. Kafka, F. (1982): Erzählungen
101. Kahneman, D. (2017): Schnelles Denken, langsames Denken
102. Kandel, E. (2009): Auf der Suche nach dem Gedächtnis
103. Kanitscheider, B. (2012): Kosmologie
104. Kant, I. (1982): Kritik der praktischen Vernunft; Grundlegung zur Metaphysik der Sitten
105. Kant, I. (1976): Kritik der reinen Vernunft
106. Kant, I. (1977): Metaphysische Anfangsgründe der Naturwissenschaften
107. Kant, I., (1984): Prolegomena zu einer jeden künftigen Metaphysik, die als Wissenschaft wird auf-treten können
108. Kant, I. (1979): Zufall (Nachlass 4036). In: Eisler 1979, S. 620
109. Kolonko, M. (2008): Stochastische Simulationen
110. Köhlmeier (2008): Abendland (Roman)
111. Krämer, S. [Hg.] (2000): Medien, Computer, Realität
112. Krause, J. (2024): Hybris
113. Krauss, L. M. (2018): Das größte Abenteuer der Menschheit
114. Kripke, S. A. (1993): Name und Notwendigkeit
115. Kuhn, T. S. (1986): Die Struktur wissenschaftlicher Revolutionen
116. Küng, H. (1981): Existiert Gott?
117. Laughlin, R. B. (2008): Schrödingers Problem. Oder: Was bei der Erfindung der Quantenmechanik nicht logisch zu Ende gedacht wurde. In: Gumbrecht et al. (2008)
118. Laughlin, R. B. (2009): Abschied von der Weltformel
119. Lorenz, K. (1984): Die Rückseite des Spiegels
120. Lorenzen, P. (1978): Theorie der technischen und politischen Vernunft

121. Luhmann, N. (1977): Funktion der Religion
122. Luhmann, N. (1987): Soziale Systeme
123. Luhmann, N. (2002): Soziologie des Risikos
124. Luhmann, N. (1980): Temporalstrukturen des Handlungssystems – Zum Zusammenhang von Handlungs- und Systemtheorie. In: Schluchter 1980, S. 32-67
125. Luhmann, N. (1979): Zeit und Handlung – Eine vergessene Theorie. In: Zeitschrift für Soziologie 1979, H. 1
126. Lyre, H. (2012): Symmetrien, Strukturen, Realismus. In: Esfeld 2012, S. 368-389
127. Marcuse, H. (1980). Triebstruktur und Gesellschaft
128. Martin, G. (1980): Einleitung in die allgemeine Metaphysik
129. Marx, K. (1962): Das Kapital, Bd. 1
130. Matt, P. v. (2017): Was ist ein Gedicht
131. Mauser, W. (1981): Ingeborg Bachmann – Flucht-Linien ihrer Lyrik. In: Schmidt-Dengler, W. (Hrsg.) (1981): Formen der Lyrik in der österreichischen Gegenwartsliteratur, S. 56-69
132. Mittelstraß. J. (2004): Enzyklopädie – Philosophie und Wissenschaftstheorie
133. Munro, A. (2013): Tricks
134. Musil, R. (2013): Der Mann ohne Eigenschaften
135. Nagel, T. (1999): Das letzte Wort
136. Neidhart, L. (2005): Unendlichkeit im Schnittpunkt von Mathematik und Theologie (Diss.)
137. Nietzsche, F. (1981a): Also sprach Zarathustra
138. Nietzsche, F. (1981b): Die fröhliche Wissenschaft
139. Nietzsche, F. (1979): Götzen-Dämmerung. (Schlechta (Hrsg.), Werke II)
140. Noel ,M. (1973): Erfahrungen mit Gott
141. Ott, H. (1972): Die Antwort des Glaubens
142. Panek, R. (2007): Das unsichtbare Jahrhundert – Einstein, Freud u. d. Suche nach verborgenen Welten
143. Pascal, B. (1979): Größe und Elend des Menschen
144. Philolenko, A. (1974): Schelling, in: Chatelet (1974, S. 81-106)
145. Piaget, J. (1983): Biologie und Erkenntnis
146. Piaget, J. (1972): Erkenntnistheorie der Wissenschaft vom Menschen
147. Piaget, J. (1985): Weisheit und Illusionen der Philosophie
148. Piaget, J., Inhelder, B. (1973): Die Entwicklung der elementaren logischen Strukturen, Teil 1
149. Platon (1982): Timaios
150. Popper, K. R. (2006): Die Welt des Parmenides
151. Quine, W. V. O. (1979): Von einem logischen Standpunkt
152. Rae, A. (1996): Quantenphysik: Illusion oder Realität?
153. Randall, L. (2006): Verborgene Universen
154. Rathgeber, C. (2019): Denken, Logik, Informationstechnik. Pädagogische Rundschau (73), H. 4/2019, S. 359-374. (DOI https://doi.org/103726/PR042019.0034). Peter Lang Verlag
155. Rathgeber, C. (2009): Entropie, Information u. Realität – Zum Grundverständnis d. informationstechnischen Welt. Teil 1: Betrachtungen z. Informationsbegriff. Log In, H. 160/161 (2009), S. 83-91
156. Rathgeber, C. (2010): Entropie, Information u. Realität – Zum Grundverständnis der informationstechnischen Welt. Teil 2: Naturphilosophische Betrachtungen. Log In, H. 162 (2010), S. 55-60
157. Rathgeber. C. et al. (2022): IT-Handbuch (12. Auflage)
158. Rathgeber. C. (2024): Mathematik – für die technische Welt (2. Auflage)
159. Rathgeber, C. (2011): Sinn, Subjekt, Wissen, Lernen. Pädagogische Rundschau. H. 6 / 2011 (677-695). Peter Lang Verlag
160. Rathgeber, C. (2002): Zum Denken von Carl Friedrich von Weizsäcker - Zwischen (mathematischer) Physik, Philosophie und Theologie. In: Praxis der Mathematik – Mathematik in der Schule (PM-MaiS) (44), (2002), Heft 3, S. 136-140
161. Reble, A. (1981): Geschichte der Pädagogik
162. Renou, M-O. et al. (2021): Quantum theory base on real numbers can be experimentally falsified. Nature (Vol. 600), 23/30.12.21S. 625-628
163. Rohde-Dachser, C., (2009): Todestrieb, Gottesvorstellung und der Wunsch nach Unsterblichkeit. In: Psyche, H. 9/10, 2009, S. 973-998
164. Rohde-Dachser, C. (2010): Schwermut als Objekt. Über Struktur und Inhalt der Borderline-Depression. In: Psyche, H. 9/10, 2010, S. 862-889
165. Rorty, R. (1984): Der Spiegel der Natur – Eine Kritik der Philosophie
166. Russel, B. (1974): Das ABC der Relativitätstheorie
167. Sachsse, H. (1987): Kausalität – Gesetzlichkeit – Wahrscheinlichkeit
168. Saint-Exupéry, A. de (1978): Der kleine Prinz
169. Sallis, J. (2009): Driver
170. Sautoy, M. du (2011): Das Geheimnis der Symmetrie
171. Sautoy, M. du (2004): Die Musik der Primzahlen
172. Scheibe, E. (2007): Die Philosophie der Physiker

173. Schelling, F. W. J. (1984): Philosophische Untersuchungen über das Wesen der menschlichen Freiheit und die damit zusammenhängenden Gegenstände
174. Schelling, F. W. J.: SW (Sämtliche Werke)
175. Schiller, F. (1986): Über die ästhetische Erziehung des Menschen
176. Schluchter, W. (Hrsg.) (1980): Verhalten, Handeln und System
177. Schnabel, U. (2008): Die Vermessung des Glaubens
178. Schnädelbach, H. (2012): Was Philosophen wissen und was man von ihnen lernen kann
179. Schröder, C. M. (1935): Das Verhältnis von Heidentum und Christentum in Schellings Philosophie der Mythologie und Offenbarung
180. Schulz, H. (2006): Physik mit Bleistift
181. Schulz, W. (1980): Philosophie in der veränderten Welt
182. Schwichtenberg, J. (2017): Durch Symmetrie die moderne Physik verstehen
183. Shannon, C. E. (1948): A Mathematical Theory of Communication. Bell System Technical Journal (1949) Band 27, S. 379-423 und 623-656 (Juli/Oktober 1948)
184. Snowden, E. (2020): Permanent Record
185. Sölle, D., Schottroff, L. (2004): Jesus von Nazaret
186. Sohn-Rethel (1978): Warenform und Denkform
187. Sonntag, H., Tews, H. et al. (2020): Geschichte, Kultur und Philosophie
188. Spalt, D. D. (2019): Eine kurze Geschichte der Analysis
189. Stamm, P. (2016): Agnes (Roman)
190. Stegmüller, W. (1978): Hauptströmungen der Gegenwartsphilosophie, Bd. I
191. Stegmüller, W. (1986a): Hauptströmungen der Philosophie, Bd. II
192. Stegmüller, W. (1986b): Hauptströmungen der Philosophie, Bd. IV
193. Stegmüller, W. (1979): Rationale Rekonstruktion von Wissenschaft und ihrem Wandel
194. Stöltzner, M. (2012): Das Prinzip der kleinsten Wirkung. In: Esfeld 2012, S. 342-367
195. Taschner, R. (2018): Vom Kontinuum zum Integral
196. Taleb, N. N. (2018): Antifragilität: Anleitung für eine Welt, die wir nicht verstehen
197. Tetens, H. (2015): Gott denken – Ein Versuch über rationale Theologie
198. Tillich, P. (1955): Schelling und die Anfänge des existentialistischen Protestes. In: Zeitschrift für philosophische Forschung 9 (1955), H. 2. (Vortrag v. 26.9.1954 zum 100. Todestag von Schelling.)
199. Tillich, P. (1975): Wesen und Wandel des Glaubens
200. Tugendhat, E. (1976): Vorlesungen zur Einführung in die sprachanalytische Philosophie
201. Vernant, J.-P. (1982): Die Entstehung des griechischen Denkens
202. Vesaas, T. (2023): Das Eis-Schloss
203. Vetter, H. (2014): Grundriss Heidegger
204. Vollmer, G. (1975). Evolutionäre Erkenntnistheorie
205. Wagner, G. (2020): Soziale Systeme: Hier lügt ja nur ein Körper (in: F.A.Z., 14.06.2020)
206. Wallace, D. F. (2003): Die Entdeckung des Unendlichen. Georg Cantor u. d. Welt d. Mathematik
207. Walther, T., Walther, H (1999): Was ist Licht?
208. Weber, Max. (2005): Wirtschaft und Gesellschaft
209. Weber, Marcel. (2016): Ursache und Wirkung – am Beispiel der Gene. In: Spektrum der Wissenschaft (Highlights) – Die größten Rätsel der Philosophie, S. 44-49
210. Weischedel, W. (1983): Der Gott der Philosophen
211. Weizsäcker, C. F. v. (1988): Aufbau der Physik
212. Weizsäcker, C. F. v. (1980): Der Garten des Menschlichen
213. Weizsäcker, C. F. v. (1981a): Deutlichkeit. München
214. Weizsäcker, C. F. v. (1982): Die Einheit der Natur. München
215. Weizsäcker, C. F. v. (1981b): Ein Blick auf Platon
216. Weizsäcker, C. F. v. (2002): Große Physiker
217. Weizsäcker, C. F. v. (1981): Nachwort zu Goethes Werke, Bd. XIII, Naturwissenschaftliche Schriften I
218. Weizsäcker, C. F. v. (1983): Wahrnehmung der Neuzeit
219. Weizsäcker, C. F. v. (1992): Zeit und Wissen
220. Whitehead, A. N. (1982): Die Funktion der Vernunft
221. Whitehead, A. N., Russel, B. (1986): Principia Mathematica
222. Wickert, J: (1978): Einstein
223. Wille, M. (2013): Frege – Einführung und Texte
224. Wittgenstein, L. (1980): Das blaue Buch
225. Wittgenstein, L. (1981): Philosophische Bemerkungen
226. Wittgenstein, L. (1971): Philosophische Untersuchungen
227. Wittgenstein, L. (1983): Tractatus logico-philosophicus (Logisch-philosophische Abhandlung)
228. Wittgenstein, L. (1970): Über Gewissheit
229. Wright, G. H. v. (1984): Erklären und Verstehen
230. Yalom, Irvin D. (2009): Und Nietzsche weinte
231. Zahrnt, H. (1980): Die Sache mit Gott
232. Zeh, H. D. (2005): Entropie

233. Žižek, S. (2016): Weniger als nichts
234. Žižek, S. (2020): Sex und das verfehlte Absolute

Online

1. Christine L. et al. (2023): Rapid, buoyancy-driven ice-sheet retreat of hundreds of metres per day. https://ideas.repec.org/a/nat/nature/v617y2023i7959d10.1038_s41586-023-05876-1.html.
2. Ferreiro, H. (2016): Der Streit um die hundert Taler – Begriff und Erkenntnis des Wirklichen bei Kant und Hegel. (Revista Eletronica Estudos Hegelianos ano. 13, N° 21 (2016) [Fundstelle: Internet/www].
3. Grau, A. (2008). Sprache, Denken, Emotionen. In: tv diskurs. Verantwortung in audiovisuellen Medien, 12. Jg., 3/2008 (Ausgabe 45), S. 16-21. https://fsf.de/publikationen/medienarchiv/beitrag/heft/sprache-denken-emotionen/; eingesehen am 25.08.2019
4. Human Brain Project (HBP) (2015) (Europa Human Software Projekt): https://www.humanbrain-project.eu/de
5. Klaschka, S., Zeter, K. (2025): (Online) Wüsten: Wüsten als Lebensraum - Trockenwüsten - Landschaften - Natur - Planet Wissen. https://www.planet-wissen.de/natur/landschaften/trockenwuesten/pwiewuestenalslebensraum100.html
6. Lenzen, M. (2016): ,Edge'-Jahresfrage Neunzehn Gründe, warum Ehen glücken. F.A.Z., 21.01.2016: http://www.faz.net/aktuell/feuilleton/debatten/edge-jahresfrage-wissenschaftliche-revolution-14021572.html
7. Lindinger, M. (2015): Quantenoptischer Effekt – Laserstrahl hängt in der Möbiusschleife. F.A.Z., 14.2.2015: https://www.faz.net/aktuell/wissen/physik-mehr/quantenoptischer-effekt-laserstrahl-haengt-in-der-moebiusschleife-13419337.html
8. Rieger, F. (2011): Ein amtlicher Trojaner: Anatomie eines digitalen Ungeziefers. In: F.A.Z. aktualisiert am 9.10.2011: https://www.faz.net/aktuell/feuilleton/ein-amtlicher-trojaner-anatomie-eines-digitalen-ungeziefers-11486473.html - eingesehen am 12.01.2025
9. Scharf, R. (2010): Quantenphysik – Der dritte Schlitz ist anders. F.A.Z., 28.07.2010: http://www.faz.net/aktuell/wissen/physik-chemie/quantenphysik-der-dritte-schlitz-ist-anders-1606893.html
10. Schlömer, O. (2023): Das Abpumpen von Grundwasser verändert die Rotation der Erde. In: F.A.Z., 23.06.2023: https://www.faz.net/aktuell/wissen/erde-klima/wie-das-abpumpen-von-grundwasser-die-rotation-der-erde-veraendert-18977129.html
11. Wikipedia/Klimageschichte (2025): https://de.wikipedia.org/wiki/Klimageschichte (2025-03-27)
12. Wolfram, S., Stöcker, C. (2013): Menschen sind vorhersagbarer als Elementarteilchen. Spiegel Online, 27.04.2013: http://www.spiegel.de/netzwelt/web/stephen-wolfram-ueber-auswertung-von-facebook-daten-a-896959.html
13. Zum Möbiusband in der Natur: https://www.spektrum.de/news/moebiusbaender-trotzen-der-unendlichkeit/1626352

Zum Autor (Literatur / Kontakt)

Literatur (Auswahl)
Rathgeber, C. (2026[5]): Mathematik – für die (technische) Welt, 164 S.
Rathgeber, C., Petersen, H.-J., Hübscher, H. et al. (2025[13]): IT-Handbuch (Fachinformatiker/-in, IT-System-Elektroniker/-in), 752 S.
Rathgeber, C. (2024[3]): Augenblicke – Erzählungen und Gedichte, 160 S.
Rathgeber, C. (2024): Fäden zur Welt – Lyrik zur Existenz, 148 S.
Rathgeber, C. (2014): Zwischen(t)räume & Grenzwelten. Gedichte, 68 S.

Dipl.-Ing., OStR
carsten.rathgeber@gmx.de / carstenrathgeber.wordpress.com

Notizen

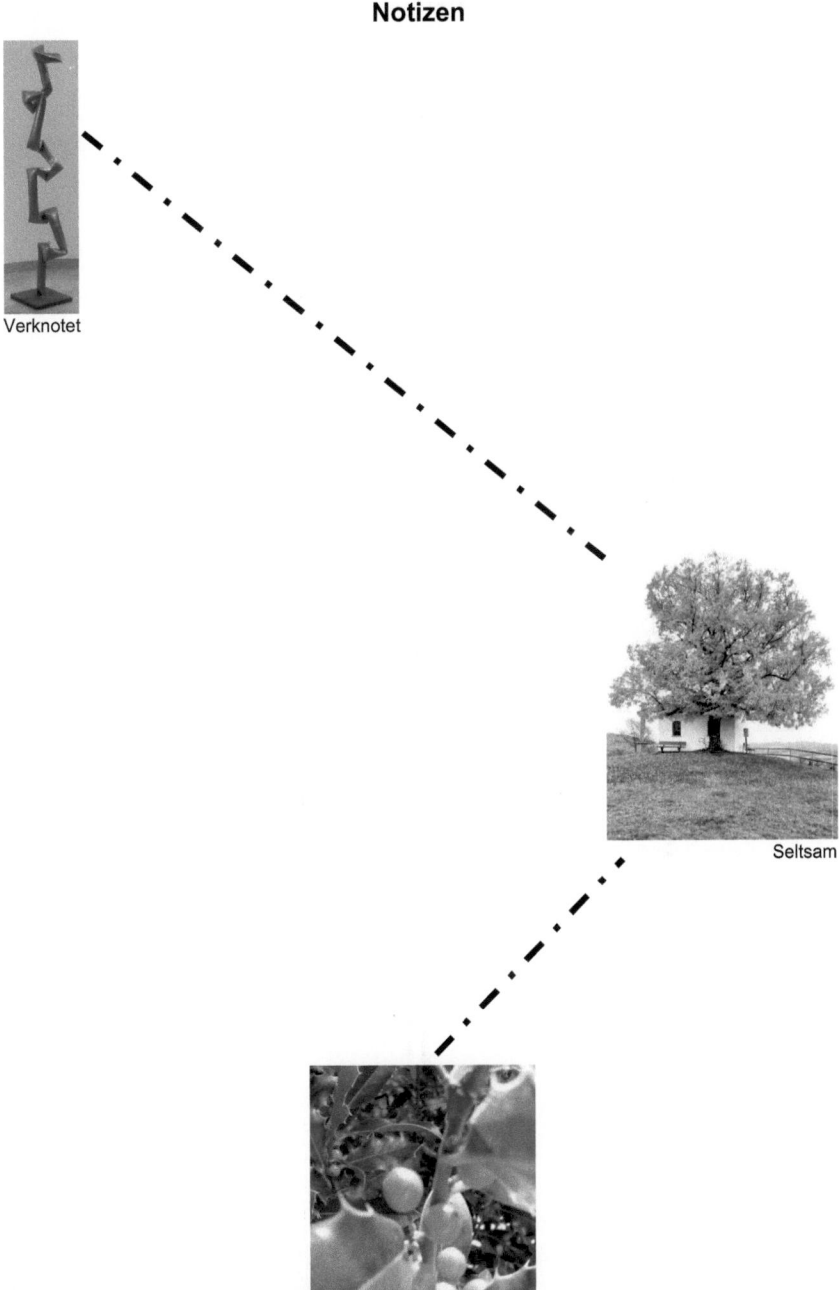

Verknotet

Seltsam

Beeren

Notizen

Übergang